姜振华　编著
WANGSHIRUYAN

往事如『郾』

长江出版传媒
湖北人民出版社

图书在版编目(CIP)数据

往事如"鄢"/姜振华编著.
武汉:湖北人民出版社,2016.3
ISBN 978－7－216－08853－4

Ⅰ.往… Ⅱ.姜… Ⅲ.中国历史—楚国(？~前223)—通俗读物
Ⅳ.K231.09

中国版本图书馆 CIP 数据核字(2016)第 007192 号

责任部门:高等教育分社
责任编辑:徐　艳
封面设计:汪　汉
责任校对:范承勇
责任印制:谢　清

出版发行:湖北人民出版社	地址:武汉市雄楚大道 268 号
印刷:武汉市首壹印务有限公司	邮编:430070
开本:787 毫米×1092 毫米 1/16	印张:18.75
字数:222 千字	插页:8
版次:2016 年 3 月第 1 版	印次:2016 年 3 月第 1 次印刷
书号:ISBN 978－7－216－08853－4	定价:68.00 元

本社网址:http://www.hbpp.com.cn
本社旗舰店:http://hbrmcbs.tmall.com
读者服务部电话:027－87679656
投诉举报电话:027－87679757
(图书如出现印装质量问题,由本社负责调换)

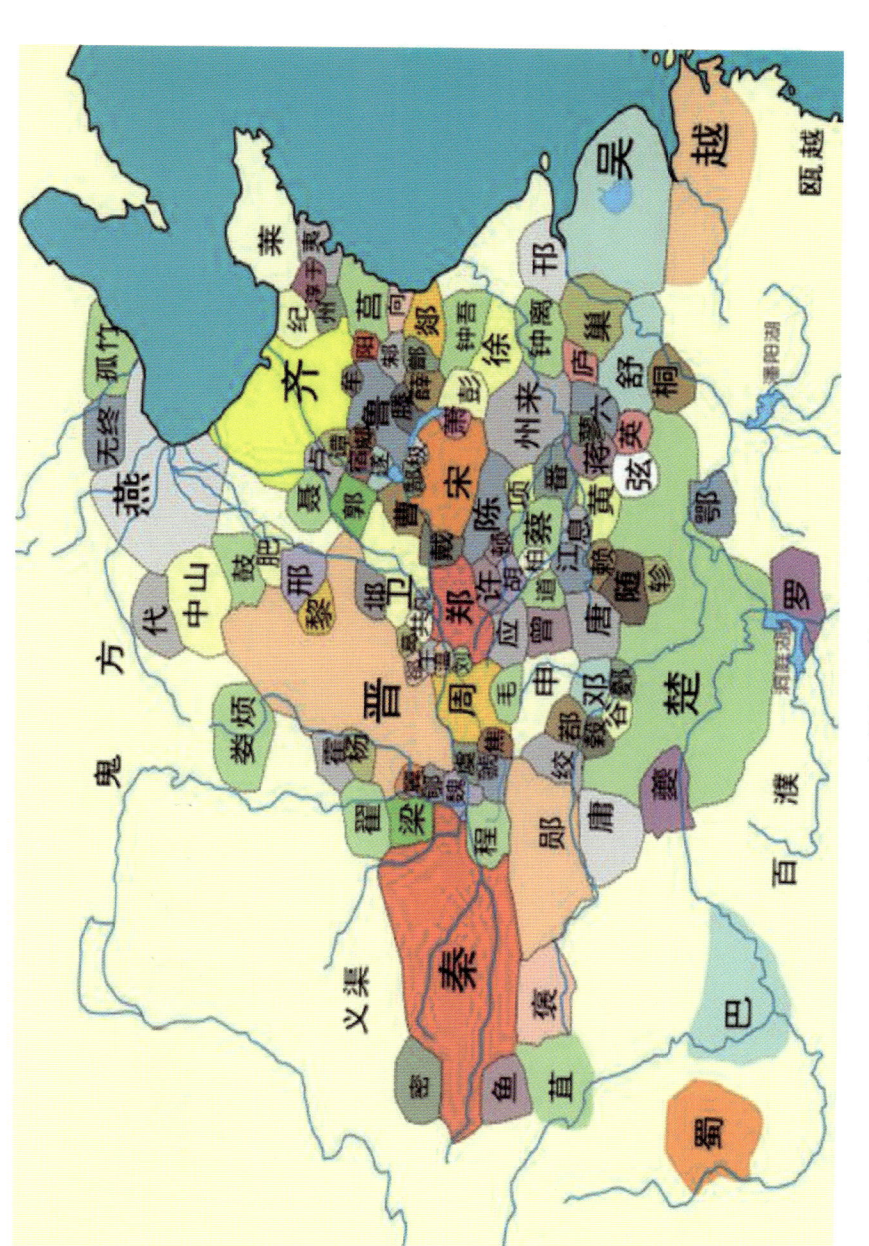

春秋初期的诸侯国

楚皇城还原图

罗家岗车马坑

楚国战车

楚庄王饮马黄河

楚国铜弩机

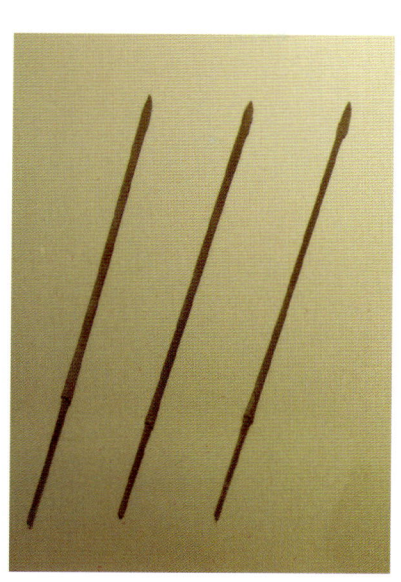

楚国铜箭簇

楚国铜戈

楚国铜剑

楚皇城城址展示馆

楚国铜方壶

楚国陶盆

楚国玉环

楚国铜盘、匜

楚国玉人
（国家一级文物）

楚国陶鬲

楚国铜簠

宋玉

楚皇城牌楼

序 言

有位智者说过,人本是散落的珠子,随地乱滚,文化就像一根纤细而又强韧的丝线,把散乱的珠子串起来,使她们成为民族、成为国家、成为社会。一个城市同样如此,文化就像奔流不息的血液、深扎地下的根脉,无形中决定了她的气质和底蕴,影响着她的潜力和前途。

宜城可谓一个有文化的城市。宜城至今已有2700多年的历史,曾是楚国鼎盛时期的国都,辞赋鼻祖宋玉的故乡,抗日名将张自忠将军的殉国地,文化底蕴至为丰厚。其中,楚文化是根、是源、是集大成者。春秋时期,楚国在这里建都185年(前689年—前505年),先后有包括楚庄王在内的11位楚王活动于此,历史上称之为鄢郢。在近两百年的王城岁月中,宜城亲眼目睹了楚国的兴衰荣辱和生死存亡,她既体验过楚庄王饮马黄河、称霸中原的无上荣光,楚灵王一声令下、诸侯奔驰的无比霸气,也感受过楚成王兵败城濮、功亏一篑的无限心酸,伍子胥兵临城下、国破家亡的无言结局。这一切赋予了这座文明古城一种非比寻常的"皇家血统"和"王者气度",至今让世世代代生活在"皇城"根下的宜城人民引以为傲。

习近平总书记说,历史文化是城市的灵魂,要像爱惜自己的生命一样保护好城市的历史文化遗产。近年来,我们坚持以强烈的文化意识指导城市建设，大力发展文化旅游产业，先后在楚皇城遗址所在地郑集镇入口处树立了楚文化味道十足的指示牌楼，在遗址边上修建了精致典雅的展示厅，在鲤鱼湖边修建了名副其实的楚都公园，逐步把旧的历史变成新的资源，把文化的潜力变成发展的实力。同时，我们还把"筚路蓝缕，以启山林"的楚国精神与"大众创业、万众创新"的时代精神结合起来，加快推进新型城镇化建设步伐，努力把宜城建成宜居宜业的幸福之城。

而从根本上来说，文化是一种生活方式。要传播文化、消费文化，就必须先理解文化、认同文化，把文化因子融入我们的一举一动、一颦一笑。姜振华博士编著的《往事如"鄢"》一书，就是这样一次可贵的尝试。该书以11位楚王称霸图伯为主线，精心辑录了在鄢郢时代发生的50则楚国故事。这些故事独立成篇，又前后照应。概括起来，主要有三个特点：一是历史性。作者抱着"知之为知之，不知为不知"的态度，主要依据《左传》《史记》两部正史和历史性很强的演义小说《东周列国志》来编织故事，只在可接受范围内对部分细节作了丰富和完善，力求客观真实地反映历史原貌。二是通俗性。作者把佶屈聱牙的文言"翻译"成了通俗易懂的白话，还配上了精彩的插图，让人不知不觉置身于那个斑斓瑰奇的世界。三是教育性。"前事不忘，后事之师。"鄢郢故事发生在几千年前，但像楚庄王蹊田夺牛、孙叔敖遗嘱寝邱、伯州犁上下其手等历史典故，今天读起来仍然不无裨益。总而言之，《往事如"鄢"》就像一本偶尔翻出的陈年影集，它勾引我们吹落历史的尘埃，再次端详那一张张"儿时"的"老照片"，在穿越时空的瞬间找回久违的快乐。"知人者智，自知者明"，每一个宜城人，特别是青年和学生，都有必要读读这本书，了解一点宜城的历史和文化。

透一管能窥豹，观一叶可知秋。《往事如"鄢"》的出版，无疑只是一次尝试、一个开端，希望在不久的将来，会有更多、更好的作品涌现出来，尽情抒写宜城情结，讲好宜城故事，让世界更了解宜城，让宜城更了解自己。

我坚信，只要我们秉承楚人那股"不服周"的劲头，锐意进取，开拓创新，宜城一定会在不久的将来，重现两千多年前楚国古都的辉煌！

是为序，以飨读者。

中共宜城市委书记　李诗
2016 年 1 月 18 日

	引　子 ……………………	001
01	请叫我楚王！ …………………	001
02	一声叹"息" …………………	009
03	大阍的罪与罚 ………………	015
04	嫂子再看我一眼 ……………	018
05	虎孩儿 ………………………	023
06	屈完舌退联军 ………………	027
07	借壳上位 ……………………	037
08	最后一支仁义之师 …………	048
09	霸临伤别 ……………………	053
10	少年神相 ……………………	061
11	睢阳智斗 ……………………	065
12	这也叫退避三舍？ …………	074
13	迟到的免死金牌 ……………	081
14	这次只退一舍 ………………	085
15	让寡人吃完熊掌再死行吗？…	088
16	这不是一只凡鸟 ……………	093
17	治国在德不在鼎 ……………	097
18	一箭定乾坤 …………………	100
19	帽缨里的秘密 ………………	107
20	农夫与蛇的另一个故事 ……	111
21	蹊田何必夺牛 ………………	116
22	"邲"定称霸 …………………	124
23	寝邱才是我的菜 ……………	138
24	君子一言 ……………………	142
25	老妖精的新祸害 ……………	152

26	纸糊的西门之盟	156
27	小将军的大计谋	160
28	一箭还一箭	164
29	元帅也是醉了	171
30	顺便当回卧底	175
31	以敌攻敌	180
32	弭兵大会	183
33	死在箭下的神箭手	186
34	"神探"伯州犁	189
35	帽缨里的另一个秘密	191
36	"申"张"正义"	195
37	楚王好细腰	199
38	蹊田何不夺牛	204
39	小"蔡"一"磔"	208
40	浓缩的真是精华	215
41	亲兄弟明干仗	220
42	儿媳妇也是媳妇	231
43	伍家的三长两短	236
44	生死昭关	242
45	君子报仇十九年不晚	252
46	偷袭不成反蚀一把米	258
47	郢都的陷落	265
48	今夜无人入眠	270
49	"王"命天涯	275
50	天意不绝楚	279
	后　记	286

引 子

公元前10世纪初,楚子熊渠劳师远征,一举打败庸国和杨粤,把战火一直烧到了鄂国边境。半个月后,熊渠得胜回朝。楚国百姓箪食壶浆,夹道欢迎。熊渠志得意满,再次上书周夷王,请他加封自己为伯爵,以便名正言顺地镇抚江汉蛮夷。算起来,这已经是他即位以来,第三次上书周天子,请求为自己加官进爵了。

三个月后,一个风和日丽的下午,熊渠收到了回信。他迫不及待地打开竹简,上面却仍然只有两个字,"不允"。熊渠脸都气歪了,一把撕烂手中的竹简,用力扔在地上,笨重的竹简散了一地。熊渠三步并作两步走,急速冲到宫前的大钟下,亲手操起粗大的木棒,敲响了上朝的钟声。

顷刻,只听得丹阳街上车辚辚、马萧萧,楚国的大夫们从四面八方匆匆赶回宫里,等候国君熊渠的召见。朝堂上,大夫们已经到齐了,但谁也不发一言,有的摸摸鼻子,有的整整衣袖,极力掩饰心中的不安。大家心里清楚,这会儿不是上朝的时候,既然紧急召见,必定是有大事发生。国君熊渠向来说一不二,性格还有点喜怒无常,谁知道这次会不会轮到自己倒霉呢?

约摸等了一炷香的工夫,楚子熊渠才姗姗来迟。熊渠身材高大,体型魁梧,大约四十岁上下,两条剑眉直插云霄,再加上一脸蛮不讲理的络腮胡子，不怒而自威。而今天，熊渠却是真怒了，只见他豹眼圆睁，剑眉倒竖，满脸都是杀气。众大夫赶紧低头上前拜见，大气也不敢长出一口，心中像打鼓一般，"通通通"直跳。熊渠把大手一挥，让大家免礼，然后愤然说道："我蛮夷也，不与中国之号谥！从即日起，寡人将封公子康为句(gōu)亶(dǎn)王，公子红为鄂王，公子执疵为越章王。列位爱卿以为如何？"众大夫听到"寡人"二字，一个个变得血脉贲张起来，早把刚才的不安和恐惧抛到了九霄云外。"句亶王"熊康率先出列，高声奏道："谢陛下封赏！儿臣祝陛下万年无期！"公子红和公子执疵也反应过来，原来自己也是"大王"了，连忙上前一同谢恩。众大夫激动万分，齐声高祝熊渠"万寿无期"，一个个脸上洋溢着自豪的神采。

其实，他们盼望这一天已经很久了。两百年前，周武王之子周成王封赏功臣之后，楚人熊绎因为先祖鬻(yù)熊辅佐文王、武王有功，被封为子爵，封地丹阳，正式步入诸侯之列。但丹阳僻处深山之中，方圆不过五十里；子爵在公侯伯子男排序中，又忝居老末；加上楚国远离中原文明，被人嗤之为"南蛮鴃(jué)舌"，楚人一直抬不起头来。从那时起，楚国人便"筚(bì)路蓝缕，以启山林"，到熊渠在位时，早已国富兵强、横行江汉，理应得到天子封赏。可周天子心存偏见，对楚君的功绩始终视若无睹，不予封赏，所以楚君至今还是个子爵，封地仍然不过五十里，哪个楚国人心里不憋气、窝着火呢？当熊渠一怒之下，作出如此"荒唐"的决定，楚国大夫们不仅不感到意外，反倒觉得出了一口恶气，像久旱逢甘霖一般，心中无比地畅快，甚至对国君熊渠，也在敬畏之外，又多了一分爱戴。熊渠也没想到，自己一时冲动，竟得到文武百官交口称赞，不禁喜出望外，吩咐宫人立即摆酒庆贺，所有大臣不分高低贵贱，务必开怀畅饮、不醉不归。

几个月后，消息传到了周夷王的耳朵里。周夷王气得两手哆嗦，半天说不出话来。一个芝麻大的子爵，竟敢封儿子为王，而且一封就是三个，这在西周几百年的历史上，都是绝无仅有的。周夷王把御案一掀，破口大骂道："好你个南蛮熊渠，真是反了！反了！寡人非亲自讨伐你不可！"命令司马立即搜集车马，择日御驾亲征。大夫虢(guō)公见周夷王动了真火，连忙提醒他道："陛下息怒！大王难道忘了，先祖昭王也曾御驾亲征楚国，结果在回师途中，'丧六师于汉'，自己也溺死在汉水之中。请大王三思而后行啊！"周夷王一听，顿时像泄了气的皮球一样，颓然倒在坐榻上，从此绝口不提伐楚之事。

不久，周夷王抑郁而终，"大名鼎鼎"的周厉王即位。周厉王上台后，"防民之口甚于防川"，引得诸侯和百姓人人自危。熊渠害怕周王室大肆讨伐，主动取消了儿子的王号。细算起来，熊渠僭号封王的时间并不长，也没有什么实质性的举动，却把楚人那股"不服周"的劲头，表现得淋漓尽致。也许正是这股劲头，使楚国从西周初年建国，到公元前223年为秦国所灭，前后延续了长达八百年之久；从受封时"地方五十里"，到逐渐跻身"春秋五霸""战国七雄"，最终占据了中国"半壁江山"。

又过了半个多世纪，楚子熊通横空出世了。他先后派兵灭掉了糜国、卢国、罗国，讨伐了百苗等大小方国，一跃成为南方霸主。而此时的熊通，仍然只是个子爵，封地仍然只有五十里。龙困浅滩的熊通，又将作出何等惊世骇俗的举动呢？

01 请叫我楚王！

公元前771年,周幽王被犬戎所杀,周平王率领文武百官把都城从镐京迁到了洛邑,从此拉开了东周的帷幕。在东迁的过程中,周王朝元气大伤,而拼死护驾的秦襄公嬴开、晋文侯姬仇和郑武公掘突脱颖而出,秦国、晋国、郑国迅速崛起。与此同时,齐国、鲁国、宋国等传统强国也在不断壮大。看似神圣不可侵犯的周天子,越来越显得力不从心。

而率先向周王朝发难的,正是郑武公掘突的儿子郑庄公寤生。公元前719年,郑庄公突然率领大军,强行收割了周朝京畿的麦子。周桓王竟不敢征讨,周王室颜面扫地。十二年后,周桓王终于忍无可忍,亲自统帅周、陈、蔡、虢、卫五国联军,大肆讨伐郑庄公,结果被郑庄公打得落花流水、溃不成军。周桓王正要掉头逃跑,又被郑将祝聘(dān)一箭射中了肩膀,勉强忍痛突出了重围。回去以后,周桓王竟又不敢申讨,神圣不可侵犯的天子彻底走下了神坛。

不久,消息传到楚都丹阳。当时正值盛夏,树上知了的叫声此起彼伏,扰得楚子熊通心烦意乱。熊通命人把令尹斗伯比请来,忧虑地说道:"斗爱卿啊,现在的形势对楚国大为不利啊。齐、鲁、陈、宋等传统大国依然坚不可摧,秦、晋、郑、卫等后起之秀又势不可挡,楚国本来就僻居南蛮之地,如果再不想办法奋起直追,恐怕永远也没有出头之日了。令尹可有什么妙计吗？"斗伯比笑道："如果下臣猜得没错，君上已经有主见了吧！"熊通"嗯"了一声，"楚国之所以难有作为，主要是因为爵位太低。以前周平王当政时，各国诸侯还有所顾忌，不敢轻举妄动。现在天子被臣子射伤，竟然不敢申讨，看来天子也要坠落凡间了。孤家准备仿效先祖熊渠故事，自立为王，与周天子平起平坐。爱卿以为如何？"斗伯比想了想，缓缓答道："主公果然高见，下臣佩服之至。不过，楚国放弃王号已久，如果突然恢复名号，恐怕会引起朝野震动。江汉诸姬对我国觊觎已久，如果挟天子之命，合力前来讨伐，恐怕会对君上不利。不妨先用武力制服诸侯，然后再考虑称王不迟。"熊通点了点头，又忧虑地问道："可是方今天下，诸侯数以百计，楚国国小力微，如何才能制服诸侯呢？"斗伯比答道："君上无需过虑。天下诸侯虽多，但像齐、鲁、郑、晋等大国，毕竟还是少数，而且远在千里之外，无法对我国构成实际威胁。南方诸侯中，汉江以西已被主公收服，只有汉江以东各国，尚不听从主公号令。而在汉江以东诸侯中，惟以随国最强，又是本地盟主，君上不妨御驾亲征，逼迫随侯与楚国结盟，如果连随国都愿归附，其他小国也就不在话下了。"熊通转忧为喜，决定立即御驾亲征随国。

熊通把大军驻扎在毗邻随国的瑕地，然后派大夫薳(wěi)章前去求盟。

却说随侯身边有一位贤臣和一个奸臣，贤臣名叫季梁，奸臣名叫少师。随侯却偏偏喜欢少师，处处疏远季梁。薳章抵达随国后，立即向随侯禀明来意。随侯正在后宫饮酒作乐，猝然听说楚国大军压境，顿时慌了手脚，马上派人把少师和季梁叫来，询问退敌良策。季梁分析道："从眼下实力来看，明显是敌强我弱。而楚国却先派使者求和，显然别有用心。君上不妨假装答应讲和，暗中却加强戒备，这样可保万无一失。"少师却不屑地接道："我国乃堂堂姬姓侯国，又是江汉诸国盟主，怎么能惧怕小小的蛮国呢？下臣愿意代表国君与楚国会盟，顺便到楚军大营一探虚实。请君上恩准！"随侯一向对少师言听计从，于是不顾季梁反对，马上派少师到瑕地与楚国会盟。

斗伯比听说随侯派少师前来结盟，突然心生一计，于是向熊通奏道："下臣听说少师才疏学浅，因为善于阿谀奉承，才得到随侯的宠信。随侯派少师前来会盟，肯定是想刺探我军虚实。我们不妨把精兵强将都藏匿起来，只让他看到我军的老弱残兵。少师肯定会因此瞧不起我们，并产生骄傲自满的情绪。如果我们乘机发动突然袭击，定能一举拿下他们。"熊通大喜。大夫熊率比却道："随国还有季梁在，这么做又有何用呢？"斗伯比道："下官这是放长线钓大鱼，大夫就等着瞧吧！"熊通准奏。

少师忐忑不安地走进楚国大营，不停地左瞅瞅，右看看，发现楚兵老的老，少的少，手中的兵器也破败不堪，脸上顿时露出了不屑的神色，少师昂首走到熊通面前，端着架子问道："随国是姬姓侯国，楚国是荆山蛮国，两国一向井水不犯河水，不知贵国突然派使者前来求盟，到底有何用意？"熊通故作谦卑地答道："敝国偏居丹阳一隅，近年又连年灾荒，百姓疲惫不堪，孤家担心周边诸侯联起手来，对楚国不利，所以恳请上国顾念万千苍生，与敝国结为兄弟，一旦遇到危难，敝国也有所依靠。"少师哈哈大笑，爽快地答道："原来如此！国君请放心，汉江以东诸国，都听寡君号令，这事就包在本大夫身上！"熊通假装连忙道谢，然后与少师歃血为盟。少师走后，熊通马上传令大军班师回朝。

少师返回随国后，掩饰不住内心的得意，马上眉飞色舞地向随侯描述了楚军羸弱不堪的样子，并主动献上了一条"妙计"，"楚国侥幸与我国结盟后，立即班师回朝，说明他们十分惧怕我国。请君上随便给下臣派了一支军队，让末将从后面追上，突然发动袭击，定叫他们全军覆没,从此不敢正眼瞧随国一眼。"随侯被少师的豪言壮语打动了,也变得热血沸腾起来,立即拨给少师一支精锐之师,命他从后追击。

少师正要率兵出发,季梁得到了消息,火速赶入朝堂,苦苦劝谏随侯道:"君上不可! 万万不可! 楚国自从若敖、蚡(fén)冒以来,世代修明国政,实力不断强大,屡次武力侵伐江、汉诸姬。特别是这个熊通,为了登上君位,竟然残忍地杀死了自己的亲侄子,生性凶狠残暴。如今无故前来结盟,必然包藏祸心;又故意向少师示弱,明显是想引诱我们上当。如果率兵追击,正中他们下怀。请君上三思啊!"随侯拿不定主意,命太史卜了一卦,卦象显示不吉,这才打消了追击的念头。

熊通见随侯不上当,又把斗伯比召来,问他还有什么良策。斗伯比又献上一计:"君上不是刚与随侯签订了盟约吗,不妨乘机邀请诸侯在沈鹿会盟。如果随侯乖乖前来赴会,说明他是真心结盟,我们乘机请他向天子求情加封;如果随侯借故不来,我们就用叛会背盟的罪名讨伐他。主公意下如何?"熊通哈哈大笑,真是一着两全其美的妙棋,马上派遣使者通知汉江以东所有诸侯,于农历四月初一在沈鹿会盟。

会盟日期一到,巴国、庸国、濮国、邓国、鄾(yōu)国、绞国、郧(yún)国、贰国、轸(zhěn)国、申国、江国等诸侯纷纷参会,只有黄国和随国未到。熊通先派大夫薳章前去谴责黄君。黄君不敢怠慢,立即派使者随薳章到楚国谢罪。熊通又派大夫屈瑕前去责备随侯。随侯不服气,反问楚国有什么资格主持会盟。熊通如愿找到了出兵的借口,再次御驾亲征,把军队驻扎在汉江和淮河之间,随时准备向随国发起进攻。

随侯大话说在前头,但真看到楚国大军兵临城下,也不敢掉以轻心,立即召集群臣商讨退敌之策。季梁上前奏道:"楚国刚与诸侯会盟,马上率兵讨伐我们,士气正旺,我们千万不能大意。不如放低姿态,派使者前去讲和,如果同意,大不了两国重归旧好;如果不同意,理亏的就是他们。楚兵见主公言辞谦卑,必然心生懈怠;我军见楚人态度傲慢,必然心生怒气。彼消此长,也许可以侥幸取胜!"少师听了季梁的丧气话,气不打一处来,愤然用手指着季梁的鼻子,大声骂道:"季大夫怎么如此胆小怕事!楚军远道而来,不啻是自寻死路。如果这次不抓住战机,让他们又像上次一样逃跑了,岂不可惜?!"随侯被少师的豪言壮语打动了,立即命少师为车右,季梁为御者,亲自率领随军在青林山下列阵迎敌。

列阵完毕后,季梁首先登车察看楚军阵型。不一会儿,季梁从车上跳下来,对随侯奏道:"楚军分为左右两军,其习俗尚左,楚君肯定坐镇左军。楚君所在的军队,都是精兵强将。请君侯避其精锐,集中攻打楚国右军,如果右军败了,左军也就独木难支了。"少师哈哈大笑道:"明知楚君在左军,却不敢派兵攻打,岂不是让楚人笑话?"随侯还是觉得少师有理,下令攻打楚国左军。

随侯身先士卒,率众首先向楚国左军冲去。楚军主动打开阵形,放随兵往里冲杀。随侯不知是计,埋头冲入阵中,不料楚国伏兵四起,把随侯团团围住,果然像季梁说的,人人勇猛,个个精强。少师首先与楚将斗丹交锋,不到十个回合,被斗丹一刀斩于车下。季梁保着随侯死战,仍然难以突出重围。随侯悄悄跳下战车,偷偷换上士兵的衣服,混在步兵队伍中,才在季梁的保护下,杀出一条血路,逃出了重围。随侯吃了大亏,感慨地说道:"都怪寡人不听爱卿的忠告,才落得如今这步田地。"但还是关心地问道:"少师在哪里?"有随从亲眼看到少师被杀,赶紧奏知随侯。随侯叹息不已。季梁道:"这种祸国殃民的小人,君上有什么可惜的!现在的当务之急,是赶紧派人与楚国讲和。"随侯无奈,只好说道:"这次孤家听你的。"季梁临危受命,到楚营请求和谈。

熊通一见季梁,勃然大怒道:"孤家好心与随侯结盟,没想到他叛盟拒会,还用武力对抗。现在战败了,才想到来求和,恐怕晚了吧!"季梁面不改色,从容答道:"前日因为有奸臣少师恃宠贪功,误导寡君出兵,其实并非寡君本意。如今少师已死,寡君也愿真心悔过,特派下臣前来向陛下认罪。如果陛下宽宏大量,饶恕寡君过失,寡君一定率领汉东诸侯,永远臣服陛下。请陛下明断!"令尹斗伯比悄悄提醒熊通:"上天替随国剔除了奸佞,留下了忠臣,说明随国还未到灭亡之时。不如答应随侯结盟,然后让他率领汉东诸国,联名上书周天子,请求为主公加封,不是对楚国更为有利吗?"熊通认为有理,派大夫蒍章悄悄对季梁说道:"寡君已经占有江、汉,希望天子能够提高爵位,好名正言顺地镇抚蛮夷。如果随侯能率领江、汉诸国,请求天子为楚国加封,寡君一定会感激不尽!"季梁不敢擅自答应,立即回去请示随侯。楚军原地驻扎,等候季梁回音。

随侯见楚国兵临城下,不敢不听,于是代表汉东诸侯,向周天子称颂了楚子的功绩,并请求加封楚君王号,代表天子镇抚蛮夷。

周桓王正在后宫宴饮作乐,骤然看到随侯的奏章,愤怒地把桌子一拍,破口大骂道:"好你个熊通,竟要跟寡人平起平坐,真是吃了熊心豹子胆了!这个随侯也是老糊涂了,也不动脑子想想,寡人能答应这样的无礼要求吗?"说完把竹简往地上一扔,竹片飞得到处都是。刚才还在莺歌燕舞的宫女们,看到情况不妙,霎时溜了个精光。周桓王本想出兵讨伐,又本能地用手摸了摸肩上的伤疤,那是在讨伐郑国的时候,被郑国大夫祝聃射中的,至今还隐隐作痛。周桓王苦笑一声,用力地摇了摇头,还是放弃了动武的念头,只派使臣通知随侯,不准他的请求。

随侯只好硬着头皮，传达了天子的旨意。熊通听说周王不准奏，比周王还要气愤，当着满朝文武的面叫道："周王真是欺人太甚了！寡人先祖熊鬻尽心尽力辅佐文王、武王，就因为去世得早，才只得到一个子爵的封号，还窝在这深山老林之中。现在楚国地广人稠，江汉诸侯无不臣服，天子不加封赏；郑人挑衅周室，甚至射中周王肩膀，天子也不申讨。这么是非不分、赏罚不明的天子，寡人还要他做甚？"熊通当场宣布，立即废黜周朝封号，自立为王，是为楚武王。熊通僭号称王后，文武百官无不称贺，江汉诸国也纷纷遣使道贺。周桓王火冒三丈，但也无可奈何，只好睁一只眼闭一只眼。从此，楚君便以王号自称，与周天子平起平坐。

公元前690年，随侯因故未到楚国朝贺。楚武王大怒，再次率兵攻打随国。可惜大军还没到随国，一代枭雄楚武王就病死在半路上。临终前，楚武王把太子熊赀(zī)叫到跟前，语重心长地交代道："赀儿啊，楚国虽然自立为王，但丹阳狭小偏僻，终究不是久留之地。父王这辈子最大的心愿，就是把都城迁到'疆郢(yǐng)。现在父王看来是不行了，就把这个担子交给你了。"说完就闭上了眼睛。太子熊赀和令尹斗祁、莫敖屈重商议后，暂时封锁了武王去世的消息，从小路急行军，突然包围了随城。随侯看到楚军神兵天降，立即吓破了胆，赶紧派人与楚王讲和。莫敖屈重大摇大摆地进入随城，与随侯重新结盟后，才率军撤回楚都丹阳。楚军全部渡过汉江后，才对外发布武王去世的消息。

楚武王熊通僭号称王，自己给了自己一个"名分"，楚国人从此不再觉得低人一等，为日后逐鹿中原扫清了最大障碍。

熊通僭越称王

02 一声叹"息"

楚军撤回丹阳后，太子熊赀(zì)即位，就是楚文王。文王上台后第一件事，就是遵照武王遗命，把都城从丹阳迁到了"疆浧(yǐng)"，改名为"郢"(yǐng)，就是今天湖北省宜城市郑集镇楚皇城遗址所在地。郢都东扼汉江天险，西据巍峨荆山，向北可进击中原，向南能奄有江汉，为楚国富国强兵、开疆拓土打开了崭新的局面。

经过几年图治，楚国朝堂上已经有了斗伯比、薳(wěi)章、斗祁、屈重、斗廉、鬻(yù)拳等一干文臣武将。文王人尽其才、物尽其用，先后灭掉了邓国，攻克了权国，制服了随国，打败了郧国，拉拢了绞国，役使着息国，汉东诸国个个向楚国称臣纳贡，惟楚国马首是瞻，一时间楚国横行江汉，罕有敌手，楚文王也逐渐萌生了剑指中原、称霸诸侯的野心。而此时要想称霸，又谈何容易？齐桓公小白已经打着"尊王攘夷"的旗号，成为春秋首霸。说是"尊王攘夷"，实际就是打着维护天子权威的旗帜，达到号令诸侯的目的，与后世曹操"挟天子以令诸侯"没什么两样。楚文王要想称霸，必须打败现任霸主齐桓公。而齐桓公也早已感受到来自楚国的威胁，正准备集中精力对付这个南方的最大对手。眼下双方看似相安无事，其实早已剑拔弩张，随时都有可能狭路相逢。而真正点燃这根导火索的，却是一个女人——美貌绝伦的息夫人。

故事还要从蔡侯和息侯的恩怨说起。原来蔡哀侯献舞与息侯是名副其实的"挑担",娶的都是陈国的公主,蔡侯迎娶在前,息侯结亲在后,所以息侯称蔡侯为兄。听说息夫人有倾国倾城之貌,蔡侯便对自己的小姨子动了觊觎之心,可谓垂涎已久。

　　有一次,息夫人回娘家陈国省亲,途中要路经蔡国。蔡哀侯心想:"都说小姨子妫(guī)氏貌比妲(dá)己、褒姒(sì),这次从孤家地盘路过,怎么能错过这千载难逢的机会呢?"当即传旨宫中摆下筵席,要以最高规格招待小姨子。息夫人本来无意在中途停留,但想到蔡侯好歹是自家亲戚,不好强行拒绝,只好留下来吃了饭再走。起初,蔡哀侯还有所顾忌,不敢太过出格。等饭吃到一半的时候,就开始说些不三不四的话来,就差动手动脚了。息夫人非常生气,不等饭吃完,就把筷子往桌上一扔,扭头走了。当他从陈国返回息国的时候,也没有再在蔡国停留。回到息国以后,息夫人还把自己受到的委屈,添油加醋地向丈夫息侯哭诉了一番。

　　息侯也把息夫人视为掌上明珠,听说爱妻遭到蔡侯无端戏弄,顿时怒火中烧。但稍稍冷静下来后,又陷入了两难境地:想要报仇吧,没有必胜的把握;就这么算了吧,又感觉太过窝火。息侯左思右想,突然灵机一动,既然孤家没这个本事,为什么不找个有本事的人帮忙呢? 息侯说干就干,立即派使者给楚文王送去了一份厚礼,然后悄悄向文王告密:"蔡哀侯献舞仗着有中原诸侯撑腰,一直不肯归附楚国。如果楚国佯装出兵攻打息国,息国将立即假装向蔡国求救,蔡侯有勇无谋,必定发兵来救。然后息国与楚国合兵一处,里应外合,定能生擒献舞。等俘虏了蔡侯,就不怕蔡国不来称臣纳贡了。"

　　楚文王一听,喜出望外,立即率领大军佯装讨伐息国。息侯按照事前约定,马上向蔡哀侯献舞求救。蔡哀侯一心想在貌美如花的小姨子面前表现表现,见息侯向自己求救,正中下怀,当即亲自率兵前去救援息国。蔡侯正要安营扎寨,不料楚国伏兵四起,把蔡侯团团围住。蔡侯抵挡不住,赶紧向息城方向撤退。没想到息侯紧闭城门,完全没有放蔡侯进城的意思。蔡侯也顾不上漂亮的小姨子了,丢盔弃甲,落荒而逃。楚军可没打算放过献舞,紧紧跟在后面穷追不舍,一直追到蔡国的莘野,生擒活捉了蔡侯。息侯总算出了一口恶气,决定好好犒赏楚军一番,然后高高兴兴地送楚文王班师回去了。

蔡侯这才知道中了息侯的奸计,对息侯恨得咬牙切齿。楚文王回到郢都后,准备把蔡侯杀了祭祖。大夫鬻拳担心楚国与中原诸侯结下深仇大恨,会对楚国不利,所以以死相谏,文王才打消了血祭的念头,决定把蔡侯放了。临行前,文王大排宴席,为蔡侯送行。酒至半酣,楚文王指着一个正在弹奏古筝的宫女,得意地对蔡侯说道:"这个女子色艺双全,让她敬你一杯吧。"宫女识趣地拿出一只大爵,然后斟了满满的一爵酒,笑盈盈地送到蔡哀侯面前。蔡哀侯不敢怠慢,接过酒爵一饮而尽,然后把爵斟满,亲自为楚王敬酒。文王哈哈大笑,"君侯阅女无数,可曾见过这么漂亮的女人吗?"蔡侯想起息侯的大仇,故意卖个关子:"回大王,孤家见识浅薄,但也见过不少美女,要说比这个美女更美的女人,还真是不多。"楚王有些不快:"这么说还是有喽?"蔡侯再卖个关子:"回大王,确实有一个。"文王来了兴致,急切地问道:"是谁?"蔡侯不紧不慢地答道:"回大王,是息夫人。依孤家看来,天下美人虽多,但没有一个能比得上息夫人的,那息夫人真是惊为天人啊!"文王兴致更浓了:"怎么个美法?"蔡侯答道:"目如秋水,面似桃花,长短适中,身姿婀娜,孤家从未见过比她更美的女人。"文王若有所失,怅然叹道:"世间竟然还有这样的美女?寡人要是能见上一面,这辈子也就死而无憾了!"蔡侯趁机进道:"陛下威震四海,就是齐国、宋国的女子,得来也不费吹灰之力,何况是自己辖下的一个妇人呢?"当天,所有人都尽兴而归,只有楚文王有些意兴阑珊。

蔡哀侯献舞告辞回国了,但他的话却像小猫的爪子一样,挠得楚文王心痒难搔。一个风和日丽的下午,楚文王终于按捺不住内心的骚动,以四方巡察的名义,驾临息国。息侯不敢怠慢,亲自到城外迎接,对文王毕恭毕敬。息侯亲自带文王到馆舍安顿,然后在朝堂上大摆筵席,为文王接风洗尘。息侯斟了满满一爵美酒,高声向文王敬贺。文王也不客气,接过酒爵一饮而尽,然后意味深长地对息侯说道:"寡人过去也算为君夫人效过微薄之劳,今天寡人到贵国巡视,君夫人是不是也该有所表示,敬寡人一杯呢?"息侯不敢拒绝,连忙说"应该""应该",马上让宫人传话,请夫人出来敬酒。

不一会儿,只听得一阵环佩相撞的叮铃声,息夫人妫氏身着盛装,出现在众人面前。息夫人大大方方地向楚王行了一个礼,然后捧着满满的白玉杯向文王敬酒,素净的双手和无瑕的玉杯交相辉映。文王看得心里扑腾扑腾直跳,张大了嘴巴半天也合不拢,心想献舞之言果然不差,真的是天生少闻、人间罕见,便情不自禁地站起身来,要亲手去接息夫人的玉杯。息夫人却不慌不忙地把酒杯递给宫人,让宫人转手递给楚王。文王见息夫人举止如此端庄,更加心花怒放,连起码的谢辞都忘了说,便接过酒杯一饮而尽。息夫人低头微微一笑,又向楚王行了一个礼,就匆匆告辞回宫了。文王对息夫人牵挂已久,见面之后更加不能忘怀,面对满桌子的山珍海味,反而吃得缺滋寡味。曲终人散,文王独自回到馆舍,一个人躺在床上,辗转反侧,久久难以入眠。

第二天,楚文王也在馆舍摆了一桌丰盛的酒筵,声称要答谢息侯的盛情款待。三杯酒下肚,文王便假装不胜酒力,半真半假地对息侯说道:"君侯啊,不仅寡人对君夫人有功,寡人的将士也为君夫人的名节而拼死效力。现在寡人的大军便驻扎在郊外,寡人想请君夫人替寡人犒劳一下他们。不知君侯意下如何?"息侯可不愿美貌的夫人在大庭广众之下抛头露面,但又惧怕文王权威,只好婉言推脱:"上国兵多将广,恐怕一时犒劳不过来。请容许孤家与夫人商议一下再说!"文王的脸上立马转晴为阴,使劲把桌子一拍,大声喝道:"你这个背信弃义的小人,竟敢用花言巧语诳我?!还不与我拿下!"不等息侯分辩,早已埋伏好的士兵如狼似虎一般,纷纷跳将出来,把息侯围了个结结实实,大将薳章和斗丹跨步上前,摁住息侯的手臂,当庭把息侯捆了个结实。

息夫人在内宫听说夫君被抓,不禁长叹一声:"早知如此,何必当初啊!"说完跑进御花园,作势要往井里跳。大将斗丹奉命赶来,抢前一步抓住息夫人的裙裾,低声问道:"夫人难道不想救息侯的命了吗?夫人想死也就罢了,何必要断送两个人的性命呢?!"息夫人不说话了,两行泪珠顺着脸颊缓缓滚下。斗丹带着息夫人前来面见楚王,文王看到息夫人梨花带雨的样子,顿生怜惜之心,当下好言相劝,声称只要息夫人答应从了自己,便可答应不杀息侯,不绝息国祭祀。息夫人无奈,只好含泪答应了文王。文王喜不自胜,当天在军中封息妫为夫人,然后班师回郢。临行前,楚王兑现了自己的诺言,在汝水旁找了一块巴掌大的地方,安置了息侯,并封给他十户人家,世世代代奉守息侯祖庙。不久,息侯抑郁而死。

楚文王几经周折,才得到息妫,所以对她宠幸无比。息夫人也不负所望,三年之中为文王生了两个儿子,老大叫熊艰,老二叫熊恽(yùn)。然而,三年来,息妫虽然尽心服侍楚王,却从来不与文王说话。文王很奇怪,多次追问息妫到底是什么缘故。息妫每次都只顾流泪,就是不回答。有一天,楚王心有不甘,坚持要问出缘由,息妫这才开口说道:"贱妾一个妇道人家,没想到一生要伺候两个男人,既然不能为了贞节而死,还有什么脸面跟人说话呢?"说完,哭得更伤心了。文王非常怜惜,愤然说道:"这都是蔡侯献舞出的馊主意,夫人不要伤心,寡人为你报仇就是了!"文王立即发兵讨伐蔡国,一直打到蔡城的外城,逼得蔡哀侯献舞赤裸着上身,亲自向楚文王磕头请罪,并拿出库藏中所有的金银珠宝贿赂文王,文王才撤军回郢。息夫人总算出了口恶气,从此不再与文王为难。

息夫人的容貌娇艳如桃花,因此被后世称为桃花夫人。当然,也因为她的美貌,差点让两个国家走向了灭亡。不过,长得好看并不是息夫人的错,我们只能为他发出一声叹息。唐代大诗人王维就曾写过一首五言绝句《息夫人》:"莫以今时宠,难忘旧日恩。看花满眼泪,不共楚王言。"表达了对息夫人的无限同情。当然,楚文王是应该感谢息夫人的,要不是她,也不可能灭息服蔡,从此打开通往中原的第一道门户。

03 大阍的罪与罚

公元前677年,楚文王与巴国国君一同讨伐申国,不小心惊扰了巴国的军队。巴君翻脸不认人,掉头偷袭了楚国的那处。那处的守军猝不及防,很快败下阵来,守将阎敖偷偷从涌水泅渡,才死里逃生,捡得一条性命。但按照楚国律法,"兵败者死",楚王铁面无情,忍痛把死里逃生的阎敖杀掉了。

阎敖生前很受族人拥戴,被文王杀死以后,族人群情激奋,誓死要为阎敖报仇。阎氏族人暗中勾结巴人讨伐楚国,答应充当巴人内应。巴人求之不得,立即率兵进攻楚国。文王亲自率领大军迎敌,想不到阎敖的族人打扮成楚兵模样,偷偷混进了楚军的队伍之中,径自摸到中军大帐中刺杀楚王,楚军顿时乱了阵脚。巴军趁机猛攻,大败楚军。仓皇之中,文王面颊上中了一箭。楚文王疼得哇哇大叫,但巴人已经追了上来,没有时间拔下脸上的箭,只好带着箭杆向郢都奔去。巴军自知实力悬殊不敢孤军深入,带着缴获的辎重器械收兵回国了。

文王脸上插着箭簇,一路强忍着疼痛,勉强逃回郢都城外。文王命人赶紧叫门,好立即回城医治。可惜把守城门的是大阍(hūn)鬻(yù)拳,鬻拳把城门打开了一条缝儿,不紧不慢地问道:"敢问陛下是凯旋而归吗?"楚文王没好气地答道:"不是,输了!"鬻拳又不紧不慢地说道:"自从先王建国以来,楚军一向战无不胜。巴国,一个巴掌大的国家,陛下御驾亲征,竟然吃了败仗,还好意思回来吗?现在只有黄国坚持不向楚国臣服,如果陛下能带领残兵打败黄国,也许能替自己挽回点儿颜面!"说完,把那条门缝儿也掩上了。楚文王虽然是一国之君,却也拿这个鬻拳没有办法。

原来,早在文王擒获蔡侯献舞的时候,他就已经领教过鬻拳的厉害了。当时,楚文王把蔡哀侯献舞押到郢都以后,准备把他杀了祭祖。鬻拳劝道:"大王刚刚与中原诸侯结下仇怨,如果在这个时候杀掉献舞,必然会引起诸侯恐惧,如果激起他们同仇敌忾,恐怕会对楚国不利。不如先放蔡侯回国,伺机再图后计。"但不管鬻拳怎么劝说,文王就是不答应。鬻拳也急了,一步跨到文王身前,左手扯住文王的袖子,右手拔出佩刀,用刀尖指着文王的鼻子,厉声说道:"请陛下放了蔡侯!下臣实在不忍眼睁睁地看着陛下失去天下诸侯。如果陛下还不答应,下臣就与陛下同归于尽!"说着,把刀尖又向前递进了一寸,文王害怕了,连忙说道:"爱卿别激动!寡人听你的就是了。"正因为有了这个插曲,文王后来才同意放蔡侯回国。

文王释放蔡侯归国后,鬻拳又对文王奏道:"陛下能听下臣劝告,真是楚国之福啊。不过下臣在情急之下威逼陛下,实在罪该万死,请陛下杀了下臣吧!"文王摇头道:"爱卿忠心耿耿,寡人并不怪你。"鬻拳却道:"虽然陛下赦免了下臣,但下臣不能赦免自己!"说完从身上拔出佩刀,咬牙砍掉了自己的一只脚,并大声喊道:"谁要敢对陛下无礼,下臣就是他的榜样!"说完痛昏在地。文王赶紧命太医给鬻拳精心医治,并把他的断脚藏在太府里,作为自己不听臣下劝谏的警告。鬻拳痊愈以后,就变成了一个瘸子。为了嘉奖他的忠肝义胆,楚王便封他为大阍,并尊称他为"太伯",专门为楚王掌管郢都城门。

楚文王没想到,这次他打了败仗,鬻拳又闭门不纳。文王知道,再跟鬻拳讲道理,也是白费唇舌,于是气急败坏地对军士说道:"走!都跟寡人去攻打黄国吧!如果这次还是不能取胜,寡人就不回来了!"楚文王不顾身上的疲惫和脸上的箭伤,又带着残兵败将转道去讨伐黄国。到达黄城之后,楚文王亲自擂鼓进军,所有军兵士气高涨,拼死进攻,终于在碏(què)陵打败了黄军。

当天晚上,楚文王就睡在黄地营中。夜半时分,突然梦见息侯怒气冲冲地前来找他,息侯破口大骂道:"你这个暴君!孤家到底犯了什么罪,你要害我性命,淫我妻子,占我国家?!孤家已经把状告到天帝那里去了,让他出来为孤家主持公道,你就等着下地狱吧!"说完,一掌向楚文王劈头盖脸扇了下来。文王躲闪不及,"结结实实"挨了息侯一掌,直觉得眼前金星乱冒,脸上疼痛难忍,忍不住大叫一声,从梦中惊醒过来。文王直觉大汗淋淋,再用手一摸,脸上的箭创已经迸裂,鲜血顺着脸颊往下涌流不止。楚文王预感到大事不妙,命令大军立即班师回朝。大军刚刚走到湫地,文王还是伤重不治,病死在了半道上。

文王的遗体运回郢都时,鬻拳急忙打开城门,看到文王的遗体,不禁悲从中来,号啕大哭。文王下葬以后,长子熊艰即位,是为堵敖。鬻拳懊悔不已,自言自语道:"下臣两次冒犯大王,已经犯下滔天大罪,纵使陛下不杀我,难道我还有脸苟活在人世吗?下臣也要追随大王到阴曹地府里去了!"然后交代家人道:"等我死后,一定要把我安葬在大王陵寝绖(dié)皇(墓前甬道之门)之下,让我的子孙后代知道,我鬻拳生为楚国把守城门,死为楚王镇守墓门,永远无愧于大阍封号!"说完,拔剑自刎而死。死后,他的子孙遵照遗言,把他葬在楚文王陵寝的绖皇门下。

堵敖感念鬻拳一片忠心,赐封鬻拳的子孙后代世袭为大阍,世世代代为楚国把守城门。

04 嫂子再看我一眼

楚文王死后,文夫人已经徐娘半老,但风韵犹存。楚文王有个弟弟,姓熊名善字子元,对嫂子文夫人倾慕已久。文王在世时,他不敢打什么歪主意,文王一死,胆子便渐渐大了起来。

却说楚文王有两个儿子,长子叫熊艰,次子叫熊恽(yùn),都是文夫人息妫(guī)所生。弟弟熊恽才能更胜一筹,一向深得文夫人宠爱,国内百姓也都倾向于拥立熊恽。但哥哥熊艰居长,按例优先继承了王位。可惜熊艰不肖,对治理朝政没什么兴趣,生性只喜欢打猎,整天呼鹰唤犬,追鹿逐兔,日子过得好不快活。他自己不思进取也就罢了,还极为妒忌弟弟熊恽的才能和威信,一直想找个借口把熊恽除掉,只是碍于不少文武大臣暗中替熊恽周旋,计划才迟迟没有得逞。弟弟熊恽也不是傻子,知道哥哥不会放过自己,于是暗中畜养死士,随时准备反戈一击。

有一天,熊艰又像往常一样出外田猎。熊恽悄悄把死士埋伏在半道上,等熊艰的人马一到,立即发动突然袭击,杀死了哥哥熊艰。熊恽只向母亲文夫人禀告说,熊艰在打猎的时候暴病身亡。文夫人虽然觉得事有蹊跷,但知道熊艰难成大器,也就不想深究,干脆率领文武大臣拥立熊恽为王,就是楚成王。熊艰在位三年,可谓一事无成,所以按照楚国惯例,没有追谥王号,而是称为"堵敖"(在楚国方言中,有名无实的国君称为"敖")。

楚成王即位时还很年轻,所以任命王叔子元为令尹,辅佐自己管理朝政。可子元却非善类,心里一直惦记着嫂子文夫人。文王死后,子元更动了篡位自立的心思,心想楚国的天下都是自己的了,何愁文夫人不从?子元欺负熊艰、熊恽兄弟年幼,变着法儿找文夫人套近乎。起初,子元还有些忌惮三朝老臣斗伯比,不敢过于放肆。后来,德高望重的斗伯比也病死了,子元便更加肆无忌惮,索性在王宫旁边筑起一座馆舍,整天在里面莺歌燕舞、饮酒作乐,只想引起嫂子文夫人的注意。

文夫人还真听到了,好奇地问身边的侍女:"宫外一片丝竹管弦之声,是从哪里传来的?"侍女回答道:"禀夫人,是从令尹大人的馆舍里传来的。"文夫人没好气地说道:"过去文王策马长枪、东征西讨,前来进贡的诸侯络绎不绝。如今,楚国已有十多年不敢出兵中原了,令尹不想着报仇雪恨,而在我这个寡妇旁边搔首弄姿,他不觉得羞耻吗?"侍女悄悄把文夫人的话转告给子元,子元羞得满脸通红,不禁叹道:"连个女人都惦记着中原诸侯,难道我这个令尹能忘记吗?郑国是通往中原的咽喉,就让本令尹拿郑国祭旗吧。不打败郑国,子元妄为大丈夫!"立即出动兵车六百乘,命令将军斗御疆、斗梧为先锋,王孙游、王孙嘉为后队,自己亲自坐镇中军,浩浩荡荡向郑国杀去。

郑文公听说楚国大军压境,赶紧召集百官商议。大夫堵叔建议道:"楚国人多势众,我们肯定不是他们的对手,不如跟他们讲和算了。"大夫师叔表示反对:"我们刚跟齐国结盟,如果齐国知道我们有难,必定会派兵前来救援。我们应该坚守城池,等待齐国救兵到来。"世子姬华血气方刚,主张背水一战。大夫叔詹却道:"三个人中,我最赞同师叔的看法。不过依臣看来,楚军不久就会自行撤退。"郑文公不解地问道:"楚国令尹亲自督战,怎么会自行撤退呢?"叔詹胸有成竹地答道:"楚国以前攻打别的国家时,从来没有动用过六百乘兵车。子元这次大动干戈,主要是为了讨息夫人欢心,所以一心只求胜利。一心求胜,必然会害怕失败。即便楚兵真的来了,下臣也有退敌良策。"正在商议间,探子报告:"楚军已经攻下秸秩(dié)关,并一路过关斩将,打破了都城的外城,进入了纯门,很快就要到达逵市了。"堵叔一听慌了:"楚军已经兵临城下,如果讲和不成,可以逃到桐丘暂避一时。"叔詹镇定地道:"大家不要惊慌!看本将怎么对付他们!"他吩咐把所有兵士都埋伏在城内,然后大开城门,所有商铺照常营业,城中百姓来去自如,完全看不出半点惊慌的样子。

斗御疆率领前锋部队先到,看见街市和平常一样热闹,城中一点儿动静也没有,心里七上八下,扭头对斗梧说道:"郑国的百姓如此反常,一定是有什么阴谋诡计,恐怕是想诓骗我们进城。我们不要轻易进城,还是等令尹来了,再从长计议吧。"两人在离城五里的地方扎下营寨。不一会儿,令尹子元的大军抵达营地,斗御疆把城中的情况禀报给子元。子元亲自登到高处,察看城中的情况,只见城内旌旗招展,甲士林立,兵容整肃,不禁长叹一声,"郑国有堵叔、师叔、叔詹'三良'在,其谋略深不可测啊!万一输了,还有什么脸面回去见文夫人呢?必须打探到敌人的虚实,然后才能派兵进攻。"

第二天,负责殿后的王孙游派人向子元报告:"齐桓公联合宋、鲁两国诸侯,亲自率领大军前来救援郑国。斗将军不敢贸然行动,特请元帅下达命令。"子元大吃一惊,不无担心地对诸将说道:"如果诸侯联军截断了我军的归路,我们就会腹背受敌,后果不堪设想。我们已经打到了郑国的逵市,算是大获全胜了,不如见好就收,就此撤退吧。"当即下令连夜拔寨而起。为了防止郑兵追赶,子元命令留下元帅的大旗和幕布,给敌人造成一切如常的错觉。大军撤出郑国国境后,才鸣起钟,打起鼓,齐声高奏凯歌,宣示楚军大获全胜。

子元回到郢都后,第一时间派人向文夫人报捷:"令尹大人全胜而归!"文夫人道:"令尹如果真是大获全胜,应该首先通告百姓,以显示我国赏罚分明;然后再到太庙告祭先祖,安慰祖宗的在天之灵。对我这个寡妇,有什么好说的?"子元听了,惭愧不已。

楚成王熊恽听说子元不战而还,心中老大不快。

回头再说郑国,当天晚上叔詹亲自督促士兵巡城,一夜不敢合眼。等到破晓时分,叔詹指着楚营大幕,微笑着对手下说道:"这是一座空营,楚军已经逃跑了!"大家都不相信,好奇地问叔詹:"将军怎么知道楚军已经逃跑了?"叔詹笑道:"军幕是主将宿营的地方,也是人气最旺的地方。但诸位将军请看,现在成群结队的鸟雀在上面叽叽喳喳、跳来跳去,说明只有一种可能,那就是军幕里面是空的。我猜一定是诸侯的救兵到了,楚军首先得到消息,悄悄逃走了。"不一会儿,探子来报:"诸侯的救兵到了,但还没到达郑国境内,听说楚军已经撤退,又各自收兵回国了。"大家对叔詹佩服得五体投地。

令尹子元一心想斩立奇功,俘获文夫人的芳心,没想到在讨伐郑国的时候无功而返,搞得两头不讨好,里外不是人,隐隐感到有些不对劲,便开始加快实施篡谋夺位的计划。考虑到自己势单力孤,子元决定先和嫂子文夫人把生米煮成熟饭,把她拉拢到自己一边,然后再见机行事。恰好那几天文夫人身体有些不适,子元便以探病为由,堂而皇之地进入了后宫内院。探望结束以后,子元索性厚着脸皮,把自己的被褥也搬到了宫中,一步也不离开文夫人左右,三天三夜没有出宫。子元还宣称要维护文夫人的安全,在宫外安排了几百个家丁站岗放哨。

大夫斗廉听到消息后,带人闯进后宫,径直来到子元的卧榻前,看见子元正在对镜梳妆,整理自己的络腮胡子,不禁大声叱问道:"这里是臣子梳洗的地方吗?令尹还是赶紧出宫吧!"子元反问道:"这是我们芈(mǐ)家的宫室,跟你们斗家有什么关系?"斗廉义正词严地答道:"君王之家怎么能跟百姓之家相提并论呢?令尹虽然贵为王叔,但也是臣子。根据祖宗的规矩,作臣子的哪怕是路过宫室,都要下马步行,经过庙堂时,也必须跑步通过,连在地上吐口唾沫,都算犯下大不敬的罪过,何况这么长时间住在王宫呢?再说了,刚刚守寡的文夫人也住在这里,男女授受不亲,难道令尹不明白这个道理吗?"子元恼羞成怒:"本官现在掌握着楚国的生杀大权,这里哪有你说话的份儿?!"命人把斗廉捆绑起来,就近关押在后宫走廊里。

文夫人听到消息后,急忙派人向斗谷于(wū)菟(tú)告急,让他火速带兵入宫靖难。斗谷于菟立即启奏成王,在成王授意下,悄悄带着大将斗梧和斗御疆、斗般父子,一起进宫捉拿子元。子元见势不妙,拔腿想跑,不料斗般眼疾手快,抢先一步,一剑把子元的脑袋剁了下来。斗谷于菟把斗廉解开,一齐到文夫人寝宫外问安后,才放心地离开了后宫。

第二天早上,楚成王升殿,下令诛杀子元全家,并把罪状通告全国。可惜子元放着好好的令尹不当,竟然对老嫂子文夫人动了邪念,最终落得个身死族灭的悲惨下场。

05 虎孩儿

却说文夫人在千钧一发之际,第一个想到的不是斗御疆、斗梧等持重老将,而是名不见经传的斗谷于(wū)菟(tú),这个斗谷于菟到底是何许人也?他还真不是个平庸之辈,据说刚出生的时候,还发生过一段颇为离奇的故事,情节很像广为人知的"狼孩儿",我们姑且称他为"虎孩儿"吧。

斗谷于菟的祖父名叫斗若敖,娶的是鄖(yún)国的公主,两人生了一个儿子,就是刚刚去世不久的令尹斗伯比。斗若敖死得早,当时斗伯比年纪还小,就跟着母亲回到娘家鄖国生活。斗伯比经常随母亲一起到宫里玩耍,很讨鄖夫人的喜欢,鄖夫人就像对待亲生儿子一样宠着伯比。鄖夫人有个女儿,与斗伯比是表兄妹,两人从小在宫中嬉戏玩闹,长辈们看他们都是孩子,也没加以阻拦。时间长了,两人都长大了,日久生情,便偷偷做了出格的事情。鄖夫人很粗心,女儿肚子都大了,才意识到问题的严重性。鄖夫人后悔不迭,一气之下给斗伯比下了逐客令,从此不允许他再出入禁宫。斗伯比又羞又恼,不久随母亲回到了楚国。鄖夫人把女儿关在闺阁里,对外只说身体有病,不允许她与外界有任何接触。十月怀胎期满,鄖女悄悄生下了一个大胖小子。鄖夫人怕家丑外扬,暗中吩咐宫人用衣服把婴儿包起来,远远带出宫外,悄悄丢到梦泽中,一心想瞒过丈夫郧子。

第二天,郧子恰好到梦泽围猎,突然发现一只斑额猛虎,若有所思般蹲坐在沼泽里。郧子大惊失色,立即命令左右放箭,霎时间万箭齐发,老虎眼看就要被乱箭穿身。奇怪的是,老虎就像石雕泥塑一般蹲坐在那里,一点儿也没有要站起来躲避或者反扑的迹象。更奇怪的是,士兵们射出的利箭,也纷纷跌落在老虎身旁,没有一支能射中老虎。郧子觉得不对劲儿,命令士兵停止放箭,派了两个手脚灵便的侍卫到沼泽中去察看究竟。侍卫回来报告说:"老虎怀里抱着一个婴儿,正在给孩子喂奶,看到我们过去,也没有躲避的意思。"郧子大吃一惊,过了好一会儿才定下神来,吩咐手下道:"这只老虎有灵性,谁也不许惊动她!"

回宫以后,郧子神秘地对夫人说道:"夫人啊,孤家刚才在梦泽打猎,遇到了一桩奇事。"郧夫人好奇地问道:"什么奇事啊?"郧子便把猛虎给婴儿喂奶的事儿,绘声绘色地给夫人讲了一遍。郧夫人听后,心想坏了,女儿的丑事是瞒不住了,只好对丈夫实话实说:"夫君有所不知啊,那个婴儿就是妾身丢弃在那儿的!"郧子一听愕然,张大的嘴巴半天合不拢:"夫人何时生了个婴儿?孤家怎么不知道?"郧夫人连忙解释道:"夫君千万不要误会,这个婴儿不是妾身的,是我们的女儿和外甥斗伯比生的。妾身怕玷污了女儿的名声,便让心腹悄悄把他丢到了梦泽里。"郧子长叹了一口气:"真是家门不幸啊!可是事已至此,该如何处置呢?"郧夫人道:"贱妾听说,上古时期有个美女叫姜嫄(yuán),还没出阁,有次外出的时候,不小心踩到了巨人的脚印,回家后竟然生了一个大胖小子。姜嫄觉得婴儿不吉利,心一狠,把他丢到了冰冻的河面上,任他自生自灭。没想到,孩子一丢下来,四周的鸟儿纷纷飞将过来,一个个张开翅膀,遮在婴儿身上,为他遮风取暖。婴儿一点儿也不觉得寒冷,竟然在冰面上舒舒服服地睡着了。姜嫄还没走远，亲眼目睹了这一幕，心想婴儿肯定是有神灵庇佑，所以改变了主意，又把婴儿从河中捡了起来，带回家里精心抚养。因为孩子是弃而复得，就给孩子取名叫'弃'。弃长大成人后，官拜后稷(jì)，掌管农桑，被后世尊为农业的始祖和周人的祖先。既然这个孩子有老虎为他哺乳，说明也有神灵庇佑，等将来长大了，说不定也是个大富大贵之人，不如捡回来好好抚养。"郧子觉得有道理，派人把婴儿从梦泽中捡了回来，交给女儿抚养。一年以后，郧子主动把女儿送到楚国，与斗伯比成了亲。而在楚国的方言中，把"乳"称为"谷"，把"虎"称为"于(wū)菟(tú)"，斗伯比就用"乳虎"的意思，给儿子取名谷于菟，字子文。今天的云梦县还有于菟乡，相传就是子文出生的地方。

斗谷于菟长大以后，果然聪明绝顶，文韬武略，样样精通。父亲斗伯比死后，斗谷于菟继任为大夫。王叔子元被成王诛杀以后，令尹的位子便空了出来。成王想让老将斗廉接替，斗廉推辞道："感谢大王厚爱，但下臣无法担此大任！"成王不解地问道："爱卿屡立奇功，诸侯畏惧，百官叹服，怎么无法胜任呢？"斗廉奏道："放眼天下诸侯，最强大者莫过于齐侯小白。而齐侯正是重用了管仲、宁戚、鲍叔牙等贤臣名将，才使齐国富国强兵、天下无敌。下臣自知才能不如管仲、宁戚等人，所以不敢担当此任。大王如果想发愤图强，与中原诸侯相抗衡，非重用斗谷于菟不可。"文武百官也齐声附和道："只有斗谷于菟才能担此大任！"成王便采纳群臣建议，拜斗谷于菟为令尹，"齐侯任用管仲为相，并尊称他为'仲父'。寡人重用斗谷于菟，从此也只称其字'子文'，而不直呼其名。"此后，大家都称斗谷于菟为"子文"。

子文升任令尹以后，立即对楚成王谏道："但凡国家有祸患，多半是由君弱臣强引起的。下臣建议，让文武百官保留一半封地，把另外一半交还给国家。这样,楚国很快就会强大起来了。"楚成王点头称善。子文率先垂范,首先命斗氏族人把封地的一半上缴给国家。文武百官见令尹及族人都把封地上缴了,自然也无话可说,纷纷把封地的一半上缴给了国家,楚国的实力大大增强。同时,令尹子文还特别注意选贤任能,先后推荐屈完为公族大夫,族人斗章为将军,儿子斗般为申公,共同把楚国治理得井井有条。

中原霸主齐桓公听说楚成王任用子文为令尹,国力迅速强大,不禁忧心忡忡,准备率领诸侯联合讨伐楚国。相国管仲劝道:"楚国僭号称王已经三世了,而且地大物博,兵多将广,连周天子都望洋兴叹,无可奈何,现在又任用子文理政,文修武备,国泰民安,只靠武力恐怕难以奏效。下臣愚见,眼下应该广修德政、伺机而动,这才是万全之策啊。"齐桓公也没有必胜把握,只好暂时打消了伐楚的念头,转而把矛头对准了北边的山戎。

06 屈完舌退联军

一个阳光明媚的早晨,楚成王心情一片大好,准备用完早膳后,立即去上早朝。宫人突然进来报告说:"齐桓公率领诸侯联军,打败戎狄大军,拥立卫国公子毁即位。"成王的脸色一下子阴沉了下来,自言自语道:"齐桓公兵锋直指山戎,先后拥立公子申为君,保存了鲁国;修筑夷仪城,保存了邢国;修建楚邱,保存了卫国,各国诸侯心悦诚服,不愧是中原伯主啊。"成王早饭也不吃了,立即召集百官上朝议事。

文武百官都到齐了,楚成王道:"齐桓公虽然沽名钓誉,却深得人心。寡人远在汉江边上,德不能服人,威不够摄众,诸侯只知道有齐国,不知道有楚国,寡人心里很不是滋味!列位爱卿有什么计策吗?"子文答道:"郑国位居南北咽喉之地,是楚国入主中原的最后一道屏障。大王如果有意中原,必须首先攻下郑国。"成王点头称是,然后环顾四周问道:"谁能替寡人讨伐郑国?"大夫斗章自告奋勇,愿意担当重任。楚成王拨给斗章两百乘战车,命他长驱直入郑城,活捉郑文公。

郑国已经吃过故令尹子元的亏,日夜提防楚军卷土重来,听说楚国大军压境,马上派大夫聃(dān)伯把守城门,并连夜派使者到齐国告急。齐桓公听到消息后,立即在柽(chēng)城约会诸侯,商讨救援郑国事宜。楚将斗章听说郑国已经有所防备,而且齐国的救兵很快就到,害怕楚军失利,所以刚到郑国边境,又立即传令大军原路返回。

楚成王听说后勃然大怒,立即解下随身佩戴的宝剑,派大将斗廉到军中斩下斗章的首级。斗廉是斗章的亲兄弟,到军中以后,先不急着执行楚王的命令,而是悄悄与斗章商议:"兄长,大事不妙,楚王要我来取你首级。"斗章大惊失色:"啊?这可如何是好呢?兄长救我!"斗廉道:"要想逃脱惩罚,只有立下大功,将功赎罪,也许能逃脱一死。"斗章双膝下跪,向斗廉请教退敌之策。斗廉道:"郑国已经知道我军退兵了,肯定想不到我们会杀个回马枪。如果我们从小道发动突然袭击,一定能大获全胜。"斗章听了,稍稍定下心来,立即兵分两路,亲自率领一队发动偷袭,让斗廉带领另一队在后面接应。

斗章领着军队悄悄越过郑国边境。郑国大夫聃伯正在点阅兵马,仓促之间听说有敌兵杀到,也不知道是哪国兵马,只好截住敌军,在边界上厮杀起来。两军战斗正酣,斗廉的后队也到了,悄悄绕到郑军营后,前后两面夹击。聃伯腹背受敌,渐渐抵挡不住,被斗章一箭打倒在地,被楚兵生擒活捉了。斗廉乘胜追杀,郑国军队折损大半。斗章把聃伯装进囚车,准备孤军杀入郑国腹地。斗廉连忙阻止道:"这次偷袭成功,只图免除死罪,哪敢再次冒险呢?"立即调转马头,班师回朝。

斗章回到郢都后,立即向成王磕头请罪:"回禀陛下,下臣故意撤军,只是为了诱敌深入,并非胆小怯敌。请大王明察!"楚成王道:"既然擒敌立功,权且饶你一命。但郑国还没投降,你为什么又要撤军呢?"斗章答道:"下臣兵微将寡,担心寡不敌众。万一阵前失利,反而灭了楚国的威风!"楚成王大怒道:"我看明明是你怯阵,却拿兵少当做借口。寡人再给你兵车两百乘,命你再去攻打郑国,如果这次还不能成功,就不要回来见我了!"斗廉连忙上前奏道:"启禀陛下,下臣愿意陪兄长一同上阵杀敌。如果郑国负隅顽抗，一定把郑伯活捉回来面见陛下。"成王见斗廉勇气可嘉，顿时转怒为喜，于是改拜斗廉为大将，斗章为副将，率领兵车四百乘，再次浩浩荡荡向郑国都城杀去。

郑伯听说聃伯被楚军活捉，再次派人到齐国求救。齐桓公立即召集众臣问计，相国管仲奏道："君上如果想救援郑国，还不如直接攻打楚国。要想讨伐楚国，就必须联合诸侯。这些年来，君上先后挽救了燕国、鲁国、邢国、卫国，各国诸侯都对君上感激不尽。君上如果想借助诸侯兵力，现在正是时候。"齐桓公担忧地说道："联合诸侯倒不难，只怕楚国事先得到消息，如果在我们发动进攻之前，已经做好了防御准备，我们就没有必胜的把握了。"管仲答道："君上无需忧虑，下臣有一计，可以迷惑楚国。当年主公落难的时候，蔡侯曾对主公无礼，主公不是一直想讨伐他们吗？蔡国正好与楚国接壤，不如以讨伐蔡国为名，悄悄把战火燃烧到楚国边境。这就是兵法里说的'出其不意，攻其不备'，大王以为如何？"齐桓公准奏。

原来，齐国与蔡国早有过节。起初，为了巴结中原霸主齐桓公，蔡穆公把妹妹蔡姬嫁给了齐桓公当三夫人。有一天，齐桓公和蔡姬一起乘着小船，在池塘上玩耍。蔡姬一时玩得兴起，把池塘里的水溅到了齐桓公身上。齐桓公是北方人，生性怕水，看到漫天的水珠，顿时觉得头晕目眩起来，连连让蔡姬不要胡闹。蔡姬年轻不懂事，知道桓公是个旱鸭子，还故意荡起双桨，又溅了桓公一身水。齐桓公直觉得天旋地转，不禁勃然大怒道："你这个贱婢，知道怎么服侍一国之君吗？！"回去以后，齐桓公余怒未消，不久派宠臣竖貂把蔡姬送回了蔡国。蔡穆公也不是吃素的，大怒道："嫁出去的女，如同泼出去的水。齐侯把妹妹送回来，就是不给寡人面子，难道要跟蔡国断绝关系吗？"蔡穆公一不做二不休，干脆把妹妹蔡姬改嫁给楚王，做了成王的夫人。齐桓公本来只想给蔡姬一点儿颜色看看，让她道个歉,服个软,说两句好话听听,也就算了,没想到蔡侯做得这么绝,竟把自己的老婆嫁给了死对头楚成王,虽然嘴上不好说什么,心里却恨透了蔡穆公。所以刚才管仲一提议,齐桓公马上就同意了。此后,齐国与南方的江国、黄国订立了盟约,又得到"邻居"鲁国相助,实力变得空前强大。齐桓公悄悄与各国诸侯约定,第二年春天一齐讨蔡伐楚。

却说楚国大兵压境,郑文公翘首以待齐国救兵,可齐国救兵偏偏迟迟不至,郑文公非常恐惧,准备派人到楚营讲和,暂时缓解一下楚国的攻势。大夫孔叔谏道:"万万不可!齐国为了搭救我们,正要出兵攻打楚国。如果这个时候背叛他们,无异于背信弃义、恩将仇报,如果引得齐国也来讨伐我们,导致郑国腹背受敌,那就真的是万劫不复了。不如闭城死守,耐心等待援兵到来。"郑文公这才打消了求和的念头,再次派使者到齐国求救。齐桓公让使者先回去报信,就说齐国救兵马上就到,希望借此分散楚军的注意力,尽力减缓楚国的攻势。

直到约定期限快到时,齐桓公才率军出了虎牢关。宋、鲁、陈、卫、曹、许等各路诸侯也相继到齐,名义上是讨伐蔡国,实际上做好了伐楚的准备。第二年正月初一,齐桓公在营中接受了各国诸侯和文武百官的朝贺。大年初七,齐桓公任命管仲为大将,隰(xí)朋、宾须无、鲍叔牙、公子开方、竖貂等人为副将,率领战车三百乘,士兵一万多人,浩浩荡荡向蔡国杀去。

阉人竖貂请求率军先行,想趁蔡国没有防备,打他们一个出其不意。齐桓公准奏。蔡国仗着有楚国撑腰,正在欢度新春佳节,哪里料到齐国会偷袭自己,直到齐军已经兵临城下,才回过神来,匆忙集合军队抵御。竖貂一路畅通无阻,直达蔡国都城上蔡,喝令士兵马上攻城,一直打到半夜才罢休。蔡穆公一看领军的是竖貂,心中顿时有了底。这个竖貂,他再熟悉不过了,当年蔡姬还是齐桓公三夫人的时候,就是他在宫中服侍的。后来齐桓公一怒之下把蔡姬遣送回国,一路护送的,也是这个竖貂。蔡穆公知道竖貂是个贪财好利的人,连夜给竖貂准备了满满一车金叶子,派人悄悄送到他营中,请求他暂时放缓攻势。竖貂一辈子也没见过这么多金子,顿时欣喜若狂,哪还记得自己是什么身份,当场把齐桓公如何纠集七路诸侯,如何准备先讨伐楚国再讨伐蔡国等机密,一一告诉了蔡国使者,最后还友情提醒使者转告蔡侯:"七国诸侯很快就要杀过来了,肯定会把蔡国夷为平地。蔡侯如果识时务的话,还是赶紧逃跑吧。"使者不敢怠慢,飞马赶回城内禀报蔡穆公。蔡穆公大惊失色,连夜打开城门,偷偷带着家眷逃到楚国去了。可怜城中百姓六神无主,也只好放弃抵抗,四散逃命去了。竖貂自以为立了一件不世奇功,连夜派人向齐桓公邀功请赏。

蔡穆公逃到楚国后,马上把从竖貂那里得来的情报告诉了楚成王。成王惊出了一身冷汗,立即派人检点兵马,准备上阵迎敌,同时通知斗廉、斗章兄弟撤回伐郑的兵马。斗廉、斗章两兄弟终于化险为夷,捡回了一条性命。

几天后,齐桓公亲自率领齐国大军抵达上蔡,其余七路诸侯也各自带领大军陆续抵达,与齐国主力一起,组成了声势浩大的"八国联军"。"八国联军"的首领,个个都不是等闲之辈,领头的齐桓公小白不必多说,其他七路诸侯如宋桓公御说(yuè),鲁僖(xī)公申,陈宣公杵臼,卫文公毁,郑文公捷,曹昭公班,也都不可小觑。只有许穆公有病在身,到达蔡国的当天晚上,就一命归天了。齐桓公命大军在蔡国停留了三天,专门为许穆公发丧。丧事完毕后,齐桓公带领八国联军急速向南挺近,不几天便抵达了楚国边境。

而在楚国边界上,有一个人早已等候多时了,他就是楚国的大夫屈完。屈完把车停在道路左侧,也不下车,仔细地整了整自己的衣冠,然后不卑不亢地高声问道:"请问车上坐的可是齐侯吗?楚国使臣屈完已经在这里恭候多时了!"齐桓公暗自心惊,悄悄问相国管仲道:"相国不是封锁了出兵的消息吗,楚人怎么还会事先知道呢?"管仲压低声音答道:"肯定是有人事先走露了风声!不过,既然楚国派使者前来,肯定会有什么说法。请主公允许下臣用君臣大义责问他一番,让他理屈词穷、羞愧难当,说不定能迫使他们不战而降。"齐桓公准奏。管仲也乘着单车,缓缓从阵中走了出来,也站在车上,与屈完拱手行礼。屈完答礼后,开口说道:"寡君听说贵国君臣大驾光临,特意派屈完前来问询:'齐国居北海,楚国居南海,向来风马牛不相及,贵国大军无故踏入楚国境内,不知意欲何为?'"管仲不慌不忙地答道:"过去周成王把先君姜太公分封在齐国,并让召康公传诏,'世世代代执掌征伐大权,号令天下诸侯共同夹辅王室。齐国辖区东及大海、西到黄河、南至穆陵(楚地)、北达无棣(dì),如果有诸侯不听周王号令,不履行臣子职责,齐侯可以代天子出兵讨伐,绝不轻易宽恕。'自从周室东迁以来,不少诸侯藐视王权、不履臣责,寡君奉天子之命,作为伯主号令天下诸侯,忠心辅佐王室,维护天子权威。楚国地属荆州,按规定应向天子进贡包茅,但楚君已经多年不向周室进贡,导致天子祭祀时没有包茅缩酒。所以寡君奉周天子之命,率兵前来讨伐。同时,周昭王在御驾南征时,'丧六师于汉',楚国理应承担责任。屈大夫还有何话可说?"屈完不慌不忙地答道:"周王室礼崩乐坏,天下诸侯纷纷不再进贡,应该讨伐的又岂止楚国一家呢?不过即便如此,寡君也已知道错了,从今往后,一定按时纳贡!至于周昭王殒命汉江,天下人都知道是乘坐胶皮战船的缘故,如果非要兴师问罪,还是去问汉江吧,寡君不敢承担这个责任。"屈完说完,不等管仲搭话,转身就走了。

管仲觉得好生没趣,转身对齐桓公奏道:"楚人生性倔强,光靠说理恐怕行不通了,下臣建议率大军步步紧逼,迫使他们就范!"齐桓公准奏,下令联军一起开拔,兵锋直指楚国陉(xíng)山。眼看就要到达汉江岸边了,管仲突然下令联军停止前进,就地安营扎寨。诸侯们大感不解,纷纷问道:"大军已经深入楚国腹地,为什么不渡过汉江,与南蛮决一死战,而要停在这个前不着村后不着店的地方呢?"管仲解释道:"楚国既然派遣使者前来问询,肯定已经做好了迎战准备。冤家宜解不宜结,两国一旦开战,就再也没有回旋的余地了。现在我们把大军驻扎在汉江边上,虚张声势,楚国忌惮我们人多势众,必然会再派使者前来讲和。我们以讨伐楚国的名义出兵,以慑服楚国的结果收兵,不是也说得过去了吗?"诸侯们七嘴八舌,议论纷纷,不大相信管仲的话。

楚成王不敢掉以轻心,立即拜令尹子文为大将,搜集全国所有兵力,全部陈列在汉江对岸,只等八国联军一渡江,便发动突然袭击,要他们像周昭王当年一样,"丧六师于汉"。然而一连过了好几天,联军却没有任何动静。楚成王大惑不解。令尹子文奏道:"管仲深谙行军打仗之道,只要没有必胜的把握,是定然不会贸然出击的。现在他率领八国大军,却停留在陉地,逡巡不前,一定是有什么诡计。不妨再派使者前去查探,等摸清对方底细,再做决定也不迟。"楚成王问道:"派谁前去合适呢?"子文答道:"屈完大夫已经与管仲打过交道,还是派他前去最为合适。"成王准奏。屈完奏道:"齐侯责备楚国不向周天子进贡包茅,臣下已经代替陛下承认过错了,并答应今后按时进贡。陛下如果想与诸侯结盟,下臣就勉为其难再走一趟,能够化解两国纷争,也不失为一件好事。陛下如果想派人前去挑战,下臣就无法胜任了,还请大王另请高明!"楚成王沉吟片刻后,果断说道:"将在外,可以不受君命。是战是和,全凭爱卿根据情势决定,寡人概不追究。"屈完欣然领命,稍作准备后,再次出使齐军。

屈完来到齐营后,请求面见齐桓公。管仲向齐桓公奏道:"楚国使者再次造访齐军,肯定是想前来讲和。请主公以礼相待!"屈完见到齐桓公后,按照使臣礼节,拜了两拜。齐桓公依制答礼后,询问屈完来意。屈完答道:"寡君没有按时向天子进贡包茅,招致上国声讨,现在寡君已经知罪了,如果上国能够撤退三十里,寡君敢不惟命是从?"齐桓公答道:"大夫能够说服楚君重新履行臣下职责,让寡人在天子面前有所交代,寡人也就心满意足了。"屈完道谢之后,回到楚营。

屈完禀告楚成王道:"齐桓公已经答应下臣的退兵请求,下臣也擅自替陛下做主,答应重新向天子进贡,陛下要言而有信啊!"楚成王点头称是。不一会儿,探子回报:"八路兵马都已经拔寨起行。"楚成王狐疑道:"齐侯退兵如此迅速,看来还是害怕寡人啊。"说话之间,似有悔意。子文劝道:"齐桓公作为八国联军统帅,尚且不失信于楚国大夫屈完,难道陛下要让大夫屈完失信于齐国国君吗?"楚成王嘿嘿冷笑两声,命令屈完带着八车金帛,前往召陵犒赏八路雄师;同时还携带了一车菁茅,只等齐桓公点验完毕,即修书具表,重新向周天子称臣纳贡。

齐桓公见和谈已成定局,突然想给屈完一点儿颜色看看。齐桓公命令把八路兵马分别驻扎在八个不同的方位,自己亲自率领齐军驻守在正南方,正对着楚军大营,只等屈完进营后,齐军便率先击鼓,另外七路军马紧接着一齐鸣鼓,务必要旌旗招展、鼓声震天,充分展示中原武功的霸气。

屈完如约来到齐营,见过桓公之后,献上犒军的酒食和金银珠宝。齐桓公命令把犒赏物资分给八路诸侯,然后仔细点验屈完带来的菁茅,验收完毕后,依然交还给屈完,让楚国自行具表进贡给周天子。

正事儿都办完了，齐桓公突然话锋一转，问屈完道："屈大夫见多识广，不知可否领略过中原武功的盛况呢？"屈完答道："外臣僻居蛮荒，孤陋寡闻，一直无缘领略中原军队的威仪，如果有幸一睹军威，此生也就死而无憾了！"齐桓公顺势邀请屈完登上战车，一同观览中原军队的威风。屈完放眼望去，只见八国联军各据一方，方圆数十里之内，到处都是密密麻麻的战车和士兵，那阵势果然不同凡响。突然，只听齐军阵中一声鼓响，七国军队应声相和，一时间钟鼓齐鸣、惊天动地，确有捍山拔寨、惊天动地的气势。齐桓公喜形于色，不无得意地对屈完说道："寡人有如此强大的军队，天下还有谁敢与齐国争锋呢？"屈完不卑不亢地答道："君侯所言差矣。君侯之所以能主盟华夏、号令诸侯，是因为代替周天子弘扬德政、抚恤黎民。君侯如果以德行号召诸侯，天下谁敢不服？如果仗着人多势众，以大欺小、以众欺寡，楚国虽然地方狭小，一定会以方城为城，以汉水为河，即便上国有雄兵百万，又能奈我何呢？"齐桓公羞得满脸通红，由衷地对叹道："大夫真是楚国良才也！寡人愿与贵国重修于好，不知大夫意下如何？"屈完答道："下臣求之不得。"

当天晚上，齐桓公把屈完留在营中，并设宴款待。第二天，齐桓公在召陵建立盟坛，正式与诸侯会盟。屈完代表成王在盟书上签了字："从今往后，楚国与齐国世通盟好，永不背叛。"签字完毕后，盟主齐桓公率先端起血酒，一饮而尽，七国诸侯和屈完紧随其后，依次喝下血酒。屈完对齐桓公拜了两拜，旋即回到楚营。回营之前，管仲悄悄把屈完叫到一边，请求楚国把郑国俘虏聃伯放了。屈完乘机请求齐国饶恕蔡侯的罪过，允许蔡桓公复国。双方欣然答应，各自下令班师回朝。

回军途中，齐国大夫鲍叔牙不解地问管仲："如果历数楚国所犯罪行，以僭号称王为最大。相国却只追究进贡包茅这件小事，不是本末倒置了吗?"管仲笑道:"鲍叔有所不知,楚国僭号称王已经三代了,一旦把王号去掉,相当于又恢复了蛮夷身份。如果我们硬逼他们革除王号,他们还会同意息兵会盟吗?如果不同意会盟,必然要兵戎相见,只要战端一开,双方互相侵伐,恐怕今后几年甚至几十年,整个天下都不得安宁了。下官只拿包茅说事,他们就容易接受多了。楚国虽然只在名义上认了罪,但也足够我们夸耀诸侯了,对周天子也有了个交代,不比把齐国拖入战争泥潭要强得多吗?"鲍叔牙恍然大悟,对管仲佩服得五体投地。

楚成王见八国联军这么快就撤退了,心中又有些后悔,不想就这么向周天子进贡包茅。大夫屈完谏道:"陛下贵为一国之君,怎能言而无信呢?况且,正是因为楚国与周室决裂,才使得齐国一家独大,成为周天子惟一倚重之人。如果我们借此机会与王室重修旧好,不就与齐国平起平坐了吗?大王为什么要错过这个千载难逢的机会呢?"楚成王为难地说道:"大夫的话不无道理,可是周王是王,寡人也是王,怎么具表上奏呢?"屈完从容答道:"这个问题不难,大王不以爵位自称,只称自己'远臣'便是了。"成王哈哈大笑,立即任命屈完为使臣,带着十车菁茅和无数金银珠宝,在时隔多年以后,再次向周天子称臣纳贡。周惠王突然受此大礼,不禁喜极而泣,自言自语道:"楚国已经很久没有称臣纳贡了,现在突然前来恭敬效命,难道是先王显灵了吗?"周王在都城洛阳盛情款待了屈完,并嘱咐他道:"让楚君好好镇守南方,不要侵犯中原!"屈完拜谢了周王,立即启程返回楚国。

屈完凭借三寸不烂之舌,不仅替楚王说退了八国联军,与齐国签订了召陵之盟,而且打通了与周王室断绝多年的君臣关系,获得了"镇尔南方"的尚方宝剑,为楚国之后的迅速崛起作了政治上的充分准备。

07 借壳上位

召陵之盟后十几年中,楚成王韬光养晦、休养生息,南北诸侯之间相安无事。这时,周天子有名无实,霸主齐桓公也已去世,中原诸侯又陷入了群龙无首、各自为战的混乱局面。楚成王正想有所动作,没想到被踌躇满志的宋襄公抢在了前面。不过,宋襄公也没有想到,他的苦心经营,却是在为他人做嫁衣裳。

齐桓公死后,齐国陷入了可怕的宫廷争斗之中,国力迅速衰退。宋襄公兹父乘机出兵,帮助齐国世子昭登上了君位,是为齐孝公。宋襄公自以为建立了不世奇功,一心想接替齐桓公担任中原霸主,号令天下诸侯。但宋襄公自己也知道,宋国实力太弱,不仅鲁、齐、楚、郑等大国不服,就连曹国、蔡国这样的蕞(zuì)尔小国,也不见得会乖乖买账。宋襄公心急如焚,命人找来公子荡商议。公子荡建议道:"当今天下,能称得上大国的只有齐国和楚国。齐孝公虽然是霸主之后,但刚刚结束政治动荡,元气还没有完全恢复。楚国僭号称王已经三代,新近又与齐国结盟,中原诸侯无不畏惧。君上如果舍得金银珠宝,重重贿赂楚国,请求楚君把诸侯借给君上,楚王必定欣然答应。借楚国之力号召诸侯,再借诸侯之力压制楚国,也不失为一着妙棋啊。"宋襄公大喜,公子目夷连忙劝道:"不可,万万不可!楚国既然能够号召诸侯,又怎么会甘心把诸侯借给我国呢?既然我们是从楚国借得诸侯,又怎么能指望楚国居我们之下呢?稍有不慎,必会引火烧身,请主公三思啊!"宋襄公却固执己见,命令公子荡带着奇珍异宝,到楚国向成王求取诸侯。

楚成王问清来意后,满口答应了宋襄公的要求,并约定于第二年春天,在鹿上举行会盟。原来楚成王早就想插手中原事务,一直苦于没有借口,这次宋襄公主动送款,他自然求之不得了。

公子荡回到宋国后,立即向宋襄公禀报。宋襄公大喜过望,又对公子荡交代道:"鹿上是齐国的地盘,必须知会齐侯一声。"命令公子荡转道奔赴齐国,告知齐孝公来年盟会之事。齐孝公得宋襄公相助才登上王位,同时也想借这个机会与诸侯搞好关系,所以爽快地答应了。

第二年正月,宋襄公率先到达鹿上。鹿上早已筑好盟坛,只等齐孝公和楚成王一到,就开始举行会盟仪式。宋襄公一直等到二月初,齐孝公才姗姗来迟。宋襄公自负有帮扶大功,在齐孝公面前难免会露出矜骄神色。齐孝公真心感激宋襄公的恩德,倒也不以为意,竭力尽好地主之谊。又过了二十几天,楚成王才大驾光临。盟前接待时,宋襄公有意按照爵位排序,楚成王虽然号称"楚王",实际上只是个子爵,宋襄公是公爵,齐孝公是侯爵,所以宋襄公排第一,齐孝公紧随其后,楚成王只能屈居老三。

会盟期限一到,三人一起登上盟坛。宋襄公一点儿也不谦让,率先抓起主盟的牛耳,以盟主身份主持会盟。宋襄公清清嗓子,拱手说道:"兹父忝为商王后裔、周室宾客,不顾才疏学浅、德薄力微,愿意重修齐桓伯业,号令天下诸侯。只怕人心不齐,所以想借二君权威,于今年八月,率领诸侯在盂地相会。如果二位贤弟不弃,还请倡率诸侯与会,寡人愿与二君永结兄弟之好。"宋襄公命人呈上邀请诸侯会盟的文牍,请齐孝公和楚成王签名。齐孝公拱手让楚成王先签,楚成王同样拱手让齐孝公先签,两人互相推让,谁也不愿首先签字。宋襄公见两人太过谦让,上前说道:"既然两位贤弟如此谦让,就让愚兄带个头吧。"说着从侍卫手中接过文牍,率先在文牍上签上了自己的名字。然后把文牍递到楚成王面前,请成王签署。齐孝公见宋襄公首先把文牍递给了楚成王,显然是把自己排在楚成王之后,摆明是瞧不起自己,所以心中闷闷不乐。楚成王迫不得已接过文牍,大致浏览了一下内容,原来宋襄公想效仿齐桓公故事,号召天下诸侯在盂地举行会盟。楚成王暗暗觉得好笑,却故作惊讶地问道:"宋公德行远播,威镇寰宇,又何必要借助寡人呢?"宋襄公答道:"哪里,哪里!郑国、许国一直在楚君麾下,陈国、蔡国近来与齐国重新结盟,如果不借助二君神威,难免会出现差池。还请两位兄弟不要推辞,助愚兄一臂之力!"楚成王道:"那就请齐侯首先署名,寡人随后再署就是了。"齐孝公怏怏地说道:"齐国全仗宋公权威,才得以保全。宋公想得到的,不过是上国的威名罢了,请君侯就不要推辞了。"楚成王不再推辞,署名完毕后,把文牍交到齐孝公手里。齐孝公坚决不肯署名,一再推辞道:"楚君都已经署名了,小弟就无需再署了。孤家能够参与会盟,已经倍感荣幸,何必再不知轻重,玷污这片简牍呢?"齐孝公本意是怪宋襄公请楚成王先署,怠慢了自己,咽不下那口气,所以坚决不肯署名。宋襄公自负对齐孝公有废立大功,还以为齐孝公说的都是肺腑之言,也就不再强求齐孝公署名,干脆把简牍收了起来。齐孝公直接被宋襄公无视,心中更加不快了。会盟结束后,齐、楚、宋三位国君又在鹿上盘桓了好几天,才"依依不舍"地告别归国。

  楚成王回到郢都以后,立即把经过讲给令尹子文听。子文听后,气愤地说道:"宋公也太狂妄了!陛下怎么会答应他的无礼请求呢?"楚成王笑道:"寡人早就想入主中原了,可惜一直没找到合适的机会。宋襄公倡导衣裳之会,寡人乘机会盟诸侯,不是正合我意吗?"大夫成得臣建议道:"宋公是个有名无实、轻信寡谋之人,如果我们事先设好埋伏,很容易就能把他生擒活捉了。"楚成王抚掌笑道:"子玉与寡人不谋而合!"子文劝道:"陛下既然承诺赴会,又半道突然劫人,别人肯定会说楚人言而无信,又怎么能让诸侯信服呢?"得臣接道:"这个不难。宋襄公急于主盟,必然会心生傲慢。诸侯还没做好接受宋国驱使的准备,心中肯定不服。我们首先俘虏宋公,用以显示楚国的霸气,然后再把宋公放了,再次展现楚国的大度。诸侯必会因此鄙视宋国,敬畏楚国,他们不归顺楚国,又能依附于谁呢?如果处处拘于小节,反而错过了斩立大功的大好机会。"子文叹道:"子玉妙计,下臣自愧不如。"成王于是任命成得臣、斗勃二人为大将,各挑选勇士五百人,勤加操练,专备劫盟之用。

再说宋襄公从鹿上会盟回国以后,掩饰不住心中的喜悦,不无得意地对公子目夷说道:"公子过于多虑了,楚君已经答应替寡人召集诸侯了。"公子目夷劝道:"楚国毕竟是蛮夷之邦,其心难测。君上只得到楚王口头许诺,并未得到楚人真心,下臣还是担心君上会中了楚人圈套。"宋襄公一心想当盟主,哪里还听得进目夷的逆耳忠言,斩钉截铁地说道:"公子太多心了。寡人以忠信对待楚君,难道楚君忍心欺骗寡人吗?"于是不听目夷劝谏,命令手下按时传送会盟文书,准备如期举行盟会。宋襄公派人预先在盂(yú)地筑起盟坛,增建公馆,风格务必奢侈华丽。同时,在仓库中储满粮草财帛,作为各国车马军需费用。

当年七月,一切都已准备停当,宋襄公性急,已经等不及会盟日期到来了。公子目夷见阻拦已经无济于事,只好后退一步,再次劝谏襄公:"楚国实力强大,又不讲信义,请君上率兵前往。"宋襄公不耐烦地说道:"寡人与诸侯约定举行衣裳之会,如果率先携带兵车,不是自己打自己的脸吗,今后怎么能取信诸侯呢?"目夷再后退一步,苦苦劝道:"君上为了保全信义,可以单车赴会,但请允许下臣把兵马埋伏在三里之外,以备不时之需。"宋襄公怒道:"如果准你使用兵车,与寡人使用兵车有什么区别呢?你不要再说了,退下吧!"公子目夷只好闭上嘴,怏怏地退下了。临行之前,宋襄公担心目夷私自在国内起兵接应,有损自己的信义,决定带目夷一同前往。公子目夷道:"下臣也放心不下,正想陪主公一同前去。"于是,目夷陪着宋襄公一起到达会盟地点。

此前,楚、陈、许、曹、蔡、郑等六国诸侯,已经如期赶到盂地。只有齐孝公一直对宋襄公耿耿于怀,借故没有参加会盟,鲁僖公跟楚国素无往来,也没有如期赴会。宋襄公派人四处迎接各路诸侯,各自安顿到公馆中歇息。探子回报道:"所有诸侯都是单车赴会,没有携带一兵一卒。"宋襄公终于长出了一口气:"寡人就知道楚君是不会欺骗寡人的。"宋襄公命太史卜了一个黄道吉日,一边通知各国诸侯盟期,一边紧锣密鼓做好最后准备。

会盟佳期终于到了,天还没大亮,盟坛上已经灯火通明,照耀如同白昼。盟坛旁边,还设置了专门的休憩场所。宋襄公心情最为急迫,第一个赶赴盟坛。陈穆公谷、蔡庄公甲午、郑文公捷、许僖公业、曹共公襄等五位诸侯也陆续驾到。又等候了许久,天都已经大亮了,楚成王熊恽才姗姗来迟。

宋襄公作为地主,假装谦让了一番,然后分成主、客两队,分别从台阶两边登坛。为避免不必要的麻烦,宋襄公耍了一个小聪明,让宾客从右边台阶登坛,主人从左边台阶登坛。各国诸侯都有自知之明,自觉让楚成王走在最前面,成得臣、斗勃两将紧随其后,其余诸侯也都带着贴身侍卫依次登坛。宋襄公占得地主之便,和公子目夷两人从左边登坛。

升阶登坛还可以分个宾主,到歃血为盟的时候,就必须要推选盟主了。宋襄公指望楚成王开口,频频给他使眼色。楚成王假装没看见,不停左顾右盼,就是一言不发。陈、蔡等小国国君面面相觑,谁也不敢开口说话。宋襄公终于忍不住了,昂首走出诸侯之列,慷慨陈词道:"各位君侯辱临敝邑,兹父欢迎之至!兹父之所以冒昧召集如此盛会,主要是为承继前霸主齐桓公大业,尊周安民、息兵罢战,使天下亲如一家、共享太平。不知诸位君侯意下如何?"列位诸侯还没来得及开口,楚成王蹴然挺身而出,咄咄逼人地问道:"宋公所言极是,但不知今天由谁主盟?"宋襄公也不客气,大声答道:"有功论功,无功论爵。这有什么好说的?"楚成王哈哈大笑:"寡人冒爵称王已经很久了,宋公虽然贵为公爵,怎么也排不到王位前面吧?!寡人就不客气了。"说时迟那时快,楚成王抢先一步,站在了盟主位。公子目夷悄悄拽拽宋襄公的袖子,提醒他暂且忍耐,先观察观察局势变化,再作区处。宋襄公早已视盟主为囊中之物,不料楚成王从中横插一杠,如何忍耐得住?宋襄公恼羞成怒,厉声对楚成王说道:"寡人承先祖荫庇,位居上公,连天子也敬我如上宾。楚君僭(jiàn)号称王,怎么能用假王来压真公呢?"楚成王反问道:"寡人确是假王,谁让你请寡人来此呢?"宋襄公心虚了,但嘴上还是不服软,极力辩解道:"你来参加会盟,是我们在鹿上达成的共识,怎么能责怪寡人呢?"说时迟那时快,楚将成得臣突然站了出来,大喝一声:"外臣想问众位君侯一声,诸位今天是为楚王而来,还是为宋公而来?"陈、蔡等国一向畏惧楚国,关键时刻当然不敢含糊,齐声答道:"我们是为楚王而来。"楚成王哈哈大笑,又问宋襄公道:"宋公还有何话说?"宋襄公这时才感到情况不妙,想与楚王理论吧,可成王根本不讲道理;想脱身逃跑吧,又没有甲士护身,一时间骑虎难下、进退两难。就在宋襄公一愣神的工夫,成得臣、斗勃早已脱掉外面的礼服，露出贴身穿戴的铠甲，并从腰间抽出一面小旗，向盟坛下面一挥，只见护送成王赴会的成百上千名随从，纷纷脱下礼服，露出里面的铠甲，手持暗藏的兵器，蜂拥一般奔上盟坛。成得臣先把宋襄公死死摁住，然后和斗勃一起，指挥武士把盟坛上陈设的玉帛、器皿等贵重物品劫掠一空。各国诸侯早已吓得魂不附体，自顾尚且不暇，更别说为宋襄公说话了。宋襄公走投无路，见公子目夷紧跟在旁，悄悄对目夷说道："寡人后悔没听公子劝告，才落得如此下场。公子不要管寡人，赶紧回国布防！"公子目夷见跟在襄公身边也于事无补，于是乘乱逃回到宋国。

楚成王把宋襄公押到自己寓所，请来陈、蔡、郑、许、曹五位诸侯，当面宣读了宋襄公六条罪状。前面五条都是铺垫，只有第六条才切中要害："你向寡人求取诸侯，却不懂得谦虚逊让，还妄想称霸主盟，该当何罪？"说完，又对五位诸侯说道："寡人今天亲自统领兵车千乘，战将千员，一定要踏破睢阳，为齐、曹两国报仇。列位君侯稍安勿躁，在这里稍待片刻，等寡人取了宋国，再与诸位痛饮十日，不知各位意下如何？"五位诸侯都是奉楚王之命前来的，谁也不敢说出半个不字。宋襄公早已吓得如同泥塑木雕一般，半晌说不出话来，只有两行眼泪夺眶而出，后悔自己没有听从目夷劝谏。楚成王可不吃这一套，重重犒赏劫盟军士以后，立即拔寨起兵，浩浩荡荡向睢阳杀去。

公子目夷狼狈地从盂地逃回宋国，立即找到司马公孙固，告知他宋襄公已被楚成王劫走，楚国大军很快就会兵临城下，请他迅速调集兵马，做好登城防守准备。公孙固毕竟是员老将，一生南征北战，见多识广，万分紧急关头，仍然不慌不忙，"公子且慢！国不可一日无君，公子必须暂摄君位，大家有了主心骨，才会安心防守！"目夷略加思量，然后把嘴巴凑到公孙固耳边，悄声说道："楚王劫持了君上,然后气势汹汹地杀将过来,分明是想要挟我们就范。我们只有如此这般,才能迫使楚王放国君回来。"公孙固大喜道:"公子言之有理,末将遵命就是!"公孙固立即召集群臣,向大家说道:"主公在盂地会盟时,不幸被楚国南蛮劫持,一时半会难以归国。末将提议推戴公子目夷为君,暂时主持国事。不知大家意下如何?"群臣早就知道公子目夷贤明,欣然表示同意。公子目夷在太庙禀明先祖后,正式登上国君宝座。目夷临危受命,亲自率领三军将士拼死守城,把都城睢阳防守得像铜墙铁壁一般。

目夷刚刚布置停当,楚国大军已经杀到了城下。楚成王派将军斗勃上前搭话:"城上的将士听着,你们的国君已经被我们俘虏了,是杀是剐,全看寡君高兴。我劝你们赶紧开城投降,说不定还能保住他的性命!"宋国司马公孙固却在城楼上答道:"幸亏有祖宗庇佑,我们已经拥立新君了。旧君已经废黜,要杀要剐,悉听尊便!要我们出城投降,绝无可能!"斗勃一听,顿时像泄了气的皮球,愤怒地骂道:"好你们这些乱臣贼子!国君明明健在,竟敢拥立新君,你们就不怕天打雷劈吗?"公孙固答道:"我们之所以拥立国君,就是为了主持社稷。现在国家社稷无主,怎么不能另立新君呢?"斗勃又问道:"我们打算你们的国君归国,你们打算怎么酬谢我们呢?"公孙固答道:"他作为一国之君,竟然沦为阶下之囚,早已玷污祖宗、辱没社稷,即便你们放他归国,也不可能再当我们的国君了,是放是留,悉听尊便。如果想以武力相要挟,我们兵强马壮,君臣一心,情愿陪你们决一死战!"斗勃见公孙固语气如此强硬,也没有什么好办法,立即回营禀告楚成王。

楚成王恼羞成怒,下令立即攻城。奈何城上万箭齐发,楚兵损伤严重。楚军连续攻打了三天,仍然无法取胜。楚成王怒道:"既然宋君留着无用,不如杀了算了!"成得臣连忙制止:"不可。陛下在诸侯面前宣布宋公六条罪状的时候，其中有一条就是擅自杀死鄫国国君。如果大王今天亲手处死宋公，不是给别人落下同样口实吗？况且，宋公已经是废人一个，现在处死他，和踩死一只蚂蚁没有两样，既不能要挟宋国，还会白白增加诸侯的仇怨，实在太不值得了，不如把他放了，说不定还能引起宋国内乱。"楚成王觉得有道理，但转念一想，又担心地说道："不可！寡人已经在盂地夸下海口，即日攻下宋国。如今宋城久攻不下，还要放了宋公，寡人还有什么面目面对天下诸侯呢？"成得臣思忖片刻，从容答道："下臣已经有计策了。这次没来参加会盟的，只有齐国和鲁国。齐国已经两次与我国通好会盟，自然不用计较。只有鲁国号称礼仪之邦，一直惟齐国马首是瞻，从来不把楚国放在眼里。不如把从宋国得到的俘获，分一半送给鲁国，并请鲁侯在亳都相会，共同商议如何处置宋公。鲁侯见到宋国俘获，定然心生恐惧，不敢不前来赴会。鲁国和宋国曾在葵丘会盟，鲁侯又极为贤明，必然会为宋公求情。陛下就坡下驴，既光明正大地放了宋公，还能卖鲁侯一个人情，岂不是一箭双雕、一举两得吗？"楚成王鼓掌大笑，夸奖得臣道："子玉果真有见识！"命令士兵停止攻城，把大军驻扎到亳都，并派斗宜申为使臣，带着几车战利品，到鲁国都城曲阜去向鲁侯献捷。

斗宜申见过鲁僖公，呈上战利品和成王的亲笔信。信上写道："宋公傲慢无礼，已被寡人囚禁在亳都。寡人不敢擅自决断，特向君侯报捷，望君侯大驾光临，共同断此刑狱。"鲁侯看完书信，大吃一惊，虽然明知楚国遣使献捷，难免会夸大其辞，不过是想敲山震虎、杀鸡儆猴，但考虑到鲁弱楚强，如果不按期赴会，很可能惹得楚国移师伐鲁，到时候就得不偿失、后悔莫及了，只好忍气吞声、乖乖就范。鲁僖公吩咐手下好好招待斗宜申，并派遣使者回报楚成王："鲁侯愿听从楚王调遣，即日前来亳都赴会。"鲁僖公随后启程，大夫仲遂陪同前往。

到达亳都后，仲遂先请斗宜申通融，送了成得臣一份厚礼，请他在楚王面前行个方便。成得臣欣然答应，立即援引鲁僖公与楚成王相见。此时，陈、蔡、郑、许、曹五国诸侯也从盂地赶到了亳都。鲁僖公首先与五位诸侯商议，讨论该如何处置宋襄公。郑文公首先发言，提议推举楚成王为盟主。诸侯们支支吾吾，没有明确表态。鲁僖公愤然说道："作为诸侯盟主，必须广施仁义，德布四方，这样才能使人心悦诚服。现在楚王仗着兵多将广，私自俘获宋襄公，有威风而无德行，恐怕人心不服。我们几位诸侯，不少都与宋公有同盟之谊，如果见死不救，只知道一味奉承楚王，必然会惹天下耻笑。如果楚王能放了宋公，与大家永结盟好，寡人敢不惟命是从？"诸侯们纷纷附和："鲁侯言之有理。"鲁国大夫仲遂悄悄把诸侯的意见告诉了成得臣，请他转达给楚成王。楚成王听了成得臣的禀报后，哈哈大笑道："诸侯以盟主大义责备寡人，寡人又怎么敢违逆众意呢？"于是重新在亳(bó)都筑起盟坛，约定当年十二月歃血会盟，同时赦免宋襄公的罪过。

会盟前一天，楚成王才释放宋襄公。第二天，宋襄公腆着脸皮与诸侯见了面，虽然满肚子委屈，却不得不四面作揖，称谢救命之恩。正式会盟时，郑文公再次站了出来，带头请求楚成王登坛主盟。楚成王也不谦让，抓着象征主盟的牛耳首先受歃，宋、鲁等国依次受歃。宋襄公又羞又愤，但是敢怒而不敢言，强忍着一肚子苦水，喝下了血酒。会盟结束后，诸侯们各回本国。

回到郢都后，楚成王得意地问子文道："寡人作为盟主，与中原诸侯举行了会盟，宋、鲁、陈、郑等国都唯寡人之命是从，寡人能算中原霸主吗？"子文老老实实地答道："禀陛下，这还不算。"成王的脸色由晴转阴，冷冷地问道："怎么不算呢？"子文道："据下臣所知，霸者，伯也,也就是诸侯中的长者。而要想当长者,既要有威仪,还要有德行;既要得到诸侯拥戴,还要得到天子首肯。陛下以劫盟的方式主持会盟,只显示了楚国的威力,还没有得到诸侯的拥戴,更没有得到周天子的认可,离称霸的路还长着呢!"楚成王心情有些烦闷,但想到自己已经迈出了第一步,而且是关键的第一步,不禁又恢复了昔日的雄心壮志,坚定地说道:"令尹提醒的是!但寡人相信,寡人总有一天会称霸中原的!"

08 最后一支仁义之师

宋襄公以"戴罪之身"参加了亳(bó)都会盟,还听说公子目夷已经乘机登上了君位,不禁万念俱灰,准备只身逃到卫国避难。正要出发之际,公子目夷的使者到了,向宋襄公呈上了目夷的亲笔信:"下臣目夷斗胆摄政,实际是为君上守国。君上既已重获自由,为何过家门而不入呢?"宋襄公不敢相信自己的眼睛,但迎接他的车驾已经到了,于是只好将信将疑地回到了宋国。回国以后,公子目夷立即拥戴宋襄公重新登上君侯宝座,自己自觉退回到臣子之列。宋襄公心里悬着的一块石头,这才算落了地。

宋襄公一心想号令诸侯,没想到被楚成王捉弄了一番,不仅失去了盟主资格,差点连性命也丢了。宋襄公越想越不是滋味,怎么也咽不下这口气,恨不得把楚成王生吞活剥了,只可惜实力不济,只能打碎了牙齿往肚里吞。宋襄公转念一想,既然我打不过楚王,为什么不找打得赢的出出气呢?回想当日结盟的时候,郑文公三番五次提请尊奉楚成王为盟主,实在是可恨至极,恨不得马上去找郑文公的麻烦。当时恰好是阳春三月,郑文公按例要到楚国朝拜。宋襄公心中本来憋屈,听到这个消息后,更加气不打一处来,立即集合全国所有军队,命令公子目夷辅佐世子王臣守国,亲自率军讨伐郑国。公子目夷劝道:"郑国与楚国一衣带水,如果我们讨伐郑国,楚国必然出手相救,我们能有多大胜算呢?不如韬光养晦,耐心等待更好时机。"司马公孙固也劝宋襄公三思而后行。宋襄公勃然大怒,对公孙固嚷道:"既然司马不愿意出征,寡人自己去就是了!"公孙固不好再劝,只能答应出师伐郑。宋襄公以公孙固为副将,亲自率领中军伐郑,大夫乐仆伊、华秀老、公子荡、向訾(zī)守等人一同前往。

郑文公得到消息后大吃一惊,急忙派人向楚国告急。楚成王立即召集群臣商议,"郑文公服侍寡人,就像儿子服侍父亲一样,郑国有难,寡人绝不能袖手旁观!"成得臣奏道:"与其救援郑国,还不如偷袭宋国。"楚成王问道:"却是为何?"成得臣答道:"自从宋公被俘以后,宋国百姓已经吓破了胆。现在宋公又不自量力,举倾国之兵伐郑,国内防守必然空虚,如果我们乘虚直捣睢阳,宋国百姓必会成为惊弓之鸟,我们不用上阵交锋,就已经胜券在握。即便宋公回兵救援,也必将成为疲劳之师,我们以逸待劳,同样会大获全胜。"楚成王点头称是,于是命令成得臣为大将,斗勃为副将,率领大军直奔睢(suī)阳杀去。

宋襄公正与郑国军队相持不下,突然听说楚国偷袭睢阳,也顾不上攻打郑国了,日夜兼程赶回宋国。宋襄公把军队驻扎在泓水南岸,准备与楚军决一死战。宋襄公还没站稳脚跟,成得臣便差人送来战书。司马公孙固奏道:"楚军这次前来,主要是为了救援郑国。如果主公答应楚国从郑国撤兵,楚军自然会不战而退。下臣斗胆建议,还是与楚人讲和为上。"宋襄公却道:"过去齐桓公率军讨伐楚国,然后在召陵会盟诸侯。现在楚国主动前来挑衅,如果寡人不战而退,怎么能够继承齐桓公的霸业呢?"公孙固不死心,再次劝道:"可下臣听说,'一姓不再兴',也就是说,一个姓氏不可能发达两次。宋国子姓是商朝后裔,上天抛弃我们已经很久了,主公难道还幻想东山再起吗?再说,我们的铠甲不如楚国坚固,兵器不如楚军锐利,百姓不如楚人强悍,宋人畏惧楚人就像畏惧蛇蝎一样,君上凭什么打败楚国呢？"宋襄公停顿片刻，毅然答道："楚国兵甲有余，但是仁义不足；寡人兵甲不足，但是仁义有余。过去周武王凭借三千勇士，战胜了商纣的千军万马，靠的就是仁义二字。如今要让寡人这个有道明君，避让楚君这个无道逆贼，还不如让寡人死了算了！"于是决然在战书上签上了自己的名字，约定十一月一日在泓(hóng)水南岸决一死战。

战前，宋襄公专门命令军士在自己乘坐的战车上树起了一面大旗，上书"仁义"两个大字。公孙固暗暗叫苦，偷偷对大夫乐仆伊道："明明是好勇斗狠，却偏偏要举什么仁义大旗，真不知道君上的仁义体现在什么地方！我看主公失魂落魄的样子，这次多半是凶多吉少。我们一定要谨慎行事，如果能勉强保住宋国的宗庙社稷，也就谢天谢地了。"

决战的日子到了，还没等鸡叫头遍，公孙固就一骨碌爬了起来，提醒宋襄公早作准备。宋襄公虽然有"仁义"护身，也不敢大意，早早在泓水南岸严阵以待。

楚军主将成得臣率兵驻扎在泓水北岸。副将斗勃建议道："请元帅下令击鼓渡河吧，如果等宋军摆好阵势，就对我军不利了。"得臣笑道："斗将军多虑了。宋公天生迂腐，一点儿也不懂行军打仗。我军早渡则早战，晚渡则晚战，没什么可担心的！"一直等到天都大亮了，成得臣才吩咐士兵陆续渡河。

公孙固又向宋襄公奏道："楚军直到天明才开始渡河，分明没把我们放在眼里。如果趁楚军半渡，突然发动袭击，用我全军攻打楚国半军，还有一定胜算。如果等他们全部渡完，再率军出击，那时敌众我寡，恐怕我军抵挡不住。请君上下令立即进攻！"宋襄公伸手指了指"仁义"大旗，不屑地说道："你没看见寡人大旗上写着'仁义'二字吗？寡人堂堂仁义之师，岂有半渡偷袭之理？"公孙固暗暗叫苦不迭。

楚军见宋军岿然不动，便喊着整齐的号子，用力地滑动双桨，渡船如同离弦之箭，迅速向泓水南岸直冲过来。不一会儿，楚军已经全部渡河完毕，成得臣腰悬雕弓，手持长鞭，旁若无人般指挥着军士排兵布阵。

公孙固又向宋襄公奏道："楚军正在排兵布阵，目前还没成形，如果这时击鼓进军，楚军必然大乱。"宋襄公"呸"的一声，一口唾在公孙固脸上，厉声骂道："司马好不晓事！你怎么能为了贪图一时之利，而不顾寡人的万世之义呢？寡人堂堂仁义之师，岂有敌未成列而击鼓进军的道理？"公孙固有口难辩，有苦难言。

一转眼，楚军已经列阵完毕，漫山遍野都是楚兵，到处旌旗招展、人喊马嘶，吓得宋兵个个胆战心惊、面如土色。宋襄公这才命令军士击鼓进军。楚军中也鼓声四起。宋襄公挺着一杆长矛，亲自带领公子荡、向訾守和随身护卫，驱车向楚军冲撞过去。成得臣见宋襄公来势凶猛，吩咐士兵打开阵门，只放襄公一队人马入阵。司马公孙固拼命驱车追赶，想追上护驾，可惜宋襄公已经孤身杀入楚军阵中去了。公孙固正不知所措，迎面遇见一员虎将。那员虎将不是别人，正是楚军副将斗勃，在阵前大声喝道："宋国老儿，有本事前来决一死战！"公孙固听后大怒，挺着方天画戟，径直向斗勃刺去。斗勃也举大刀相迎。两人你来我往，大战了十几个回合，仍然不分胜负。突然，宋国大将乐仆伊从斜刺里杀出，和公孙固一起前后夹攻斗勃，斗勃虽然勇猛，面对宋国两员大将，心中难免有些着慌。幸好楚军阵中也杀出一员大将蒍（wěi）吕臣，截住乐仆伊厮杀，斗勃才松了口气。公孙固不恋战，瞅个空当，把大刀一撇，径直驰入楚军阵中去了。斗勃正要提刀追赶，宋国老将华秀老又拍马杀到，缠住斗勃，在阵前捉对厮杀起来。公孙固在楚军阵中左冲右突，突然望见东北角上人声鼎沸，料想是宋襄公被困的地方，连忙挥刀杀将过去，正好遇到宋国大夫向訾守血流满面，向自己大声疾呼："司马快救君上！"公孙固随向訾守杀入重围，来到襄公身边，只见宋襄公携带的护卫，个个身受重创，仍然死战不退。原来宋襄公对待下人极其厚道，关键时刻，护卫们也拼死力战，没有一个临阵脱逃。楚军见公孙固勇不可挡，稍有退却之意。公孙固瞅空一看，公子荡被伤到要害，痛苦地躺在车下，"仁义"大旗也被楚军夺了去。宋襄公身中数枪，鲜血直流，尤其是右腿中箭，伤到脚筋，已经无法站立起来。公子荡看到公孙固到来，勉强睁开眼睛说道："请司马保护君上！我命休矣！"说完，气绝身亡。公孙固顾不上伤心，赶紧把宋襄公扶到自己车上，用身体庇护着他，奋勇杀出了重围。等宋襄公脱离危险，所带护卫已经全部战死，出动的甲车也所剩无几。乐仆伊、华秀老等见宋襄公已经逃离虎穴，各自杀出楚阵。成得臣乘机从后面追杀，宋军全线溃败，辎重器械丢失殆尽。

公孙固保护着宋襄公连夜逃回睢阳。泓水一战，宋兵死伤不计其数，他们的父母妻儿纷纷聚集在朝堂门口，大声埋怨宋襄公不听司马公孙固劝谏，才导致今天的惨败。宋襄公听后，长叹一声，自言自语道："古人云：'君子不重伤，不擒二毛。'寡人带领仁义之师，不愿乘人之危，又有什么过错呢？"宋襄公虽然嘴上不服，心中终究不是滋味，加上箭伤始终难愈，不久便抑郁而终。

孙子兵法上说："兵者，诡道也。"宋襄公在朝堂上不施仁义之政，却口口声声要发动"仁义"之兵，不仅害得千百万将士家破人亡，自身也落下千古笑柄，真是可笑、可悲又可叹。而更吊诡的是，历史上居然有不少人把宋襄公称为"春秋小霸"，甚至列为"春秋五霸"之一，对他的失败寄予了无限的同情。也许他们和宋襄公本人一样，在周室衰微、王道不行的春秋乱世，对"仁义"二字太过渴望与痴迷了吧。

09 霸临伤别

楚成王亲手结束了宋襄公称霸中原的美梦,但远远没有盂地会盟时的喜悦,因为他知道,自己要走的路还很长。有一天早朝后,楚成王把令尹子文单独留了下来,急切地问道:"子文啊,宋国已经彻底退出了争霸行列,如今我们最主要的对手是谁呢?"子文道:"禀陛下,综观天下局势,除了我们楚国之外,还有三个国家不容忽视,它们分别是东方的齐国、北方的晋国和西方的秦国。齐国虽然已经逐渐远离霸业,但实力依然不可小觑,秦国和晋国也在秦伯任好和晋侯诡诸的精心治理下,逐步强大起来。现在的情势风云变幻,谁都有可能脱颖而出。"楚成王点头称是。但令楚成王和令尹子文都没有想到的是,他们最大的敌人不是别人,正是一路流浪到楚国的晋公子重耳。

晋公子重耳是晋献公与狐姬所生的儿子,世子申生的弟弟。后来,晋献公又娶了更加狐媚的骊(lí)姬,于是万千宠爱集于骊姬一身。不久,骊姬为晋献公生下了儿子奚齐和卓子。为了让儿子奚齐上位,骊姬设计陷害太子申生,逼申生上吊自杀了。为了扫清所有障碍,骊姬又想陷害公子重耳和夷吾。重耳和夷吾本是一母同胞,事先得到消息后,便分头逃跑了,重耳逃到蒲城,夷吾逃到屈城。晋献公被骊姬迷惑得神魂颠倒,不仅不能或者说不愿识破骊姬的诡计,反而怪罪重耳和夷吾不辞而别,是为不忠不孝,于是派手下第一杀手阉人勃鞮(dī)到蒲城追杀公子重耳。重耳事先得到消息,匆忙翻墙逃走,勃鞮晚到一步,只砍掉重耳的一只衣袖。死里逃生的晋公子重耳,带着狐偃、赵衰(cuī)、介子推、魏犨(chóu)等一班死忠,从此开始了亡命生涯。

晋公子重耳首先逃到母亲狐姬的娘家翟(dí)国,静观时变。五年后,父亲晋献公去世,公子奚齐继位。几个月后,里克等一干大臣聚众作乱,先后杀死了奚齐和卓子,并派人到翟国邀请公子重耳回国执政。公子重耳害怕有诈,犹豫再三,还是拒绝了。逃到梁国的夷吾决定赌一把,最后在秦穆公的帮助下即位为君,是为晋惠公。夷吾即位后,仍把重耳视为最大威胁。八年后,又派杀手勃鞮到翟国追杀兄弟重耳。公子重耳得到消息后,再次踏上了逃亡的生涯。此前,他已经在翟国蛰伏了整整十二年。

重耳首先来到卫国,卫文公见他落魄不堪,没有放他入城。重耳无可奈何,只好忍饥挨饿,继续前行,一路来到当时最强大的齐国。齐桓公不仅以礼相待,还从宗族中挑选了一名美女,嫁给重耳为妻。重耳在齐国有吃有喝,还有美女相伴,渐渐变得乐不思蜀、斗志全无,决心在齐国终老。七年后,齐桓公因病去世,诸公子为了争夺君位,斗得天昏地暗,重耳的手下狐偃、赵衰等人和夫人姜氏一起把重耳灌醉,强行把他带出了齐国。重耳再次过上了流亡生活。

重耳又逃到曹国,曹共公本来不想接待,但听传言说重耳有重瞳骈胁,一下子勾起了好奇之心,命人把重耳带回宫中。曹共公随便给重耳君臣施舍了一点残羹冷炙,立即请重耳沐浴更衣,自己却和姬妾躲在一旁偷窥,想看看重耳是否真如传言所说,两边肋骨连成了一片。重耳受此奇耻大辱,愤然离开曹国,来到了宋国。当时宋襄公还没死,但因为腿上箭伤尚未痊愈,无法帮助重耳复国,于是效仿齐桓公的故事,赠给重耳二十匹宝马,把他送出了宋国。重耳辗转来到郑国,郑文公也不接待。重耳君臣一气之下,驱车继续向南赶路,一直到达楚国都城郢都。

楚成王按照诸侯的礼节接见了重耳。重耳一路上受尽冷遇,突然受到如此高规格接待,有些受宠若惊。赵衰侍立在旁,悄悄对重耳说道:"公子逃亡在外已经整整十九年了,小国尚且不屑一顾,更别提大国诸侯了。如今楚王如此厚待公子,肯定是有天意,公子就不必推辞了。"重耳这才释然,坦然领受了楚国的大礼。此后,楚成王对重耳一直都很尊重,重耳则越来越谦逊,两人都有相见恨晚的感觉。就像在齐国时一样,重耳又在楚国安顿了下来。

有一天,楚成王闲来无事,带着晋公子重耳到云梦泽狩猎。楚成王接连射中了一只兔子和一头麋鹿,文武百官纷纷下拜道贺。刚好有一头黑熊跑过,成王对重耳说道:"公子不想试试吗?"重耳弯弓搭箭,心中却暗暗祈祷:"如果上天让我回到晋国,就让我射中黑熊右掌。"说时迟那时快,重耳的箭已离弦,只听见"嗖"的一声,正好洞穿黑熊的右掌,黑熊轰然翻倒在地。军士们纷纷喝彩,楚成王也叹服道:"公子真是神箭啊!"

过了一会儿,围场中又有人发起喊来。楚王命左右看看是怎么回事,手下回报道:"回陛下,山谷中赶出了一头奇怪的野兽,像熊又不是熊,长着大象的鼻子,狮子的脑袋,老虎的爪子,豺狼的皮毛,野猪的鬃毛,黄牛的尾巴,黑白相间的花纹,体格比骏马还大,刀枪剑戟都无法近身,最可怕的是嚼铁如泥,连铁皮包裹的车轴,都能被它一口嚼个稀巴烂。围场中无人能制服它,所以引起了高声喧哗。"楚成王扭头对重耳说道:"公子在中原长大,可谓见多识广,一定知道这头野兽的来历吧。"重耳用眼角瞟了赵衰一眼,赵衰立即上前答道:"据外臣所知,这头野兽的名字叫做'貘'(mò),头小脚短,最喜欢吃铜和铁,就是拉出来的粪便,都能把五金熔化成水。它的骨头中没有骨髓,可以直接当棒槌使用。皮毛可以制成被褥,有辟瘟去湿的功效。"楚王被赵衰的博学所折服,又追问道:"那怎么才能制服它呢?"赵衰答道:"貘的皮肉都是钢筋铁骨,只有鼻孔中有个虚窍,用纯钢打造的物件一穿,就可以制服它了。还可以采用火烧,因为五行中火能克金,所以一烧即死。"赵衰还没来得及说完,虎将魏犨大声接道:"外臣不用兵器,请陛下看我徒手制服这头畜牲。"魏犨不等成王答应,径自跳下战车,冲向那头野兽。楚王不信魏犨会有如此神力,转身对重耳说道:"寡人就陪公子前去看看热闹吧。"命人驱车往围场赶去。

只见魏犨几个箭步,便冲到了围场的西北角,挥起两只油锤般的拳头,雨点一般向貘身上砸去。那野兽起初岿然不动,估摸着根本没有感觉到疼痛,扭头看见有生人前来,突然大叫一声,直立起来,用舌头一舔,把魏犨缠在腰间的鎏金腰带舔去了一半。魏犨大怒道:"孽畜休得猖狂!"拧腰耸身一跳,就想骑到野兽身上。不料那头貘兽看似笨重,动作却极为灵敏,见魏犨起跳,立即就地一滚,让魏犨扑了个空,硕大的身躯摔在地上,灰尘四起。魏犨恼羞成怒,乘貘兽不备,再次腾空而起,一脚跨到野兽身上,双手使尽平生力气,死死箍住野兽的脖子。貘兽上蹿下跳,想摆脱魏犨铁箍一般的胳膊。魏犨却像壁虎一样,牢牢粘在野兽身上,死也不肯撒手。野兽挣扎了好一阵子,渐渐体力不支。魏犨却和没事人一般,双臂愈箍愈紧。野兽的脖子被紧紧勒住,逐渐喘不过气来,又坚持了一会儿,终于缓缓瘫软在地上,不能动弹了。魏犨跳下身来,把一只钢筋铁骨般的手臂往貘的"象鼻子"里一穿,像牵绵羊一般,把野兽牵到了成王和重耳面前。在场的人无不啧啧惊叹,真是一员虎将!赵衰吩咐军士取过柴火,用来熏烤野兽的鼻子,只见貘兽立即软成一团。

魏犨拔出腰间佩剑,用力向野兽砍去,只见火光四溅,野兽毫发无损。赵衰笑道:"将军莫急,要想取这野兽的皮,只能用火烘烤。"楚王依计而行,命令生火炙烤,貘兽铁一般坚硬的皮毛,在明火的烘烤下,逐渐变得柔软起来。楚成王感慨道:"公子的随从文武兼备,寡人真是好生羡慕啊!"当时成得臣正好站在楚王旁边,听了成王的话,心中老大不快,不服地对楚王说道:"下臣不才,愿意和他们一较高下!"成王连连摆手,对得臣说道:"晋国公子远来是客,子玉休要无礼!"成得臣无奈,只好怏怏地退下了。

从梦泽田猎回来,成王心情大好,又盛宴款待重耳君臣。酒过半酣,楚成王突然问重耳道:"如果公子得以重返晋国,怎么报答寡人恩情呢?"重耳想了想,答道:"美女珠玉,陛下应有尽有;皮毛革草,本是楚国特产。重耳实在想不出,还有什么能报答陛下大恩。"楚成王哈哈笑道:"话虽说得没错,但寡人要坚持有所报答呢?"重耳思忖良久,恭敬地答道:"如果重耳得先王之灵庇佑,重新入主晋国,外臣愿同陛下永结盟好,使两国百姓安居乐业。倘若万不得已与大王在战场上相见,重耳愿意退避三舍!"古代行军以三十里为一舍,三舍就是九十里,意思是他日晋、楚交战,晋兵愿意退避九十里,以报答成王的厚待之恩。楚成王哈哈大笑:"公子可要言而有信!"重耳道:"君子无戏言!"两人相视而笑,重新推杯换盏,直到鸡叫头遍,方才尽欢而散。

宴饮结束后,成得臣搀扶着醉眼朦胧的楚成王回宫,边走边愤怒地说道:"陛下如此厚待重耳,没想到他却出言不逊,如果真有返回晋国的那一天,一定会背叛楚国、辜负陛下。下臣恳请陛下斩草除根,永绝后患!"楚成王脚下打了一个趔趄,无奈地说道:"子玉休要胡言!晋公子重耳素有贤名,随行之人也都是经天纬地的治国良材,流落在外十九年而犹有王者之气,冥冥中似乎自有天意。寡人

楚成王

公子重耳

退避三舍

只能顺势而为,怎么能逆天而动呢?"得臣又谏道:"既然陛下不忍心杀死重耳,不如扣下狐偃、赵衰等人,让他猛虎断爪、雄鹰折翼!"楚成王道:"留下又不能为吾所用,徒添怨恨而已。况且寡人已对公子有恩,何必要以仇换恩、以怨代德呢?"楚成王不仅没有为难重耳,反而对他们君臣更加敬重周到了。

却说晋惠公夷吾在位十四年后,突然身染重病,无法上朝听政。这可急坏了太子圉。当年夷吾为了博得秦穆公信任,即位之后即把太子圉送到秦国当人质,一去就是十四年,而且不管是晋惠公还是秦穆公,都没有把他送回去的意思。公子圉心想,我虽然名义上是太子,但是孤身一人流落异国他乡,没有一人能够帮助自己,一旦君父有个三长两短,大夫们拥立其他公子即位,我不仅白吃了这么多年苦,还可能就这么老死秦国,这一辈子岂不是白活了?于是悄然告别妻子怀嬴,偷偷逃回到晋国。秦穆公本来对背信弃义的晋惠公夷吾耿耿于怀,现在太子圉又不辞而别,心中更是火冒三丈,真心后悔当初草率地迎立了夷吾,而没有耐心等待更加贤明的重耳回国即位,于是派人四处寻访重耳的踪迹。后来听说重耳寄食楚国,立即派大夫公孙枝求见楚成王,请求把重耳接到秦国,保举他回国即位。

楚成王立即找到晋公子重耳,如实转达了秦穆公的美意。公子重耳一生坎坷,终于等到了复国良机,心中早已欣喜若狂,但害怕楚王只是试探自己,所以极力掩饰喜悦之情,故意装作若无其事地对成王说道:"重耳已经年近花甲,早已把复国之事置之度外,这辈子只想跟着陛下安享荣华富贵,对偏僻寒冷的秦国没有兴趣。"楚成王乍一听,觉得十分意外,略加揣度后,立即明白了重耳的疑虑,又诚心劝道:"公子抱负远大,寡人岂能不知?寡人有意帮助公子复国,只可惜楚国与晋国相隔遥远,中间还要穿越数国,难度实在太大。

而秦国与晋国接壤,秦穆公向来贤明通达,眼下正好与夷吾父子关系恶化,情愿助公子一臂之力,真可谓千载难逢的良机,公子千万莫要错过!"重耳见楚成王不像欺骗自己,一颗悬着的心终于落地,连忙起身向楚成王道谢。楚成王也不再挽留,催促重耳立即上路。临行之即,楚成王还亲自为重耳践行,并送给他金银车马无数,以壮行色。公子重耳虽然归心似箭,但对楚成王饱含感激之情,所以一步三回头,依依不舍地离开了郢都。

经过几个月的艰苦跋涉,重耳终于抵达西域秦国,并在秦穆公虎狼之师的帮助下,杀死了亲侄子晋怀公圉,登上了晋国国君的宝座,成为历史上鼎鼎有名的晋文公。虽然即位时已经年过花甲,晋文公还是在此后的十年中,联秦合齐,保宋制郑,尊王攘楚,迅速成长为与齐桓公齐名的一代霸主。而在即位之前,公子重耳整整流亡了十九年,其中既得到了宋襄公、齐桓公、楚成王和秦穆公的礼遇,也受到过卫文公、曹共公、郑文公的羞辱,要说对他复国帮助最大的,无疑首推秦穆公,但楚成王对他的礼遇,同样不可小觑。如果不是楚成王在生死存亡之即接纳重耳,又在机会来临之时放走重耳,急急如丧家之犬的晋公子,可能永远也成不了晋文公。只是楚成王万万没有想到,当年"楚楚可怜"的晋公子重耳,后来却成了自己一生中最可怕的敌人,甚至亲手毁掉了自己称霸中原的美梦。多少年后,当楚成王站在城濮之战的废墟上,亲眼目睹楚国将士的累累白骨,他会后悔自己当年所做的决定吗?

⑩ 少年神相

晋文公当政以后,晋国实力突飞猛进。眼看由齐、楚、秦、晋四国组成的平行四边形就要被打破,齐、楚、秦三国国君都看在眼里、急在心里。而最先沉不住气的不是楚国,而是已经过气的齐国。

齐国自桓公去世以后,国势一落千丈,但毕竟瘦死的骆驼比马大,实力仍然不容小觑。可悲的是,继位的齐孝公无勇无谋,先后得罪了鲁僖公、宋襄公和楚成王,在诸侯心目中的地位一落千丈。但齐孝公并不甘心只做个"啃老族",决定伺机再次出兵中原,重整父亲齐桓公的霸业。齐孝公框定的头号目标是邻居鲁国,因为齐桓公在位时,鲁国对齐国言听计从、亦步亦趋,现在却完全不买齐国的账,反而与北边的卫国和南方的楚国勾肩搭背、打得火热。

鲁僖公知道自己不是齐国对手,立即派大夫展喜到齐军犒师,并与齐孝公达成了和议。事后,鲁国大夫臧孙辰越想越气,愤愤不平地对鲁僖公说道:"齐军虽然暂时撤退了,但看他们的意思,完全没把我们鲁国放在眼里,随时都有可能卷土重来。请君上同意下臣出使楚国,恳请楚成王派兵攻打齐国,给不可一世的齐侯一点颜色看看,让他们从此不敢小瞧鲁国。"鲁僖公也没多少主见,立即派公子仲遂为正使,大夫臧(zāng)孙辰为副使,前往楚国求取援兵。

臧孙辰与楚国大将成得臣是老相识,到达郢都后,没有立即求见楚王,而是首先和成得臣暗通款曲,请他在楚王面前先吹吹风。成得臣欣然从命,瞅准机会对楚成王奏道:"齐侯背叛鹿上之盟,宋公擅自发动泓水之战,两国都是楚国世仇。陛下如果想兴师伐齐,鲁国愿意充当先锋!"楚成王大喜,立即拜成得臣为大将,申公叔侯为副将,率领大军讨伐齐国。楚军如入无人之境,闪电般攻下了齐国的阳谷。但楚成王并没有把阳谷变成楚国城邑,而是把它封给了齐桓公的儿子公子雍,并留下几千精兵,由申公叔侯驻守,作为鲁军后援。成得臣旗开得胜,也不恋战,立即调转马头,凯旋而归。

  这时,令尹子文年事已高,见成得臣智勇双全,便请求成王把令尹大权交给得臣,自己告老还乡,安度晚年。楚成王不准,并对子文说道:"相比齐国,寡人更恨宋国。子玉已经替寡人报了齐国大仇,寡人想请爱卿为我报宋国大仇。等爱卿凯旋归来时,是去是留,听你自便,不知意下如何?"子文谦虚地答道:"下臣自知才能远远不如子玉,如果让子玉代替下臣出马,定会旗开得胜、马到成功,不会耽误陛下大事!"楚王摇头说道:"爱卿此言差矣!宋国刚刚投靠晋国,楚国如果讨伐宋国,晋国必然挥师相救,要同时抵挡晋、宋两国进攻,非子文你不可。爱卿就不要再推辞了,为寡人走最后一遭吧!"于是命令子文在睽地检阅兵马,择个良辰吉日,即刻出发。

  子文一心想显示得臣的才能,所以在点阅兵马的时候,只是草草了事,从始至终没有处罚一个人。楚成王听完奏报,心中有些不快,但还是耐着性子问子文道:"听说爱卿检阅兵马,没有处罚一个人,如此怎么能树信立威呢?"子文乘机奏道:"启禀陛下,老臣已经是强弩之末,有些力不从心了。要想树信立威,非子玉出马不可。"楚王改让成得臣到蔿(wěi)地阅兵。成得臣血气方刚,在阅兵时一丝不苟,花了整整一天时间,才把所有兵马点阅完毕,其中七个人受到鞭刑,三个人领受捆刑,一时间钟鼓变声、旌旗改色,士气为之一振。成王大喜,自言自语道:"子文果然所言不虚,子玉真有大将之才啊!"子文再次请求交权,楚王欣然答应。于是任命成得臣为令尹,执掌中军元帅大印。文武百官自发来到子文府邸,恭喜他举荐得人。

　　子文在家中设宴款待,气氛极为热烈。酒至半酣,门官突然进来报告:"门外有个童子求见。"子文今天心情格外舒畅,也不问是谁家的孩子,只吩咐门官带他进来。童子进门以后,向子文鞠了一躬,然后径自走到末席,找了个座位坐下,大口喝酒,大碗吃肉,一副旁若无人的样子。

　　子文暗暗称奇,询问左右这是谁家的孩子。随从中有人认识这个孩子,悄声禀告子文道,这是大夫蒍吕臣的公子,名叫蒍贾,刚刚年满十三岁。子文听后更加惊异,于是颤颤巍巍地站起身来,径自走到蒍贾身旁,和颜悦色地问道:"斗某为国家谋得一员大将,朝堂内外无不称贺,只有你这个娃娃不来贺喜,却是为何?"蒍贾一点儿也不害怕,直言不讳地答道:"大家都认为值得祝贺,小子却觉得应该哀悼!"子文脸色骤变,强压着胸中的怒气问道:"应该哀悼?此话从何说起?"蒍贾面不改色,从容答道:"小子观察过子玉的为人,他敢于肩负重任,却不擅长临机决断,能进而不能退,能伸而不能屈,所以只适合辅佐,不可以专任。如果带兵超过三百乘,非战败不可。现在把军政大权交给他,早晚会坏了楚国大事。小子听谚语说'刚则易折',说的就是子玉这样的人。大人自以为举荐了一个人才,最终却毁掉了整个国家,有什么值得庆贺的呢?等他真能担此重任,再祝贺也不迟!"文武大臣们面面相觑,七嘴八舌地说道:"小孩子胡言乱语,别理他就是了。"蒍贾哈哈大笑,竟站起身来,扬长而去。子文颇为扫兴,但觉得蒍贾说的也有几分道理,只是现在木已成舟,想反悔已然来不及了,霎时觉得醉意全消,颓然在空无一人的筵席旁徘徊了很久。

　　后来,成得臣一意孤行,果然在城濮之战中兵败自杀,令人不得不佩服少年蔿贾慧眼独具。令尹子文如果还活着,恐怕也会慨叹自己老眼昏花吧。

⑪ 睢阳智斗

公元前637年,楚成王正式拜成得臣为大将,亲自统领大军,联合陈、蔡、郑、许四路诸侯,浩浩荡荡杀向宋国。楚军以风卷残云之势,包围了宋国的缗(mín)邑。

宋成公赶紧派司马公孙固到晋国告急。晋文公立即召集文武百官,商讨退敌之策。元帅先轸首先奏道:"纵观当今天下,数楚国最为强横。而楚成王对主公又有大恩,我国一直没有出兵借口。如今楚国大举讨伐宋国,主动到中原来惹是生非,无异于主动把把柄送上门来,千万不能错过天赐良机。主公能否称霸天下,就在此一举!"晋文公说道:"这是后话。还是先想想怎么替齐国、宋国解围吧!"大夫狐偃奏道:"楚国刚刚降服曹国,并与卫国结为婚姻,而两国都是君上的仇家。如果兴兵讨伐曹国、卫国,楚国必会移兵相救,齐、宋之围也就迎刃而解了。"晋文公认为有理,立即转告公孙固,让他回禀宋成公,率领军民死命坚守,晋国援兵即刻到来。

楚成王督促将士日夜进攻,很快攻克缗邑,兵锋直指宋国都城睢阳。楚成王命令士兵在睢阳四周筑起一道坚固的围墙,准备困死宋军,迫使宋军开城投降。楚军正要合围,有探子来报:"卫国派遣使臣孙炎告急。"孙炎紧走几步,扑通一声跪倒在成王面前,声泪俱下地哭诉道,晋军已经攻下五鹿,卫成公被迫逃到襄牛,如果救兵晚到一刻,楚丘也有可能把守不住。楚成王见妻舅受困,当然不能见死不救,当即命令元帅成得臣和斗越椒、斗勃、宛春等一干将领留下,继续围困宋都睢阳,自己率领蒍吕臣、斗宜申等大将,亲自前去搭救卫成公。

楚成王刚刚出发,听说晋军已经调转矛头攻打曹国,立即召集文武大臣,商议营救曹国。正商议间,探子又报:"晋军已经攻破曹国,生擒曹共公。"成王大吃一惊:"晋国用兵,竟然如此神速?!"楚成王不敢大意,先把大军驻扎在申城,然后派人到阳谷与齐孝公讲和,召回公子雍和守御军兵。然后又派人到宋都睢(suī)阳,准备召回元帅成得臣的守军,并提醒得臣说:"晋侯在外漂泊十九年,年过六旬而终能复国,肯定是有上天相助。楚国眼下不是晋国对手,不如暂时避其锋芒。"众人都奉命行事,只有成得臣自恃才高,心中愤愤不平:"宋城马上就要被攻破了,怎么能在这个时候撤军呢?"斗越椒的想法和得臣一样。得臣经过再三掂量,决定暂不撤军,而是派使臣回去给楚王捎话:"请大王稍待片刻,等我攻破宋城,再即刻回军。如果遇到晋军,请陛下准许下臣决一死战;如果不能取胜,甘愿军法处置。"楚成王一时拿不定主意,于是召子文问道:"寡人本想召子玉回军,可子玉坚决请战。不知爱卿意下如何?"子文思忖片刻,答道:"晋国之所以救援宋国,归根结底还是想称霸天下。如果晋国称霸成功,对楚国大为不利。而目前能与晋国抗衡的,也只有我们楚国。如果楚国也逃避责任,晋国称霸就成了定局。与此同时,曹、卫等属国一旦发现楚国惧怕晋国,必然会转而投奔晋国。眼下之计,不如暂时同意子玉领兵相持,至少可以坚定曹、卫两国的防御信心。陛下只需告诫子玉,不要轻易与晋军交战,如果能在讲和后退兵,至少不会改变南北对峙的格局。"成王听从了子文的意见,嘱咐成得臣不要轻易交战,能讲和就尽量讲和。得臣得到回复后,知道自己不用马上班师,心中非常高兴,对于成王的告诫,却一句也没听进去,反而命令将士昼夜不停,加紧攻城。

宋成公起初听司马公孙固说,晋国将发兵讨伐曹国、卫国,迫使楚军撤军,宋国只需全力守城即可,没想到楚国分兵一半救卫国去了,成得臣不仅没有撤军,攻势反而更加猛烈了,不禁又心慌起来。大夫门尹般奏道:"据下臣猜测,晋国只知道楚国营救卫国的军队已经出发,还不知道围困宋国的楚军并没有撤退。臣愿意冒死杀出城去,再次面见晋侯,恳求他设法救援。"宋成公也没有更好的办法,长叹一声道:"再次求人救助,怎么能空手而去呢?"命人把库藏中的金银珍宝全部登记成册,让门尹般把宝册交给晋文公,只等打退了楚军,便一一照单运送过去。门尹般辞别宋成公,和老臣华秀老一起,趁楚军换防空当,从城上系绳而下,偷偷溜过敌寨,一路探访晋军的踪迹,径直奔到军前告急。

门尹般、华秀老见到晋文公后,首先献上国宝名册,然后号啕大哭道:"君侯救命,君侯救命啊!宋国已经危在旦夕,寡君乞求君侯再伸援手,救宋国君民于水火之中!"晋文公对元帅先轸道:"宋国危急!如果不救,宋国将亡国灭种;如果救,必须与楚国交战。郤(xī)縠(gǔ)曾对寡人说过,要想打败楚国,必须联手齐、秦两国。如今宋国刚与楚国重归于好,秦国与楚国也没有深仇大恨,没有理由帮助寡人。寡人如何是好呢?"先轸(zhěn)奏道:"臣倒是有一计,能使齐、秦两国自愿参战。"晋文公大喜道:"爱卿有何妙计,快快奏来!"先轸答道:"宋国送来的贿赂,可谓十分丰厚。但如果受贿在先,救援在后,又怎么能显示君上伯主的仁义呢?君上不如拒绝这笔贿赂,而让宋国使臣把财贿分成两份,分别送给齐国和秦国,恳请两国从中斡旋,合力解除宋国围困。"晋文公眼中闪过一丝喜悦,突然又变成了担忧:"万一楚国答应撤兵,宋国之围倒是解了,却把宋国推到了楚国的怀抱,还替齐、秦两国做了人情,岂不是得不偿失?"先轸答道:"君上不必担忧。下臣还有一计,保证楚国不会答应齐、秦两国的请求。"晋文公道:"愿闻其详。"先轸继续说道:"曹、卫两国是楚国的属国,而宋国是楚国的死敌。现在君上驱逐了卫侯,俘虏了曹伯,而两国都与宋国毗邻。如果君上把从两国割取的土地,全都送给宋国,楚国必然更加痛恨宋国,即便有齐、秦两国求情,楚国也断然不会答应放过宋国。齐、秦两国也会因此而可怜宋国,憎恶楚国,他们就是不想与我国联合,恐怕也做不到了。"晋文公抚掌称善,立即命令宋使门尹般和华秀老把金银珠玉登记成两册,分别献给齐国和秦国。两人对好口供后,立即整装出发,门尹般奔赴秦国,华秀老赶往齐国。

华秀老首先赶到齐国,呈上珠宝名册后,对齐昭公奏道:"外臣华秀老启禀齐侯,近年来,晋、楚交恶,致使天下大乱、民不聊生,寡君认为,这个结只有君侯能够开解。君侯如果愿意屈驾主持公道,替敝国保全社稷,寡君愿与上国世通盟好、子孙无间。事成之后,寡君另有重谢!"齐昭公听到"另有重谢"几个字时,眼中闪过一丝不易察觉的火花,然后抬起眼皮,慷慨地说道:"齐国与宋国本是兄弟之邦,寡人自当尽力而为。不知楚王现在何处?"华秀老一看有戏,连忙答道:"回君侯,楚王本已同意解围,率大军退驻申地。只是令尹成得臣刚刚执掌楚国大权,认为睢阳指日可破,坚持不肯退兵。所以寡君派下臣前来,乞求君侯纾解燃眉之急。"齐昭公用中指有节奏地敲打了几下桌案,然后沉吟道:"楚君……前日夺了寡人的阳谷,近来又归还于我,说明他确实不是个贪功求大的人。既然只有令尹成得臣不愿解危,寡人愿意豁出这张老脸,权且为贵国求情试试。"于是委派大夫崔夭为使者,径直赶到宋城睢阳,请求面见成得臣,为宋国请托说情。门尹般到达秦国后,说辞与华秀老如出一辙。秦穆公也同意派公子縶(zhí)为使者,到成得臣营中为宋国求情。

门尹般和华秀老完成任务后,并没有和两国使者同行,而是悄悄转回晋军大营,先向晋文公汇报。晋文公非常高兴,又假意对两位宋国大夫说道:"宋国在这次战争中损失惨重,寡人已经剪灭曹国、卫国,得到两国所有土地,寡人并不打算独吞,准备把毗邻宋国的部分全部送给宋公。"门尹般和华秀老不敢相信自己的耳朵,本来只为求助而来,没想到真有天上掉馅饼的事儿,居然不费吹灰之力,意外得到梦寐以求的大片土地,两人欣喜若狂,赶紧跪下磕头拜谢。晋文公不动声色,命令国卿狐偃陪门尹般到卫国收取土地,将军胥臣陪同华秀老到曹国交割土地,并把两地守臣全部驱逐出境。

齐国使臣崔夭和秦国使臣公子縶几乎同时到达睢阳,正在替宋国向成得臣求情,恰好遇到曹国、卫国守臣鼻青脸肿地来到楚营哭诉:"令尹大人要为小臣做主啊!宋国大夫门尹般、华秀老仗着有晋国狐偃、胥臣撑腰,把土地尽行收割去了,还把我们痛打一顿,全都赶了出来。"成得臣大怒,命令左右带守臣下去休息,转身冷冷地对崔夭和公子縶说道:"宋人真是欺人太甚了,哪有一点讲和的诚意?两位请回吧。送客!"崔夭和公子縶自讨没趣,气鼓鼓地回国去了。晋文公听说得臣上当,预先在途中安排人手,把崔夭和公子縶接到晋军大营,好酒好肉好招待。两位使者在本国都是说一不二的人物,何曾受过这等窝囊气,几杯酒下肚,便开始骂起成得臣来。晋文公看火候已到,亲自替两位使者把酒斟满,然后端起酒杯,假装义愤填膺地说道:"这成得臣欺人太甚,寡人早就想教训教训他,可惜没有必胜把握。如果两位大夫能够出手相助,寡人就是拼了这条老命,也要替大家出这口恶气。两位大夫如果答应,就请干了这杯中酒,寡人先干为敬!"说完一饮而尽。崔夭、公子縶求之不得,也一口喝完杯中美酒,高高兴兴回国复命去了。

却说成得臣送走齐、秦两国使者后，立即率众誓师："不复曹、卫，誓不撤军！"几万大军一遍遍齐声宣誓，只震得四周地动山摇，气势果然非比寻常。誓师完毕后，楚将宛春对得臣说道："小将倒有一计，可以兵不血刃地恢复曹、卫两国。"得臣问道："将军有何计策，快快讲来！"宛春答道："晋侯驱逐卫君、俘虏曹伯，名义上都是为了援救宋国。元帅可以派使者出使晋国，宣称只要晋国答应恢复曹、卫社稷，我们就同意解除宋城之围。如果大家罢战休兵，岂不是好事一桩？"得臣沉吟道："如果晋国不答应呢？"宛春笑道："不怕晋国不答应！元帅可以首先放缓攻势，把撤围之意明明白白告诉宋国人。宋国人早对解围之事望眼欲穿，如果晋侯不答应，不仅曹、卫两国会拼死抵抗，宋国也会倒戈相向。集三国刻骨仇恨于一身，对付一个众叛亲离的晋国，想不胜都难。"得臣觉得可行，又问道："谁可出使晋军呢？"宛春答道："如果元帅信得过小将，宛春不敢推辞。"得臣大喜，命令士兵暂缓攻城，先派宛春出使晋军。

宛春只身来到晋营，面见晋文公后，立即呈上成得臣的亲笔信。信上写道："外臣得臣再拜君侯麾下，楚国关心曹、卫安危，与晋国关心宋国存亡如出一辙。如果君侯答应恢复曹、卫两国社稷，得臣也乐意解除宋国围困，彼此重修旧好，免去生灵涂炭之苦。"晋文公还没表态，狐偃抢先骂道："子玉好不要脸！你释放一个没有灭亡的宋国，却要我恢复两个已经灭亡的侯国。天下哪有这等道理！"先轸急忙踩了狐偃一脚，转身对宛春说道："曹、卫两国罪不至于灭亡，寡君本已打算恢复两国社稷。请将军先到后营歇息，容我们君臣商议妥当后，再施行不迟。"晋国大夫栾枝引宛春回后营休息。狐偃急忙问先轸："元帅真想答应宛春的请求？"先轸缓缓答道："宛春的请求，不能不听，也不可全听。"狐偃是个急性子，连忙追问道："元帅别卖关子，说明白点！"先轸分析道："宛春的请求看似是一片好意，实际上是子玉的奸计,他是想把成人之美据为己有,而把亡国之恨加于晋国。如果君上拒绝得臣的建议,相当于同时得罪曹、卫、宋三个国家,所有怨恨都会指向晋国;相反,如果主公答应得臣的建议,相当于一举恢复三个国家,所有德惠都将归楚国所有。"晋文公叹道:"真是一条毒计啊!寡人该如何是好?"先轸答道:"为今之计,不如暗中答应曹、卫两国复国要求,再把楚使宛春扣留起来,彻底激怒成得臣。成得臣生性暴躁刚烈,只要激怒了他,必然会移兵索战,宋国之围也就迎刃而解了。"晋文公还是有所顾虑:"寡人曾经受过楚君恩惠,如果无故扣留使者,无异于恩将仇报,寡人怎么向天下诸侯交代呢?"大夫栾枝高声接道:"楚国一再吞噬小国、凌辱大邦,不啻是中原诸侯的奇耻大辱。主公如果想偏安一隅也就算了,可要想称霸诸侯,就必须以天下苍生为重,放下个人的小恩小惠!"文公满面羞惭,连忙说道:"爱卿提醒得是,寡人这就下令!"于是命令大夫栾枝把楚使宛春押送到五鹿,交给守将郤步扬小心看管。宛春所带随从也全被驱逐出营,并让他们给令尹成得臣带话:"楚使宛春无礼,已被寡人依律囚禁,只待拿住令尹成得臣,一并斩首示众!"

把楚使宛春押走后,晋文公立即派人告诉曹共公:"寡人怎么会因为当年的些小误会,而迁怒于君侯呢?寡人之所以耿耿于怀,主要是因为君侯背叛晋国、依附楚国,只要君侯派使者明确告诉楚王,曹国正式与楚国绝交,寡人愿与君侯冰释前嫌,立即护送君侯回曹国复位。"曹共公急于复国,立即修书一封,派人送给成得臣。信上写道:"孤家为保存社稷,不得不依附晋国,恐怕不能再服侍上国,请令尹大人恕罪。如果上国能早日驱逐晋军,恢复敝国社稷,孤家又怎敢有二心呢?"晋文公又派人到襄牛去见卫成公,同样答应让他复国。卫成公大喜过望,只有大夫宁俞劝道:"这是晋国的反间计,君上千万不要中计!"卫成公复国心切,哪里听得见宁俞的苦口良言,也立即写了一封绝交信,派人送给了成得臣,内容几乎与曹共公一模一样。

成得臣听说使者宛春被晋国软禁,顿时气得暴跳如雷,不禁破口大骂道:"重耳,你这个忘恩负义的小人!想当初你流浪到楚国,要不是寡君收留你,你怎么能返国为君?自古'两国相争,不斩来使',你凭什么把我的使臣抓起来?你这个忘恩负义的老贼!"得臣正怒火中烧,忽听帐外军士报告:"曹、卫两国有书信送到。"成得臣还以为曹伯、卫侯打听到什么好消息,急忙打开竹简阅读,没想到却是要与楚国绝交,与晋国重修旧好。得臣心中更加腾起一股无名之火,狠狠把竹简摔在地上,高声叫道:"重耳老贼,这两封信也是你逼他们写的吧!老夫与你不共戴天!"得臣立即命令三军撤掉宋围,一起去找重耳算账。

副将斗越椒见成得臣失去了理智,连忙上前劝道:"大王再三叮嘱我们,'不可轻战',如果确实要战,也必须先行禀报。况且,齐、秦两国吃了大王的闭门羹,恐怕也会改弦易张,转而派兵援助晋国。齐、秦两国都是大国,我国虽有陈、蔡、郑、许四国诸侯相助,也未必就是晋国对手。末将建议令尹大人还是先奏请大王增兵添将,然后再出兵不迟。"得臣听越椒一劝,心情逐渐平复下来,对斗越椒说道:"就请将军替本帅走一趟,记住一定要快!"

斗越椒奉得臣命令,火速赶到申邑拜见楚王,请求成王增加兵力。楚成王怒道:"寡人一再嘱咐子玉,不要轻易出战,子玉一意孤行,他真有必胜的把握吗?"斗越椒慨然答道:"元帅有言在先:'如果不胜,甘当军令'。"楚王终究放心不下,只增派斗宜申带领西广前去助战。原来楚军有东西两广,都是楚王的亲兵,东广在左,西广在右,精兵强将都在东广。成王只给成得臣增派了西广兵马,数量不超过一千人,还不是精兵强将,估计也是对得臣信心不足。成得臣的儿子成大心害怕父亲吃亏，自发组织了六百多个家丁，主动请求上前线支援父亲。成王准奏。

斗越椒、斗宜申和成大心领着不到两千兵马，不日抵达楚军大营。成得臣见斗越椒只带回这点儿兵马，刚刚强压下去的火气，又"蹭"地一下冒了上来，"就是不添一兵一卒，我成得臣就打不赢晋军了吗?"当天即约同四国诸侯，一起拔寨起行。得臣亲自带领西广和家丁为中军，命斗宜申率申邑兵马，会同郑、许两路诸侯为左军，使斗勃率息邑兵马，会同陈、蔡二路诸侯为右军，迅速逼近晋军大寨，分三个地方安营扎寨。

而从成得臣离开睢阳那一刻起，表明他已经完全从睢阳智斗中败下阵来，一步步落入了晋文公的圈套。成得臣还有扭转败局、反戈一击的机会吗？我们拭目以待。

⑫ 这也叫退避三舍？

却说成得臣大兵压境，晋文公连夜召集诸侯，询问退敌良策。元帅先轸奏道："诸位无需惊慌，一切都在本帅预料之中。况且楚军从讨伐齐国到围困宋国，一直坚持到现在，早已经疲惫不堪了。我们只要小心应对，定能打赢这一仗。"大夫狐偃却奏道："过去君上避难楚国时，曾对楚君许下一句诺言：'他日治兵中原，请退避三舍。'如果君上直接与楚军交战，岂不是言而无信吗？请遵守诺言退避三舍！"狐偃话一出口，晋国中军帐里顿时像炸开了锅一样，纷纷叫道："楚国现在的主将不是楚王，而是令尹成得臣，让君上以千金之躯，退避外邦一介臣子，岂不是奇耻大辱？君上万万不可！"狐偃却据理力争："虽然子玉蛮横无理，但楚君恩惠重如泰山。君上只求报答楚君，何必顾忌子玉呢！"众将又问道："如果楚兵从后面追击，我们该怎么办？"狐偃答道："如果我军撤退，楚军也跟着撤退，那么宋国的危急就彻底解除了，我们也不虚此行了。如果我们撤兵，楚军从后追击，那么楚国就是以臣逼君，必然会激发我军斗志。彼时楚军骄傲轻敌，我军羞愤震怒，岂有不赢之理？"文公不再犹豫，把大手一挥，果断下令道："传令三军，退避三舍！"元帅先轸立即传令三军撤兵。

晋军后退了三十里，军士禀告晋文公道："已经退避一舍了。"文公命令道:"继续撤退!"又后退了三十里,文公仍然不许停下。大军一直退避到城濮,恰好是九十里,文公这才下令安营扎寨。与此同时,齐孝公命国归父为大将、崔夭为副将,秦穆公派小子慭(yìn)为大将、白乙丙为副将,分别率领援军抵达城濮下寨助战。睢阳之围解除后,宋成公也派司马公孙固到晋军拜谢,然后留在军中听用。

楚军看到晋兵拔寨退避,顿时欢呼雀跃,成得臣也很得意。斗勃劝道:"晋文公以君避臣,令尹大人已经很有面子了。不如借机班师回朝,虽然没有立下大功,也足够将功赎罪了。"成得臣怒道:"本帅已经请兵添将,如果一仗不打,就这么灰溜溜撤军回去,还有什么脸去见陛下呢?"传令三军拔寨而起,步步向前紧逼。晋军后退了几十里,楚军前进了九十里,双方终于在城濮遭遇。成得臣亲自察看地形后,选了一个险要之地安营扎寨。

晋国将士见楚军抢占了有利地形,急忙禀报元帅先轸:"元帅,大事不妙!末将等无能,让楚军占据了有利地形。请元帅立即下令,让我等拼死抢夺过来,晚了就夺不过来了!"先轸捋捋自己的白胡子,不紧不慢地说道:"众将不必惊慌!据险是为了固守,子玉远道而来,显然更急于交战,而不是闭门死守。就算他占据了有利地形,又有什么用呢?"众将听元帅这么说,才稍稍放下心来。

然而直到此时,晋文公仍在犹豫不决,不知到底该不该跟楚国打这一仗。大夫狐偃见晋文公还是举棋不定,再次坚定地劝道:"君上不要再犹豫了,这一仗必须要打。打赢了,主公称霸诸侯;打不赢,我国也有崤山、黄河天险,足以立于不败之地,楚国又能奈我如何呢?"晋文公还是下不定决心。

当天晚上,晋文公做了一个梦,梦见自己当年流亡到楚国时,与楚成王徒手搏斗,结果气力不济,被楚成王压在身下,一槌敲破了自己的脑壳,还张开血盆大口,拼命吮吸自己的脑髓。晋文公惊吓过度,一骨碌从睡梦中坐了起来,张开眼睛,张皇四顾,半天没有回过神来。当晚狐偃与晋文公促膝长谈后,就留宿在文公帐篷里,看到晋文公惊慌失措的样子,连忙问晋文公是怎么回事。晋文公向狐偃描述了梦中的恐怖情景,不无忧虑地说道:"寡人连在梦中都打不过楚王,被他敲碎了脑袋,吸走了脑髓,这还怎么跟他在阵前交锋呢?"狐偃突然"扑通"一声跪倒在地上,十分兴奋地向楚成王言道:"主公差矣,这是大吉之兆啊!主公此战必胜!"晋文公将信将疑,木然问道:"何以见得?"狐偃答道:"主公仰面倒地,预示将得到上天关照。楚王压在主公身上,说明他要伏地请罪。脑髓是阴柔之物,主公把脑髓输给楚王,说明我们将以柔克刚、以弱胜强,难道不是大吉之兆吗?"晋文公听后,心里终于踏实了,决定与成得臣决一死战。

第二天清晨,天刚蒙蒙亮,探马回报:"楚军派人送来战书!"晋文公打开一看,战书上只有寥寥数十字:"楚国将士想与晋国将士玩个游戏,得臣愿意陪君侯看这场热闹!"狐偃摇了摇头,叹道:"兵者,凶器也。得臣却把它说成一场游戏,可见没把这场战争放在心上,怎么能不失败呢?"晋文公心中更加有底了,命栾枝写信回复道:"寡人至死不忘楚君恩惠,所以甘愿退避三舍,不与大夫交战。既然令尹想看这场热闹,寡人敢不从命?"

楚国使者走后,文公命先轸再次检阅兵马。先轸回报,不算齐、秦两国援兵,共有战车七百多乘,精兵五万余人。晋文公独自登上高坡,远远望见自己的军队纪律严明、进退有序,高兴地说道:"寡人有军队如此,还用担心什么呢?"命令士兵大肆开山伐木,全力做好迎战准备。

元帅先轸也没闲着,正忙着分拨兵将。他命令狐毛、狐偃带领上军,会同秦国副将白乙丙,一起攻击楚国左师,与斗宜申交战;胥臣、栾枝率领下军,会同齐国副将崔夭,一起进攻楚国右师,与斗勃交战；自己与郤溱(zhēn)、祁满坐阵中军，与楚军元帅成得臣对峙。同时，命令荀林父、士会各率领五千人，分别担任左、右两翼，随时做好接应准备。又吩咐齐国大将国归父和秦国小子慭率领本国兵马，从小路抄到楚军背后埋伏，只等楚兵败走，立即夺取楚军大寨。眼见就要分派停当，虎将魏犨(chóu)坐不住了，蹭地一下站了起来，高声请求担任先锋。先轸笑道："本帅没有忘记魏老将军，而是对将军另有重任。从这里一直往南，有个地方叫空桑，与楚国的连谷接壤。就请老将军带领一支兵马埋伏在那里，替本帅截住楚国的残兵败将，让他们有来无回。"魏犨欣然领命。最后，命令舟之桥到南河整顿船只，方便运走缴获的器械辎重。

第二天黎明，两军均已严阵以待。成得臣首先下令："左、右两军首先进军，中军随后跟上。"晋国下军大夫栾枝打探到楚国右师以陈、蔡两军为前队，兴奋地对手下将士说道："元帅曾吩咐过末将：'陈、蔡两军怯战，军心容易动摇。'如果我们打败了陈、蔡两军，楚国的右师也就不攻自溃了。"立即派秦国副将白乙丙出阵挑战。陈国大夫辕选和蔡国公子印想在斗勃面前建功，抢先出来接战。三人还没开始交锋，晋军突然后撤。辕选和公子印正要追赶，突然听见连珠炮响，只见晋军阵门大开，大夫胥臣率领几十乘战车冲了出来，而所有战车的驾辕之马，都用虎皮蒙着背。陈、蔡两军的战马乍一看，还以为碰上了真的老虎，纷纷发出惊恐的嘶鸣，转身就往回跑，直接冲进了斗勃率领的后队里。斗勃和后队猝不及防，顿时乱了阵脚。胥臣和白乙丙乘乱掩杀过来，胥臣一斧头把蔡国公子印劈倒在车下，白乙丙一箭射中了斗勃的面颊。斗勃痛得哇哇大叫，却顾不上拔下脸上的箭簇，带箭转身就跑。楚国右师大败，死伤不计其数。

大夫栾枝又命晋兵扮成陈兵、蔡兵模样，手中打着陈、蔡两军的旗号，先后到楚营报捷："我军右师已经得胜，请元帅即刻进兵！"得臣将信将疑,立即登车察看,远远望去,只见晋军仓皇向北方奔逃,卷起的烟尘遮天蔽日。得臣大喜过望,高兴地说道:"晋国下军果然败了!"立即催促左师进军。

楚国右师主将是斗宜申,见对面晋军大旗招展,料想遇到了敌军主将,于是抖擞精神,驱车冲杀过去。晋将狐偃接住厮杀,才战了几个回合,忽然晋军后方大乱,狐偃回车就走,大旗也跟着向后退却。斗宜申以为晋军已经溃败,立即招呼郑国、许国军队,合力向前追赶。突然听到鼓声大震,晋国元帅先轸亲自带领一枝精兵,从斜刺里杀了出来,把楚军拦腰截成了两段。狐毛、狐偃也调转车头,返身回来接住厮杀,瞬间形成了两面夹攻之势。郑、许两国的兵马首先溃败,斗宜申独木难支,拼死往外突围,正好遇见齐国副将崔夭,又拼杀一阵,落得丢盔弃甲、狼狈不堪,最后混在步兵队伍中,从小路翻山越岭,才逃得一条性命。原来晋国下军是假装失败,故意用战车拖着从有莘山上砍下的树枝,刮得地上尘土漫天飞舞,诱使楚军左师贪功恋战、落入圈套。狐毛又假设大旗,命士兵向后拖拽,装作溃不成军的样子,狐偃也假装跟着败退,成功引诱斗宜申孤军深入。主帅先轸吩咐祁满虚建将旗,牢牢守住中军,自己却引兵从阵后斜插过来,与狐毛、狐偃形成夹攻之势,最后大获全胜。

楚军元帅成得臣虽然急躁,毕竟记得楚王两次告诫,真正打起仗来,还是相当谨慎。直到听说左右两军都已取胜,正在全力追杀晋军,才下令中军击鼓进军,派儿子成大心出阵挑战。晋军中军由祁满代守,起初还记得元帅先轸的告诫,紧紧守住阵门,任凭成大心怎么辱骂,就是不出营应战。楚军消停了一会儿,又擂响了第二通战鼓,成大心手提方天画戟,再次来到晋军阵前骂阵,一副耀武扬威、不可一世的样子。祁满终于按捺不住,悄悄派士兵出去侦察。士兵回报说:"挑战的是个十四五岁的孩子。"祁满气得哇哇大叫道:

"一个乳臭未干的毛孩儿,也敢到本将阵前耀武扬威!看本将军把他手到擒来,也为中军立上一件大功。擂鼓!"战鼓咚咚擂响,晋军阵门大开,祁满身披铠甲、手舞大刀,气势汹汹地向成大心杀了过来。小将军成大心毫无惧色,迎着祁满厮杀起来。二十多个回合过去了,两人不分胜负。斗越椒在门旗下见小将军不能取胜,急忙驾车出阵,悄悄弯弓搭箭,一箭向祁满射去,正中祁满的盔缨。祁满吃了一惊,本想退回本阵,又怕冲撞了大军,只好绕阵游走。斗越椒叫道:"手下败将,无需追赶,兄弟们随我杀入中军,擒拿元帅先轸!"小将军立即回车与斗越椒合兵一处,不再追逐祁满,径直向晋国中军杀去。斗越椒远远瞅见晋军帅旗迎风飘扬,再次弯弓搭箭,一箭把帅旗射落在地。晋军不见了帅旗,立即乱作一团。好在荀林父、士会两路接应人马及时赶到,荀林父截住斗越椒厮杀,士会缠住成大心打斗。成得臣振臂大呼道:"今日哪怕放走一个晋兵,本帅也决不回军!"正准备发动总攻,不料先轸、郤溱引军杀了回来,两军陷入混战之中。不一会儿,晋将栾枝、胥臣、狐毛、狐偃等一齐杀将过来,把楚兵重重围住,直如铜墙铁壁一般。成得臣这时才明白,左右两军早已溃散,再也无心恋战,急忙鸣金收兵。可是这时楚兵已被晋军分割成十几块,眼看就要一点一点被蚕食掉,要想撤兵又谈何容易?小将军成大心大发神威,一杆方天画戟上下翻飞,手下的六百家丁,也无不以一当百,杀得身边的晋兵人仰马翻,拼死保着父亲成得臣杀出了重围。成大心发现不见了斗越椒,又翻身杀入重围,寻找斗越椒。斗越椒是令尹子文的二弟,生得虎背熊腰、声如豺狼,也有万夫不当之勇,尤其精通射术,一张雕弓,一袋木箭,箭无虚发,百发百中,令敌人闻风丧胆,这时也在晋军中左冲右突,寻找成家父子,恰好遇到成大心前来接应,于是合兵一处,各显神威,又救出许多楚军,一起杀出了重围。陈、蔡、郑、许四国诸侯损兵折将,狼狈逃回本国去了。

晋文公重耳在有莘(shēn)山上观战,见晋兵大获全胜,终于松了口气,立即命人传令元帅先轸:"把楚兵逐出宋、卫边境即可,不要杀伐太重,辜负了楚王大恩。"先轸立即下令勒住各军,不再全力追赶。

成得臣同成大心、斗越椒一起杀出重围,直奔大寨而来。前哨回报:"寨中已经树起齐、秦两军旗号。"原来,齐国国归父、秦国小子憗已经趁乱夺取了大寨。成得臣不敢进寨,立即调转马头,带领残兵败将从有莘山后绕过去,一路沿着睢水向楚国方向逃窜。禁军好不容易逃到空桑,士兵们都走不动了,成得臣也想停下来喘口气,稍作休整再出发。突然,一阵连珠炮响,斜刺里又冲出一支兵马,将旗上绣着一个斗大的"魏"字,拦住了楚军的去路,领军的不是别人,正是当年在楚国勇擒猱兽的虎将魏犨。魏犨的威名,楚兵谁人不知,谁人不晓,今日在绝境之中,再次狭路相逢,个个吓得胆战心惊,失魂落魄。斗越椒大怒,叫小将军成大心保护元帅,自个儿强行打起精神,冲上前去与魏犨交锋。斗宜申、斗勃也硬着头皮,上前助战。魏犨一人独挡三将,丝毫不落下风。四人打斗正酣,忽然从北边飞马跑来一人,大声叫道:"魏将军住手!奉主公命令,暂放楚将归国,以报答当年厚遇大恩!"魏犨不敢违抗命令,勉强收住手,命军士让开一条通道,大喝道:"算你们命大,逃命去吧!"成得臣顾不上羞愧,带领部下灰溜溜地逃了出去。

成得臣逃到连谷后,亲自点检残军,发现中军虽有折损,毕竟还十存六七,左右两军则损失惨重,十成中剩下不到二成。得臣放声恸哭:"本想长长楚国的威风,没想到却中了晋人的奸计。本帅还有什么面目去见主公啊!"三军将士无不悲痛欲绝。

13 迟到的免死金牌

是福不是祸,是祸躲不过。成得臣兵败之后命令手下把自己和斗宜申、斗勃一起捆绑起来,就地囚禁在连谷,然后派儿子成大心率领残军面见成王,请求楚王降罪。

楚成王一直驻扎在申城,等待成得臣获胜的消息,看到成大心垂头丧气的样子,顿时明白自己已经错过了称霸中原的最好机会。成王气得半天说不出话来,然后厉声问道:"你父亲有言在先:'如果不胜,甘当军令。'如今丢盔卸甲,他还有什么话说?"成大心磕头如捣蒜,声泪俱下地说道:"臣父知道自己罪该万死,本来想自杀谢罪,被下臣死死劝住了,只等主公明令降罪,他就立即引颈受戮,以死申明国法。"楚成王余怒未消,冷冷地说道:"根据楚国律法,兵败者死。他们本该自杀谢罪,何必要玷污寡人的斧锧呢!"成大心见楚王铁了心肠,一点儿也没有赦免父亲的意思,只好号哭着跑出大殿,回营禀告父亲成得臣。

成得臣料想楚王不会赦免自己,但心中多少还存有一丝希望,当听到儿子成大心的回复后,彻底死了心,仰天长叹一声道:"就是大王赦免了得臣,下臣又有何面目再见申邑、息邑的父老乡亲啊!"说完,面向楚王所在的申城方向拜了两拜,横剑自刎了。

这时,年仅十三岁的蔿(wěi)贾也在密切关注着前方的战事和朝中的时局。父亲蒍吕臣刚刚下朝回来，蒍贾便焦急地问道："父亲，听说令尹成得臣在城濮打了败仗，是真的吗？"蒍吕臣答道："贾儿，是真的。"蒍贾又问道："大王将如何处置他呢？"蒍吕臣叹道："子玉和众将主动请死，主公已经答应了。"蒍贾使劲跺了一下脚，"哎呀！子玉虽然刚愎自用，不能独自担当大任，但是性格刚毅不屈，如果得到谋士辅佐，还是不可多得的人才。子玉今天是失败了，但是能报晋国大仇的，我看还是只有子玉。父亲怎么不劝主公手下留情呢？"蒍吕臣道："父亲是想劝说来着，可见大王正在气头上，多说也是无益！"蒍贾歪着脑袋想了好久，突然兴奋地说道："父亲忘了范巫矞（yù）似的话了吗？"蒍吕臣皱皱眉头，问道："范巫矞似是谁？"蒍贾大声接道："就是那个擅长看相的范巫矞似啊。君上还是公子的时候，矞似就曾断言，主上和子玉（得臣）、子西（斗勃）三人，将来都不得好死。主上一直记着矞似的话，所以在即位当天，就赐给了子玉和子西一人一块免死金牌，让矞似的话无法应验。大王今天在盛怒之中，肯定忘了还有这回事。父亲只要提醒他一下，大王肯定会回心转意的！"蒍吕臣把脑门一拍，果然是有这么回事，只是时间久了，自己忘了个干净。

蒍吕臣三步并作两步走，赶到宫中去觐见楚王。成王的怒气已经消了，想起成得臣的忠心和才干，心中也有些后悔，听说蒍吕臣求见，知道肯定与得臣有关，命卫士赶快宣进来。蒍吕臣知道时间紧急，开门见山地说道："主公当年曾给子玉、子西颁过免死金牌，不知大王可还记得？"楚成王脚下一顿，突然回过神来："你是说范巫矞似？！寡人几乎忘了！"立即命令大夫潘尪（wāng）飞马到连谷传令："败军之将，一律免死！"

潘尪快马加鞭，马不停蹄地赶到连谷，但还是迟了一步，得臣已经死了半天了，尸体都硬了。左将军斗宜申本来准备悬梁自尽，因为身躯太过庞大,把房梁给压垮了,正要换个地方上吊,恰好免死命令送达,捡回了一条性命。右将军斗勃打算收殓了子玉、子西的尸体之后再死,也逃过了一劫。算来算去,最后只死了个成得臣,难道真是命中注定吗?传令完毕后,潘尫让小将军成大心留下殡殓父亲的尸体,自己押着斗宜申、斗勃、斗越椒等败将先行一步,到申城面见楚王,听候成王下步处置。

　　成王得知得臣已经自杀身亡,心中懊悔不已,但世上没有后悔药可吃,稍作休整之后,便领着残兵败将黯然班师回朝。回到郢都后,成王立即升蒍吕臣为令尹,贬斗宜申为商尹,同时命斗勃出守襄城,以示惩戒。城濮失利后,楚成王常常夜不能寐,但仔细想起来,自己在指挥和用人上也有失误,成得臣罪不可赦,但罪不当诛。死者人已逝,活者犹可追,楚成王下令赐封得臣的两个儿子成大心和成嘉同为大夫。

　　这时,令尹子文已经赋闲在家,听说得臣兵败身死,不禁长叹一声:"果然不出蒍贾所料!老夫的见识竟然不如一介孺子,真是羞煞人也!"说完吐血数升,从此卧床不起。子文把儿子斗般召到床前,语重心长地嘱咐道:"为父已经命在旦夕,最后只叮嘱你一件事:你的族叔斗越椒,天生貌似熊虎、声如豺狼,这是灭族之相啊。为父当时就劝你祖父不要留下他,免得留下祸患,可惜你祖父不听,反而倍加宠爱。据为父观察,令尹蒍吕臣将不久于人世,大将斗勃、斗宜申也没有长寿之相,将来能主持朝政的,不是你就是斗越椒。越椒好勇嗜杀,如果让他主政,必然会产生非分之想,为斗氏招来灭门之祸。在我百年之后,无论何时,只要越椒主政,你一定要远走高飞,不要卷入祸端。切记,切记!"斗般含泪答应了,一代名臣子文就这样闭上了眼睛。

　　不久,令尹蒍吕臣也告别了人世。楚成王追念子文功劳,命令子文的儿子斗般继承令尹一职，而封斗越椒为司马，蒍吕臣的儿子蒍贾为工正。

却说晋文公在城濮之战中打败了最强大的对手楚国，一时间天下无敌。晋文公却经常向人夸赞楚将成得臣的英勇，后来听说得臣在连谷自杀，又好生感叹了一番。据说有一次晋文公在打败郑国后，大宴群臣，却对手下说道："寡人今天异常高兴，不是因为得到了郑国，而是庆幸楚国失去了子玉。子玉一死，楚国就不足为虑了，寡人也可以高枕无忧了！"当年五月，晋文公重耳在践土筑坛，与宋成公王臣、齐昭公潘、郑文公捷、鲁僖公申、陈穆公款、蔡庄公甲午等诸侯歃血为盟，晋文公执牛耳主盟，正式继齐桓公之后登上了中原霸主的宝座。

楚成王本有机会称霸中原，可惜他所托非人，一片大好局面被成得臣的轻信寡谋断送了。城濮一战，楚人不得不把称霸的脚步又向后推迟了十几年，耐心等待着另一位旷世英主的横空出世。

14 这次只退一舍

晋公子重耳在外整整流亡了十九年，直到六十二岁高龄，才登上了晋君的宝座。而他只用了三年时间，便成长为叱咤中原的一代霸主。然而岁月不饶人，仅仅又过了六年时间，晋文公便抛下霸业，撒手西去了。晋文公死后，儿子姬欢即位，是为晋襄公。晋襄公也算是有为之主，不过资历尚浅，终究不能与晋文公相提并论。

在城濮之战中被迫归附晋国的许国和蔡国，看到晋文公驾鹤西去，又重新投入了楚国的怀抱。晋襄公年轻气盛，立即拜阳处父为大将，率领大军讨伐许国和蔡国。楚成王当然不能坐视不理，立即命令斗勃和成大心率师救援。楚军一路跋涉，抵达泜（zhī）水后，远远看见晋军也已抵达对岸，便紧靠泜水岸边安营扎寨。从此，晋军驻扎在泜水北岸，楚军驻扎在泜水南岸，两军隔河相望，连对方夜半打更的锣声，都能听得一清二楚。晋军被楚军挡住了去路，无法再前进一步。楚军也不敢冒险渡河，牢牢守在泜水对岸。两军就这么干耗着，一晃两个多月过去了。

眼看就要到年关了，晋军的粮草马上就要吃完了。主帅阳处父很想就此退军，但既怕楚国人从后面追击，又怕诸侯们在背后耻笑，所以迟迟没有行动。阳处父绞尽脑汁、冥思苦想，突然灵机一动，计上心来。他悄悄派出一名使者，只身游过泜水，抵达楚军大营，面见元帅斗勃后,呈上了自己的亲笔信。斗勃拆开书信,只见上面写道:"俗话说:'来者不惧,惧者不来'。将军如果真想决一雌雄,处父愿意退避一舍,让将军渡过泜水,待贵军列阵完毕后,再决一死战。如果将军不愿冒险渡河,就请贵军后退三十里,放我军渡到南岸,再由将军选定日期,双方决一死战。否则,像这样不攻不守、不进不退,何时是个头呢?从今天起,处父将驾马登车,等候将军的回话。请将军速作裁决!"

斗勃见信中暗含不敬之意,愤怒地叫道:"无耻鼠辈,欺负老夫不敢渡河索战吗?"说话间就要过河讨战。小将军成大心连忙摆手,劝道:"将军息怒,千万不要中了晋人的诡计。晋人一向言而无信,说是退避,实际上是诱敌深入,将军难道忘了城濮之战的教训了吗?如果晋军趁我军半渡,突然发动袭击,我军就陷入绝境了。不如答应我军后退,放晋军渡河,这样我们就反客为主了。不知将军意下如何?"在城濮之战中,斗勃是楚国右师将军,退避三舍的教训,他怎么能忘记呢?要不是潘尪的免死金牌送得及时,自己差点像成得臣一样死于非命,所以一提到退避三舍几个字,就像戳到了他至今还在滴血的伤疤一样,愤怒的情绪马上平静了下来,恍然大悟道:"小将军言之有理,言之有理!"马上传令下去,全军后退三十里下寨,同时派使者通知对岸晋军,让他们渡过泜水作战。

阳处父见到楚国使者时,知道楚军已经后退了三十里,不禁心中窃喜,立即命令左右篡改了楚国使者回信的内容,散发给全军将士传看,还四处宣称:"楚将斗勃害怕我们,不敢渡过泜水交战,已经灰溜溜地逃跑了!"晋军将士不知道真相,还以为斗勃真的临阵逃跑了,顿时群情激奋、欢呼雀跃。与此同时,回家过年的心情也更加迫切了。阳处父就坡下驴,对左右说道:"既然楚军都已经逃跑了,我们还渡河干什么呢?年关也快到了,外面天寒地冻的,还是回去休整一段,等来年再作打算吧!"竟然堂而皇之地班师回去了。

斗勃如约退后了三十里,等了两天,却不见晋军渡河的动静,再派探子到泜水对岸侦察。探子回报,晋军早已跑了,还到处宣扬自己大胜而归。斗勃这才知道自己被耍了,但也只能摇头苦笑,好在救援许国、蔡国的目的已经达到了,也下令大军班师回朝。

想当年晋文公在城濮之战中,退避三舍,诱敌深入,却打得楚军落花流水,何等的英雄气概!如今阳处父骗楚军退避一舍,自己却掩耳盗铃,乘机逃跑了,又是何等的可笑可叹啊!

15 让寡人吃完熊掌再死行吗?

却说晋文公死后,楚成王以为自己的机会又来了。可他怎么也想不到,真正等待他的,却是万劫不复的命运。而带他走进这个噩梦的,正是自己的儿子商臣。

商臣是楚成王的长子,早年很得父亲宠爱。楚成王即位后,想立商臣为太子,私下征求将军斗勃的意见。斗勃劝道:"楚国选立太子,向来立少不立长。而据下臣观察,商臣眼似马蜂,声如豺狼,生性残忍好杀,不适合担任人主。如果大王今天因为宠爱而立他,将来又因为厌恶而想废他,一定会惹出大乱子的。请大王三思而后行!"成王不顾斗勃反对,宣布立商臣为太子,并命大夫潘崇为太傅,教育太子长大成人。

商臣听说斗勃从中作梗,暗暗怀恨在心。后来斗勃奉命率兵救援许国和蔡国,在泜水之战中,被晋国阳处父虚晃一枪,还没来得及交锋,就被迫班师回朝。商臣立即抓住机会,向楚成王打小报告:"禀告父王,坊间纷纷传说,斗勃将军私自接受了阳处父的贿赂,所以故意撤退三十里,成全了晋军胜利的名声。请陛下明察!"自从城濮兵败后,楚成王也变得有些疑神疑鬼起来,听到太子商臣告密,竟然信以为真,也不调查,也不允许斗勃为自己辩解,直接派人给斗勃送去了自己随身佩戴的宝剑。斗勃一生身经百战,为楚国立下了汗马功劳,但在成得臣自杀身亡时,已经有些心灰意冷,如今看到楚王送来的宝剑,立即明白了成王的意思,于是仰天长叹一声,含泪自刎了。

小将军成大心听说后,悲痛欲绝,不等楚王宣召,只身闯到成王面前,哭诉了当日撤退的前因后果,最后斩钉截铁地说道:"下臣保证,斗勃将军绝对没有受贿之事!如果非要追究退兵罪责,下臣也同样脱不开干系,请大王一并治臣死罪!"成王也有些后悔,但事已至此,说什么都于事无补了。从此以后,成王开始对太子商臣心存芥蒂。再后来,成王开始宠爱小儿子公子职,准备废掉太子商臣,改立公子职,只是担心商臣犯上作乱,才迟迟没有动手。

消息传到商臣的耳朵里,商臣起初还有些将信将疑,于是找太傅潘崇商议。潘崇道:"臣有一计,可以分辨传言的真假。"商臣问道:"太傅有何计策?"潘崇答道:"大王的亲妹妹芈(mǐ)氏远嫁江国,前段时间回来省亲,一直住在王宫中,一定知道事情原委。这个江芈是个急性子,太子不妨专门设宴款待她,席间再有意怠慢她,惹得她怒火中烧,肯定会口吐真言。"商臣依计行事,在太子府中设宴款待江芈。商臣亲自把芈氏接到东宫,亲自为她斟酒夹菜,显得十分恭敬。但酒过三巡之后,商臣开始怠慢起来,故意命令下人给江芈斟酒,自己只顾和侍女打闹,江芈两次问话,他都答非所问。江芈火往上冲,当即把桌子一拍,破口大骂道:"你这个不肖小儿,竟敢对姑姑如此无礼,难怪你爹要废了你,另立公子职!"商臣假装连忙道歉,芈氏怒不可遏,摔下筷子,扬长而去,老远还能听到她不绝于口的骂声。

商臣连夜告诉潘崇,商量脱身之计。潘崇早已成竹在胸,却故意问道:"太子甘心服侍新太子职吗?"商臣连忙答道:"以长侍少,学生做不到!"潘崇又故意问道:"那么流亡外国呢?"商臣又连忙答道:

"无故流亡国外,不啻自取其辱,学生也做不到!"潘崇故意沉吟了一会儿,缓缓说道:"下臣倒是有一个简便的办法,只怕太子于心不忍!"商臣不假思索地答道:"生死存亡面前,还有什么不忍心的?"潘崇这才把嘴巴凑到商臣耳边小声说道:"要想转危为安,必须放手一搏!……"商臣长出一口气,轻描淡写地答道:"这事不难,学生但凭师傅做主!"潘崇放下心来,一切都已部署妥当。

夜半时分,郢都死一般沉寂。突然,太子商臣高喊着"有刺客",然后带领军兵包围了王宫。潘崇手中拿着利剑,带着一群力士闯进王宫,杀散了宫中守卫,径自走到成王面前。楚成王一骨碌从床上爬了起来,故作镇静地问道:"不知爱卿深夜进宫,可是有要事禀报?"潘崇却不绕半点弯子,开门见山地说道:"大王在位已经四十七年了,该到功成身退的时候了。举国上下无不盼望新主即位,请大王立即传位给太子!"成王一下子慌了手脚,颤声答道:"如果寡人马上退位,可以饶寡人一死吗?"潘崇毫不松口,冷冷答道:"一山不容二虎,一国不容二主。大王老糊涂了吗?"成王退而求其次,低声哀求道:"寡人刚刚吩咐厨子炖了一锅熊掌,等寡人吃了熊掌再死行吗?"潘崇不耐烦起来,声色俱厉地说道:"谁不知道熊掌难熬,大王是想拖延时间吗?大王就不要有什么幻想了,还是自己动手吧!"说完解下自己的腰带,丢到成王面前。成王走投无路,仰天叹道:"斗勃啊,斗勃!寡人不听你的忠告,终致自取灭亡,还有什么可说的呢?!"说完把腰带挽在自己脖子上,潘崇命左右用力一拉,成王顿时气绝身亡。可怜一代雄主楚成王,竟以这种方式告别了人间。

商臣见父亲已死,立即派使者向各国诸侯报丧,只说成王得暴病身亡,然后自立为王,是为楚穆王。穆王加封潘崇为太师,掌管宫廷侍卫,还把自己住过的东宫也赏给了潘崇。令尹斗般等人都知道成王被商臣弑杀,但谁也不敢站出来点破真相,只有商公斗宜申听说成王被杀，假称奔丧来到郢都，与大夫仲归密谋暗杀穆王，可惜事情败露，穆王命司马斗越椒抓住斗宜申和仲归，立即处死了。至此，范巫矞似的预言全部应验，楚成王和子玉（成得臣字）、子西（斗宜申字），没有一人得到善终。

斗越椒一直觊觎令尹之位，常常在刚刚即位的楚穆王面前说斗班的坏话。有一天，斗越椒又向穆王进谗言道："子扬（斗般子）到处宣扬：'父子两代秉持楚国大政，领受先主隆恩，可惜不能实现先王遗愿。'下臣猜测，他们是想废掉大王，改立公子职为君。子上（斗勃字）之所以不喜欢大王，就是因为子扬从中挑拨。现在子上身死伏法，子扬心中不安，恐怕会有非分之想，主公不能不防。"楚穆王心里有鬼，加上生性多疑，立即派人召来令尹斗般，命令他杀死公子职。斗般生性正直，不仅拒绝了穆王的要求，而且劝他善待公子职。穆王见斗班处处"袒护"公子职，开始对斗越椒的话深信不疑，不禁勃然大怒道："你还想实现先王的遗志吗？"说着举起手中的铜锤，只一锤下去，砸得斗般脑浆迸裂，当场死去。公子职在逃往晋国的路上，也被斗越椒派出的杀手杀死。楚穆王命成大心接替令尹之职。没过多久，成大心也死了，楚穆王便拜斗越椒为令尹，蒍贾为司马。后来，楚穆王顾念子文治楚有功，补录他的孙子、斗般的儿子斗克黄为箴尹。

晋襄公听说楚成王惨死，问正卿赵盾道："上天要厌弃楚国了吗？"赵盾答道："但愿如此啊！楚成王虽然蛮横，还可用礼仪进行教化。商臣连父亲都不爱，还能指望他爱谁呢？下臣担心，中原诸侯将永无宁日了！"赵盾的担忧没错，几年之后，楚穆王果然不甘寂寞，开始四处用兵。他先以迅雷不及掩耳之势灭掉了六（lù）国、蓼（liǎo）国，使楚国的疆域大大扩张。然后又御驾亲征郑、陈两国，晋国赵盾救援不及，郑穆公兵败投降；陈共公打了胜仗，却主动请求讲和。宋昭公听说郑穆公兰、陈共公朔、蔡庄侯甲午将与楚王商臣在厥貉(mò)会盟,抢先赶到盟地迎接穆王,并事先准备好了田猎用具,邀请列位诸侯在孟诸游猎,而在打猎过程中,由于一时疏忽,忘了携带取火用的燧石,竟被楚国司马申无畏训斥一顿,而且眼睁睁地看着仆人代自己挨了三百皮鞭,却始终敢怒而不敢言。再后来,楚穆王派遣斗越椒出使齐国、鲁国,俨然以中原霸主自居,晋国竟也无可奈何。楚穆王在位仅仅十二年,却以其刚猛强横,使楚国又迅速回到了争霸之列。

16 这不是一只凡鸟

公元前614年,楚穆王去世,儿子熊旅即位,就是一代天骄楚庄王。此时,齐国刚刚经历了宫廷政变,实力大大受损,天下只剩下晋、楚、秦三个大国,秦国很少参与中原事务,天下实际上又处于晋楚争霸的格局。

奇怪的是,楚庄王即位前三年,完全不理朝政,他白天打猎,晚上泡在后宫与姬妾饮酒作乐,大权全都掌握在斗越椒等权臣手中。庄王还生怕发生任何改变似的,特意命人在宫门上贴了一张告示:"有敢进谏者,杀无赦!"大夫们自顾尚且不暇,谁也不敢造次。

三年过去了,楚国发生了百年难遇的大饥荒,同时,戎人乘机伐楚,庸人率领群蛮叛楚,麇(jūn)人带领百濮攻楚,楚国处于前所未有的危急关头。大夫申无畏实在看不下去了,找了个借口来到后宫,请求面见楚王。楚庄王那天心情很好,破例放申无畏进了后宫。申无畏进去,便被眼前的一幕惊呆了,只见楚庄王左手搂着蔡女,右手抱着郑姬,衣衫不整地蹲坐在钟鼓乐器之间,一边饮酒,一边和嫔妃们肆意调笑,单看那场景,和夏桀、商纣真没什么两样。楚庄王看到申无畏吃惊的样子,不禁哈哈大笑,若无其事地问道:"大夫到宫里来,是想饮酒听乐,还是想进谏呢?如果想饮酒听乐,就坐下来陪寡人喝两杯。如果想进谏,还是免开尊口,寡人今天心情很好,不想动手杀人!"申无畏灵机一动,大声答道:"启禀陛下,下臣既非来饮酒听乐的,也不是来冒死进谏的。只是刚才臣到郊外散步,有位老者给臣讲了一个隐语,下臣愚钝,一时解不开谜底,想请大王指点迷津。"楚王一听来了兴致,大笑道:"哈哈哈!还有大夫听不懂的隐语吗?爱卿不妨说来听听!"申无畏一本正经地说道:"有一只大鸟,生着五彩的羽毛,停在楚国的高坡上,已经三年了,不见它起飞,也不听它鸣叫,不知道这是一只什么鸟?"庄王知道申无畏是在讽刺自己,却不生气,只是哈哈笑道:"寡人知道,它不是一只凡鸟。三年不飞,飞必冲天;三年不鸣,鸣必惊人!"申无畏不再多言,又拜了两拜,高兴地退下了。

又过了好几天,楚庄王还是和往常一样,只顾寻欢作乐,无心处理朝政。大夫苏从又请求觐见楚王。苏从见到楚王后,不等庄王开口,首先号啕大哭起来。庄王一时摸不着头脑,不解地问道:"爱卿无病无灾,怎么哭得如此伤心呢?"苏从哽咽道:"下臣是为自己和楚国的灭亡而悲痛啊!"庄王脸色骤变,怒道:"一派胡言!爱卿怎么会死,楚国又怎么会亡呢?"苏从哭道:"臣实在忍无可忍,准备向大王进谏。可大王有令,有敢劝谏者死,所以下臣必然会死于非命。下臣被处死以后,楚国断然无人再敢向大王进谏了。如果任由大王荒废朝政,楚国的灭亡不也指日可待吗?!"楚庄王勃然变色,厉声喝道:"苏从,你好大的胆子!寡人已经下令,'有敢进谏者死',你明知进谏要死,还敢冒犯寡人,不觉得自己很愚蠢吗?"苏从大哭道:"臣是很愚蠢,但还不及大王愚蠢。"楚庄王火冒三丈,破口骂道:"大胆狂徒,你竟敢骂寡人愚蠢?"苏从一字一泪地答道:"大王身居万乘之尊,坐享千里之税,兵强马壮,诸侯宾服,四季朝贡不绝,这是多好的机遇啊。可是大王却沉湎酒色,不理朝政,致使大国虎视眈眈,小国离心离德,楚国看似风平浪静,实际早已暗流涌动。大王为了眼前

楚莊王

申無畏

楚庄王一鸣惊人

的一时快乐,而丢掉祖宗留下的万世基业,难道还不够愚蠢吗?下臣愚蠢,不过惹来杀身之祸,说不定还能与龙逢、比干等忠臣相提并论,为自己留下千古美名。如果大王这么愚蠢,恐怕有朝一日想当匹夫而不可得。下臣该说的都说了,不该说的也说了,请大王把佩剑赐给下臣,就让下臣在大王面前自刎,并以此告诉天下人,大王是个有令必行、有禁必止的有道明君吧!"楚庄王肃然起立,惭愧地说道:"大夫何罪之有?都是寡人的错,而且已经知错了。"命人立即撤掉钟鼓、乐器,从此疏远郑姬和蔡女,改立樊姬为夫人,全权主持后宫。原来樊姬和申无畏、苏从一样,一直规劝楚王不要打猎,楚庄王不听,樊姬便从此不食飞禽走兽之肉,让楚王非常感动。

第二天早朝,楚庄王正式主持朝政。庄王开始重用蒍(wěi)贾、潘尪(wāng)和屈荡等人,不断削弱斗越椒的大权。同时,接纳蒍贾建议,御驾亲征庸国,很快灭掉了庸国,击溃了百濮,一时威震江汉平原。不久,又命令郑国公子归生讨伐宋国,最后生擒宋国右师华元。接着下令蒍贾率军救援郑国,与晋军在北林展开决战,俘虏了晋将解扬。不过几年时间,那个令诸侯闻风丧胆的楚国又回来了,幡然醒悟的楚庄王,也逐渐萌发了称霸中原的雄心壮志。

⑰ 治国在德不在鼎

公元前606年，楚庄王御驾亲征陆浑之戎。大军渡过洛水，在周都洛邑郊区安营扎寨。楚庄王突发奇想，命令三军就地操演。惊天动地的呐喊声，连住在深宫之中的周定王，也听得一清二楚。

周定王不禁心惊肉跳，立即命卫兵出去打探。得知楚庄王公然在京畿阅兵，周定王勃然大怒："反了！反了天了！在寡人眼皮底下阅兵，楚子到底意欲何为？"文武百官一个个低下头，谁也不敢搭话。周定王义愤填膺地骂道："废物！一群废物！楚人已经骑到寡人头上了，竟没有一个人敢替寡人分忧！"文武百官把头埋得更低了，生怕周定王的目光落到自己身上。周定王把龙椅一拍，腾地站起身来，用手指着这群无能之辈，气得说不出话来。周定王见群臣仍然不发一言，不由长叹一声，他又何尝不知道，以周王朝现在的实力，如何能敌得过如日中天的楚庄王呢？周定王思来想去，除了讲和，别无他法，只好派能说会道的大夫王孙满前去楚营犒军，顺便打探楚军虚实。

王孙满带着美酒美食和金银珠宝来到楚营，代表周定王"感谢"楚庄王"拱卫"京畿。楚庄王首次与周王室打交道，不敢过于怠慢，还是以臣子之礼接受了天子的犒赏。楚庄王意外得到天子"垂青"，心情格外高兴，传令设宴招待王孙满。自从苏从冒死进谏以来，楚庄王就发誓戒酒,多少年来,滴酒不沾。今天首次接见"钦差大臣",楚庄王决定破一次例,陪王孙满喝上几杯。三杯酒下肚,楚庄王的胆子大了起来,试探性地问道:"王孙大夫,寡人听说夏后大禹铸了九只铜鼎,夏商周三代视为镇国之宝,一直传到当今天子手里,珍藏在都城洛邑。不知大夫能否告诉寡人,铜鼎的大小、轻重吗?"

王孙满端起酒杯一饮而尽,然后从容答道:"君侯只知其一,不知其二。夏商周三代以德相传,跟铜鼎的大小轻重有什么关系呢?昔日大禹君临天下,九州牧守自愿贡献五金,铸成九鼎。夏桀残忍暴虐,铜鼎迁到商朝。商纣荒淫无道,铜鼎又迁到周都。如果有德,即便铜鼎再轻,也能重于泰山;如果无德,即便铜鼎再重,也会轻如鸿毛。周成王把九鼎迁往洛邑时,曾命太史卜算过,周朝将历经三十代,延续七百年,现在为时尚早,天命犹在,君侯又何必过问呢!"

楚庄王面红耳赤,连忙顾左右而言他:"寡人听说中原出美酒,今日一尝,果然名不虚传。寡人再敬大夫一杯!"楚庄王鼓足勇气"问鼎中原",却在王孙满这里碰了个软钉子,他知道,在自己的有生之年,周王朝仍将衰而不亡、僵而不死,从此打消了窥探周室的念头。

班师途中,楚庄王眉头紧锁,郁郁不乐。大夫苏从见状问道:"下臣见陛下一路上闷闷不乐,不知是否身体不适?"楚庄王摇了摇头,"寡人身体无恙,只是一直在琢磨王孙满大夫的话——'治国在德不在鼎'。楚国自先君成王以来,国不可谓不富,兵不可谓不强,而始终功亏一篑,难道是因为寡德少恩吗?如果真是如此,寡人如何才能恩施百姓、德布天下呢?"苏从从未想过这个问题,楚庄王乍然问起,顿时语塞。楚庄王也没有责备他,只是眉头锁得更紧了。楚庄王越来越感觉到,自己还是太嫩,要想称霸图伯,要走的路还很长很长。

而在楚国的朝堂上,还有一个人也是这么想的,他就是令尹斗越椒。

楚庄王问鼎

18 一箭定乾坤

却说斗越椒是三朝老臣，从来就没把稚嫩的楚庄王看在眼里。他自恃文武双全，而且屡立战功，即便在升任令尹以后，已经是一人之下、万人之上，仍然还不满足，一直想取王位而代之。只是楚庄王即位后的前三年，整天不是呼鹰唤犬，就是宴饮作乐，斗越椒实际上掌握了朝政大权，所有政令莫不出于他手，与真正的楚王并无二致，他才放缓了篡位夺权的脚步。不料楚庄王突然醒悟，而所做的第一件事，就是重用蒍(wěi)贾、潘尪(wāng)和屈荡，大大削弱了斗越椒手中的大权。斗越椒早已习惯了发号施令、前呼后拥的感觉，突然被人夺去权力，还要唯乳臭未干的楚庄王马首是瞻，心中自然不甘。而更令他感到不安的是，楚庄王看起来年纪不大，亲自处理起朝政来，却并没有像自己想象的那样惊慌失措，反而处处显得果断刚毅、少年老成，过去三年的荒唐生活，似乎更像是在装聋作哑、韬光养晦。每每想到这里，斗越椒背后便会掠过一丝刺骨的寒意，从头一直凉到脚，似乎楚庄王投向自己的每一道目光，都暗暗隐藏着一种猜疑和不安，甚至带有一丝难以察觉的敌意。斗越椒狠狠地搧了自己两个耳光，他深深地懊悔，自己竟然为了贪图一时的安乐，而没有抓住过去三年的大好时机，变成名副其实的楚王，而让楚庄王这条被冻僵了的小蛇，逐渐苏醒并不断成长起来。斗越椒越想越怕,决定趁楚庄王羽翼未丰,立即动手。

不久,楚庄王御驾亲征陆浑之戎,斗越椒心中暗喜,决定趁国内空虚,一举夺取王位。这时,楚庄王也有所察觉,在出师之前,特意把司马蒍贾留下,防止自己后院起火。蒍贾就是当年"气死"子文的那个十三岁少年,如今已经官拜司马,掌管楚国所有兵马。当时楚国民间流传着这样一句话:"楚国虽大,能称人才者,唯蒍贾一人而已!"可惜斗越椒先下手为强,首先派人暗杀了司马蒍贾,然后率兵埋伏在郢都郊外,只等庄王班师回朝时,一举截断归路,让他永远也回不了郢都。

楚庄王平定陆浑之戎后,在班师回朝的路上,突然听到越椒谋反的消息,立即快马加鞭,日夜兼程赶回郢都。快到漳澨(shì)时,正好遇到等候多时的斗越椒。斗越椒早已列阵完毕,只见他全身披挂整齐,在两军阵前弯弓引箭,跃马扬鞭,那阵势好不威风。楚兵素知越椒骁勇,今天狭路相逢,个个胆战心惊。楚庄王也自知不是越椒对手,故意高声说道:"斗家一向对楚国忠心耿耿,伯比、子文(斗谷於菟)、子上(斗勃)等等,无不为楚国立下了汗马功劳。寡人宁可让伯棼(斗越椒字)负我,我绝不负伯棼!"说完,派大夫苏从到斗越椒营中讲和,答应赦免他暗杀司马蒍贾之罪,保留他的令尹之职,还可以王子作为人质。斗越椒哈哈大笑,对苏从说道:"匹夫休要多言!寡人之志不在令尹,又岂会稀罕孺子赦免?速速回去告诉熊旅,是个男人就放马过来,不要像个娘们一样啰里啰嗦!"苏从不敢多作停留,立即回营复命。

苏从一走,斗越椒立即命令士兵击鼓进军。庄王见苏从谈判失败,知道今日一战,在所难免,只好硬着头皮问道:"列位爱卿,谁能替寡人擒拿叛臣斗越椒?"大将乐伯应声出战。斗越椒的儿子斗贲皇迎住厮杀。大夫潘尪见乐伯久战不下,驱车出阵助战。斗越椒的二弟斗旗见状，驱车截住潘尪厮杀。庄王登上戎车，亲自击鼓助威。斗越椒远远望见，飞车驱向庄王，突然拉起劲弓，一箭向庄王射来。利箭呼啸着飞过车辕，"啪"的一声钉在鼓架上。庄王猝不及防，吓得双手一抖，手中的鼓槌"咚"的一声掉在地上。庄王慌忙命令左右挡箭。两员大将疾步上前，举起手中大笠，紧紧遮住庄王身躯。斗越椒瞅准又是一箭，顿时把左边的大笠射了小指粗的一个窟窿。楚庄王大吃一惊，连忙鸣金收兵。斗越椒大旗一挥，率领大军从后掩杀过来，无奈庄王手下大将公子侧率领右军、公子婴齐带领左军一齐杀到，死死挡住了斗越椒的去路。斗越椒见楚军阵脚不乱，只好暂时收军。乐伯、潘尪也不敢恋战，瞅空撤了回来。

楚庄王吃了败仗，一路退到皇浒，才敢安营下寨。庄王命人取来斗越椒的利箭，发现箭杆比普通的箭至少要长一倍，而且用鹳雀翎作箭羽，用猎豹的牙齿作箭头，真是锐利无比。左右传看以后，无不摇头咋舌。夜里，庄王亲自到营中巡逻，发现士卒们三五成群地聚在一起，悄声议论道："令尹的神箭真是太可怕了，大王肯定打不过他。我们还是早作打算吧！"庄王听后，立即派人到营中四处散播消息："先君文王在世的时候，听说戎族制作的长箭最为锋利，便派人前去讨要。戎蛮献给文王两支样箭，取名叫'透骨风'，都藏在太庙里，后来被斗越椒偷了出来。今天阵上，斗越椒已经把两支箭都用了，大家不用再担心了。"将士们这才定下心来。楚庄王又下令把大军撤到随国境内，宣称要召集汉东所有诸侯，共同讨伐逆臣斗氏。大夫苏从道："大敌当前，大王一旦撤兵，必定会给敌人留下可趁之机，大王失策啊！"公子侧却道："大王行军，一向周密，也许是他散布的谣言。我们不如前去面见大王，看他到底有什么计较。"苏从点头称是，连夜与公子侧到帐中求见庄王。楚庄王道："伯棼生性勇猛，加上士气正盛，我们只可智取，不能力敌。"吩咐二将如此这般，依计行事。二将欣然领命,精心准备去了。

　　第二天鸡还没叫头遍,庄王就率领大军匆忙撤退了。斗越椒探得消息,立即率兵追赶。庄王率军日夜兼程,第二天一大早就赶到了竟陵。斗越椒在后面苦苦追赶,一天一夜行了两百多里,终于追到了清河桥。庄王的大军正在桥北烹煮早饭,看到斗越椒追来,立即丢下锅灶,望风而逃。斗越椒命令士兵:"擒住了熊旅,方可进餐。"士兵们已经疲惫不堪,但知道斗越椒残暴,不敢违抗命令,只好忍饥挨饿,勒紧腰带继续向前追赶。又追了两个时辰,终于追上了潘尪的军队。潘尪站在战车上,一边跑一边对斗越椒喊道:"楚王就在前面,令尹还不赶紧往前追?"斗越椒以为是好话,于是放过潘尪,继续向前追去。又猛追了六十里,才在清河岸边遇到了楚将熊负羁。斗越椒用箭头对准熊负羁的咽喉,厉声喝道:"赶快告诉寡人熊旅在哪里,不然马上送你上西天!"熊负羁装作害怕的样子,战战兢兢地答道:"半个……半个时辰前,刚刚过去了。"斗越椒半信半疑,见熊负羁害怕的样子,觉得可以争取,立即放下弓箭,和颜悦色地说道:"让熊将军受惊了,寡人这厢给你赔罪了!"说着在车上拱了拱手,然后继续说道:"如果将军能助寡人一臂之力,一旦大功告成,寡人愿与你平分天下!"熊负羁装出一副受宠若惊的样子,连忙答道:"末将求之不得,谨听令尹吩咐!"斗越椒大喜道:"那就请将军与寡人一起追击熊旅吧!"熊负羁道:"末将遵命!不过末将看令尹的士兵又饥又困,不如先饱餐一顿,让士兵养足了精神,再奋勇追击也不迟!"斗越椒信以为真,命令士兵停车做饭。饭还没做熟,只见公子侧、公子婴齐同时引两路大军杀到。斗越椒的士兵又累又饿,哪有力气交战,斗越椒只好带领士兵沿着来路往回撤退。等回到清河桥时,斗越椒却绝望地发现,来时的大桥已经不见了。原来楚庄王亲自引兵埋伏在大桥左右,等斗越椒一过桥,立即把桥面拆掉了,断绝了他的归路。斗越椒一看傻了眼，连忙吩咐士兵察看河水深浅，准备找个水浅的地方，强行渡河。这时，只听见对岸一声炮响，楚庄王早已列好了阵势，只等斗越椒束手就擒。

楚军阵中冲出一员大将，向斗越椒厉声喝道："大将乐伯在此，斗越椒还不下车受降?!"斗越椒大怒，命令士兵隔河放箭，可惜河面太宽，叛军射出的箭像雨点一样，纷纷掉落到水中。斗越椒前有清河天险和庄王堵截，后有公子侧、公子婴齐大军追击，眼看已经走投无路。这时，乐伯军中突然钻出一个小校，隔河向斗越椒喊道："令尹大人，清河河面这么宽广，何苦要浪费手下的箭呢？听说令尹箭术高超，小将愿与你单打独斗。如果你赢了，就放你一条生路，如果你输了，就下马受降。令尹意下如何？"斗越椒问道："你是什么人？"养由基答道："我是乐伯将军手下小校养由基。"斗越椒一听是个无名之辈，大喜道："怎么个比法？"养由基道："你我站在桥头，各射三箭，是生是死，听天由命！"斗越椒不假思索地答道："寡人愿意奉陪！不过要让我先射！"养由基道："一言为定！谁躲谁不是好汉！"说定后，两人分别站上桥头，一南一北，随时准备置对方于死地。

养由基伸手示意准备好了。斗越椒挽起雕弓，用尽生平气力，射出了第一箭，恨不得把养由基连头带脑一齐射将下来。养由基瞅得仔细，用弓弦轻轻一拨，把箭撇到了河里。斗越椒见没射中，又把第二支箭搭上弓弦，瞄个真切，"嗖"的一声射了出去。养由基把身子向下一蹲，利箭擦着头皮，从头顶上飞了过去。斗越椒大叫道："说好不许躲闪，你不是好汉！"养由基笑道："令尹还有一箭，这次小将一定不躲。如果令尹还射不中，就轮到小将我了！"斗越椒心想，只要你不躲，这一箭肯定结果了你的性命，于是从箭袋中抽出第三支箭，使尽吃奶的力气射了出去，口里还叫了一声："着！"只见养由基双脚像钉子一样钉在地上，双眼死死盯着射来的箭头，在利箭飞到的一刹那，突然张开大口，把锋利的箭簇一口咬住。楚军将士欢声雷动，就连斗越椒的手下，也看得瞠目结舌，不少人忍不住拍手叫绝。

斗越椒见三箭都没有射中，心中早已着了慌，只是大话已经说出口，不能再反悔，只好叫道："现在轮到你射三箭，如果射不中，寡人再慢慢收拾你！"养由基笑道："如果要三箭才能射中，还怎么敢叫神箭手？末将只射一箭，包管让你死个痛快！"斗越椒怒道："黄口小儿，休得猖狂！你尽管射来，躲闪的不算好汉！"养由基早已取箭在手，突然大叫一声："令尹看箭！"说着把弓弦往后一拽，只听见"嘣"的一声，却并不放箭。斗越椒听得弓弦响，以为箭已射来，急忙往左边一躲。养由基笑道："箭还在末将手里呢！说好'躲闪的不算好汉'，令尹怎么也躲开了？"斗越椒狡辩道："怕别人躲闪的，也不是好射手！"养由基哈哈大笑，也不与斗越椒争辩，又把弓弦使劲一拽。斗越椒听到弓弦响，又本能地往右边一闪。养由基乘他躲闪的一刹那，瞄准落定的位置，结结实实射出了一箭。斗越椒这下躲闪不及，被利箭贯穿大脑，一头栽倒在地。可怜斗越椒自诩箭术天下无敌，却惨死在无名小卒养由基的箭下。

斗家军早就饥困难当，看见主将斗越椒中箭倒地，个个慌不择路，四散逃命去了。楚庄王命公子侧、公子婴齐分路追击，只杀得叛军尸横如山，血流成河。斗越椒的儿子斗贲皇腿脚快，悄悄逃到了楚国的死对头晋国那里，被晋襄公封为大夫，采邑在苗邑，因此改名为苗贲皇。

楚庄王大获全胜，传令三军班师回朝。回到郢都以后，把整个斗氏家族，不分男女老幼，一律斩首示众。只有斗般的儿子箴尹斗克黄，奉命出使齐国和秦国，当时不在国内。斗克黄完成使命后，迅速赶回郢都复命，在途经宋国时，听到斗越椒犯上作乱的传言，随从纷纷劝道："楚国是不能回去了,大人还是逃命要紧!"斗克黄却道："国君就和上天一样,难道我可以违抗天命吗?"下令继续驰入郢都。复命完毕后,斗克黄自觉找到司寇,请求司寇把自己囚禁起来,并悲伤地说道："祖父(子文)曾经说过:'越椒天生反相,将来必会带来灭族之灾。'所以临终前嘱咐父亲,一旦越椒掌权,立即逃到国外避难。父亲觉得斗氏世受楚国大恩,不忍心投奔他国,没想到祖父的遗言果然应验,除了我奉命出使,所有族人无一幸免。既然不幸与逆臣同族,又不能遵守先祖遗训,认罪伏诛也是理所应当的,在下又怎么能逃避惩罚呢?"庄王听了之后,长叹一声道："子文真是料事如神啊,何况还有治理楚国的大功,寡人怎么忍心让他绝后呢?"宣布赦免斗克黄的死罪,并对文武百官说道："斗克黄宁愿屈死也不愿逃避刑罚,真是寡人的忠臣啊!"不久,命让他官复原职。斗克黄死里逃生,从此改名叫斗生。

却说小将军养由基一箭射杀令尹斗越椒,从此名扬天下。庄王也对他赞赏有加,除了赐给他数不清的金银珠宝外,还破格提拔他为右广将军,专门负责楚王的安全。同时,听说沈尹虞邱颇有贤名,命他暂时代理令尹一职,协助处理各种国事。

19 帽缨里的秘密

内乱平定后，楚国君臣齐心，百姓合力，重新展现出一派欣欣向荣的气象。楚庄王心情格外高兴，吩咐宫人大摆筵席，盛情招待文武百官，要来个与民同乐。为了烘托气氛，他还要求后宫所有嫔妃都必须出席助兴。

文武大臣都到齐了，一个个红光满面，精神抖擞。后宫佳丽也到齐了，更是打扮得花枝招展，争芳斗艳。一切都已准备停当，楚庄王穿着崭新的君服，最后一个隆重出场。参见完毕，楚庄王首先致辞："列位爱卿，寡人自从主政以来，发誓远离酒色音乐，至今已经整整六年了。如今诸侯宾服，叛臣伏诛，四境安宁，百姓康乐，寡人心情格外高兴。今天就破个例，请诸位爱卿吃一顿'太平宴'。在座的文武百官，不论官职大小，务必开怀畅饮，不醉不归！列位爱卿意下如何？"群臣纷纷道贺，然后依次入座。御厨陆续端上山珍海味、玉液琼浆，太史依次打开丝竹管弦、金嗓玉喉，君臣推杯换盏、把酒言欢，酒越喝越多，气氛越来越热烈，真是独乐乐不如众乐乐，众乐乐不如与民同乐。

眼看就要日落西山，楚国君臣酒兴却依然不减。楚庄王索性打破禁忌，命令宫人点上蜡烛，让君臣秉烛夜饮，一定要尽兴而归。庄王喝得兴起，命令后宫中相貌最美的许姬姜氏献舞一曲，然后依次给在座的诸位大夫敬酒。文武百官莫不拍手叫好，依次起立向许姬还礼。忽然，一阵怪风吹来，把厅中的蜡烛全都吹熄了，整个朝堂漆黑一片。有位大臣倾慕许姬美貌，趁宫人取火的间隙，不自觉地伸手拽住了许姬的衣袖。许姬眼疾手快，急忙用左手按住衣袖，右手一把攥住大臣的帽缨，用力一拽，硬生生把帽缨给扯断了。这位大臣吃了一惊，连忙松开许姬的衣袖。许姬攥着帽缨，悄悄摸回庄王身边，把嘴凑到庄王耳边，小声奏道："臣妾奉大王之命，给文武百官敬酒，其中有个大臣乘蜡烛熄灭的空当，强行牵扯臣妾的衣袖。臣妾已经扯下了他的帽缨，请大王为臣妾做主！"楚庄王连忙吩咐掌灯的宫人："且慢！先不要点燃蜡烛！寡人今日举行的是'太平宴'，一定要与诸位爱卿尽兴而归，请大家都摘掉帽缨，与寡人开怀畅饮吧！"等所有人都摘掉了帽缨，庄王才命令宫人重新点燃蜡烛。众位大臣一看，所有人都没有了帽缨，就像山羊没有了角一样，显得格外稀奇古怪，一个个都忍俊不禁，相互嘲笑起来，宴会的气氛在欢乐中达到了高潮。楚庄王也摘掉了自己的帽缨，和所有大臣一起若无其事地哈哈大笑。只有许姬姜氏闷闷不乐，她不清楚到底是谁牵扯了自己的衣袖，更不清楚一向宠爱自己的楚王，为什么不出来替自己主持公道。

天下没有不散的筵席，眼看已经到了深夜，楚庄王才让百官散去，醉醺醺地回到宫中。许姬早就等不及了，撅着嘴问楚王道："陛下，臣妾听说'男女授受不亲'，何况是君臣之间呢？今天臣妾给大臣敬酒，竟有臣子敢牵扯臣妾的衣袖，大王为什么不加追究呢？难道大王不疼爱臣妾了吗？"楚庄王哈哈笑道："爱姬有所不知，根据周朝礼仪，君臣同席共享，饮酒不能超过三巡，而且只能在白天喝，不能在夜里饮。今天寡人务求君臣同乐、尽欢而散，不仅白天喝了整整一天，晚上还吩咐秉烛夜饮。寡人已经失礼在前，怎么还能追究臣子失德于后呢？况且酒后失态，本是人之常情，如果为了一个妇人的名节，认真追查起来，必然会伤了国士们的心，不是跟寡人的本意背道而驰吗？"许姬听了庄王一番话，不禁破涕为笑，从内心里对庄王更加钦佩了。从此以后，大家便把"太平宴"改名为"绝缨会"。

几年后，楚庄王亲率大军讨伐郑国，任命老将连尹襄老为前锋。襄老的副将唐狡自告奋勇地说道："郑国蕞尔小国，杀鸡焉用牛刀！唐狡愿率本部一百多人，提前一天出发，逢山开路，遇水搭桥，让将军早日得胜而归。"襄老见唐狡勇气十足，便同意了他的请求。没想到唐狡一路拼死力战，所到之处，敌军闻风披靡。庄王大军势如破竹，顺利抵达郑城郊外，路上没有遇到任何抵抗。楚庄王竖起大拇指，夸赞襄老道："没想到爱卿老当益壮，勇猛不减当年啊！"襄老连连摇头，如实答道："启禀陛下，不是老臣勇猛，都是副将唐狡的功劳！"庄王立即命人把唐狡召来，要重重赏赐于他。唐狡对楚王拜了两拜，坚决推辞道："下臣万万不敢领受！下臣已经受到大王赏赐，今天这么做，就是为了报答陛下，怎么还敢再要赏赐呢？"庄王此前从来没有听过唐狡的名字，吃惊地问道："寡人从来没有见过爱卿，将军何时受过寡人赏赐呢？"唐狡答道："陛下还记得'绝缨会'吗？当年趁蜡烛熄灭时，拉扯许姬衣袖的，就是下臣。为了感谢大王不杀之恩，下臣才舍命相报！"庄王恍然大悟，唏嘘感叹道："假如寡人当时严加追查，怎么会有这么拼死效忠的臣子呢？"命令军士记下首功，等平定郑国之后，再按功劳擢拔重用。唐狡回营后，对手下说道："末将已对大王犯下死罪，大王宽容大量，不予追究，所以一直心怀愧疚，寻找机会报答。今天既然已经挑明，怎么再敢以戴罪之身领受赏赐呢？"当天晚上悄悄离开了军营，从此不知去向。庄王听后，感叹道："真是一位义士啊！"

楚庄王曾经很困惑，不知道周大夫王孙满"治国在德不在鼎"这句话，到底该如何理解，又该如何实行。但在"绝樱会"上，他不假思索地赦免了臣子的无心之失，自然而然地展示了一个有德之君的博大胸怀。也许他并不缺少"德性"，他所需要的，只是一位旷世贤臣的开导和指引。

20 农夫与蛇的另一个故事

却说楚庄王诛杀斗氏全族后,命虞邱代行令尹之职,从此日夜与他谈国论政,经常半夜三更才回后宫歇息。

有一天,楚王又很晚才回宫歇息。夫人樊姬服侍庄王躺下后,关心地问道:"今天朝堂上有什么大事吗,让大王这么晚才回宫歇息?"庄王兴奋地答道:"夫人有所不知,今日朝堂上并无大事发生,寡人只是与代令尹虞邱谈论国是,一时兴起,才回来晚了些。不过,寡人一点儿也不觉得累!"樊姬向来不过问朝政,还是第一次听庄王提起虞邱这个名字,不过既然能让庄王夜夜晚归,肯定也是个了不起的人物,不禁好奇地问道:"敢问大王,这个虞邱是何许人也?"庄王一骨碌从床上坐了起来,得意地答道:"楚国的贤人。"樊姬沉吟了一会儿,不以为然地说道:"依臣妾看来,这虞邱未必真是贤人。"庄王有些不悦,"夫人与虞邱素不相识,何以断定虞邱不是贤人呢?"樊姬嫣然一笑,柔声答道:"据臣妾妄自揣度,大臣辅佐国君,与妻子服侍丈夫,大概应是同一个道理。臣妾主持后宫时,一旦发现年轻貌美的女子,无不在第一时间进献给大王。如今虞邱与大王论政,促膝交谈到深夜,却没有向大王推荐一个人才。一个人的能力毕竟有限,众人的智慧方称无穷。虞邱以一己之力,堵塞了众人之智,怎么能称得上贤明呢?"庄王转念一想,觉得樊姬说得也不无道理,心中愈发敬重这个深明大义的夫人。

第二天,楚庄王命人把樊姬的话,转告给了代令尹虞邱。虞邱惭愧地说道:"下臣才疏学浅,几乎误了陛下大事,请大王恕罪。好在有夫人指点迷津,下臣这就尽力去办!"马上命人四处张贴招贤榜,榜上写得清清楚楚,不论在朝还是在野,国内还是国外,只要有一技之长,楚王都将择优擢用。虞邱还亲自询问宗族大臣,造访田间地头,力求做到人尽其用,野无遗贤。大夫斗生见到招贤榜后,极力向虞邱推荐一个人,"下官不才,愿向令尹推荐一人,此人姓蒍(wěi)名敖字孙叔,人称孙叔敖,是前司马蒍贾的儿子。蒍贾在若敖氏之乱中,惨遭令尹斗越椒杀害,儿子孙叔敖为了躲避灾祸,带着老母亲隐居到梦泽之中,一直过着自耕自种、自给自足的清苦日子。但这孙叔敖隐居蛮荒,仍难掩盖贤名,可见确有济世匡时之志,经天纬地之才,令尹千万不可错过啊!"虞邱不敢怠慢,立即向庄王禀报。庄王突然听人提起蒍贾,不禁长叹一声道:"蒍贾当年冤死在越椒手中,寡人派人四处打听他的后人的下落,可惜一直杳无音讯,不想竟流落到了云梦泽中,真是可悲可叹啊!寡人知道蒍贾天生聪颖,相信他的儿子也定有过人之处。"立即命虞邱和斗生一起前往梦泽,接孙叔敖回朝听用。

提起这孙叔敖,还有一段不得不说的故事。当时孙叔敖才到梦泽不久,还是个十几岁的毛头小伙子,有一天早晨,他和往常一样,肩上扛着锄头,嘴里哼着小曲,不紧不慢地向地里走去。他刚下到地里,还没来得及放下锄头,突然看见田埂上"蹲"着一条两头蛇,它高昂着头,不停地吐着信子,两只眼睛死死地"盯"着自己。孙叔敖心想坏了,听当地老人讲,两头蛇是不祥之物,不管谁看见它,很快就会死于非命,这下我完了!想到这里,孙叔敖额头上冷汗直往外冒,拔腿就想往家里跑。但是转念一想,如果留下这个祸害,以后有

孙叔敖杀蛇

人看见了，还会无辜丧命，不如让我一个人倒霉算了，于是果断举起手中的锄头，一锄头剁下去，把两头蛇从中斩成了两段，把尸体就近埋在田埂上。埋完后，孙叔敖一边哭，一边往家里跑。

回家以后，母亲见叔敖好端端的，却哭得这么伤心，奇怪地问他是怎么回事。孙叔敖难过地答道："孩儿不孝，不能再奉养母亲了，请母亲一定要照顾好自己的身体。"母亲大惑不解地问道："敖儿别急，先告诉母亲到底是怎么回事？"孙叔敖勉强收起眼泪，抽泣着答道："孩儿听人说过，凡是看见两头蛇的人，必死无疑。孩儿今天不幸看到了，肯定将不久于人世。孩儿一死不打紧，可怜母亲无人奉养！"说着说着，哭得更伤心了。母亲也很伤心，又追问道："那两头蛇呢？"孙叔敖哽咽道："孩儿害怕被别人看见，也像孩儿一样死于非命，所以把它砸死，埋了。"母亲长出了一口气，顿时转忧为喜，呵呵笑道："敖儿无需担心！为母听贤人说过，人只要有一丝恻隐之心，都会得到上天庇佑。你明知自己难逃厄运，心里还惦记着别人，又岂止只有一念善心呢？依母亲看，敖儿不仅不会死，将来还必有后福！"孙叔敖将信将疑。

十年后，虞邱等人奉命赶到，破格取用孙叔敖。母亲对孙叔敖笑道："为母所言不差吧，这就是你埋蛇救人的福报！"为了哄母亲开心，孙叔敖连连点头称是，其实他早已明白，有关两头蛇的预言，不过是以讹传讹罢了，倒是母亲劝善惩恶的金玉良言，够自己受用终生。孙叔敖此时家徒四壁，也没什么可以收拾的，随便带了几件换洗的粗布衣裳，便和母亲一起随虞邱等人回郢都去了。

楚庄王见到孙叔敖后，果然相见恨晚，两人谈了整整一天，还觉得意犹未尽。楚庄王兴奋地对孙叔敖说道："楚国虽然人才济济，但没有一个人能与爱卿相比。寡人要封你为令尹！"孙叔敖连忙推辞道："下臣初来乍到，突然执掌大权，恐怕难以服众，还是让下臣从大夫做起吧！"楚庄王连连摇头，斩钉截铁地说道："寡人知道爱卿的能耐，孙叔就不要再推辞了！"孙叔敖拗不过，只好接受成命。

　　孙叔敖上台后，立即在楚庄王的支持下，施行大刀阔斧的改革。孙叔敖知道，春秋是一个凭实力说话的年代，没有强大的军队，就没有说话的底气，决定首先从军制改起。他把楚国原有的左右两军，扩充为左中右三军，其中中军坐镇指挥，左军负责哨探，右军担纲殿后和策应，分别任用虞邱统帅中军，公子婴齐率领左军，公子侧带领右军。又把庄王的亲兵分为左右两广，每广配战车十五乘，每乘战车配步兵一百人，车后另配二十五人作为机动，分别任用屈荡掌左广，养由基管右广，左右两广轮流当值，专门负责楚王的人身安全。此外，他还注意发展农桑，专门在六、蓼(liǎo)境内修建了号称古代四大水利工程之一的芍波，灌溉了沃野千里，良田万顷。经过孙叔敖的整治，楚国三军纪律严明，百姓安居乐业，实力急遽攀升。起初，文武百官见庄王专宠叔敖，心中还有些不服，后来见他办事井井有条，无不叹服："孙叔如此贤能，难道子文又死而复生了吗？"

　　提起农夫与蛇的故事，我们首先想到的是那个可怜的农夫，他把冻僵的蛇放在怀里捂活了，却把自己害死了。这里的农夫与蛇的故事，却又是另一番场景，孙叔敖清楚地知道，看见两头蛇不祥，但为了让它不再害别人，他强忍着悲痛，把蛇打死了。两个版本看似迥异，其实也有相通之处，这两个农夫，无论愚蠢透顶，还是聪明绝顶，身上都暗含一种悲天悯人的情怀。或许正是这种与生俱来的德性，让一位有道明君和一位旷世贤臣珠联璧合、相得益彰，共同创造了傲视群雄的不朽霸业。

21 蹊田何必夺牛

公元前605年,郑襄公姬坚弑君自立。中原盟主晋成公(晋文公幼子)一言不发。楚庄王看不下去了,俨然以盟主身份讨伐郑襄公。这时晋成公坐不住了,竟然派兵救援郑襄公。楚军出师不利,不久撤兵回国。郑襄公虽然小胜一场,心中却高兴不起来,他既不敢拒绝晋国的好意,也不敢得罪强大的楚国。送走晋国援兵后,又赶紧向楚庄王修书一封,请求与楚国和陈国结为同盟。楚庄王见郑襄公主动示好,当然乐得就坡下驴,马上派使者通知陈、郑两国国君,约定在辰陵举行会盟。

不久,出使陈国的使者匆匆赶了回来,向楚庄王禀报说,陈灵公已被大夫夏征舒弑杀,国内一片混乱。楚庄王刚刚"多管闲事",替晋国讨伐了弑君自立的郑襄公,现在属国陈国也出现了犯上作乱的行为,他当然不能坐视不理,立即叫停会盟事宜,准备御驾亲征夏征舒。

却说陈灵公名义上是被大夫夏征舒所杀,实际上却是死在一个女人手里。这个女人不是别人,正是夏征舒的母亲,号称史上第一淫妇的夏姬。夏姬虽然没有妲己、褒姒"名气"大,"实力"却绝不在两人之下,妲己、褒姒都只亡了一国,灭了一君,夏姬却保持着"杀三夫一君一子,亡一国两卿"的不破纪录,即灭亡了一个国家,害死了一位国君,两个大臣,三任丈夫,一个儿子。夏姬先后与陈灵公等三个国君有染,嫁过夏御叔等七任丈夫,榨干了公子蛮等九个男人,所以又称为"三代王后""七为夫人""九为寡妇",放眼整个中国历史,恐怕都无人能出其右。

夏姬本是郑穆公姬兰的公主,天生丽质,美貌绝伦。据说在她十五岁的时候,曾经梦见一位美男子,自称是上界神仙,在与她交合后,还传授给了她"素女采战术",说是可以采阳补阴、去老还少。梦醒以后,居然屡试不爽。从此以后,夏姬便惹得天下所有男人为她蠢蠢欲动、神魂颠倒。相传夏姬还没出阁的时候,便与同父异母的哥哥公子蛮私通。不到三年,公子蛮无疾而终。不久,郑穆公把她嫁给了陈国司马夏御叔。进门不到九个月,夏姬便生下了一个儿子,取名夏征舒,字子南。夏御叔也怀疑儿子是不是自己亲生的,但被夏姬的美貌所吸引,也无暇加以追究。夏征舒刚满十二岁时,夏御叔也无疾而亡了,夏姬又成了一个独守空房的寡妇,一个人隐居在夏御叔的封地株林。此时的夏姬已经年过三十,但有"素女采战术"护体,看起来和十七八岁女子没什么两样。陈国大夫孔宁、仪行父对夏姬垂涎已久,夏姬也不是贞妇烈女,两人很快便成了株林的常客。两位大夫倒也"忠心耿耿",自己快活过后,不忘把好事介绍给国君陈灵公。从此,陈灵公也拜倒在夏姬石榴裙下,君臣三人也不避讳,公然在株林与夏姬一起淫乐。大夫泄冶直言劝谏,结果被君臣合谋害死,此后三人更加肆无忌惮。

与此同时,夏征舒也在慢慢长大。他一次又一次亲眼目睹了母亲的不端行为,虽然心如刀绞,但碍于有陈灵公在,也只能徒叹奈何。后来,每次听说三人要来株林,夏征舒便借故外出躲避,好歹落个耳目清静。一转眼,夏征舒已经长到十八岁了,生得浓眉大眼,长躯伟干,只是性格有些腼腆,不喜欢与人交谈。为了讨好夏姬,陈灵公让夏征舒子承父业,担任司马一职,掌管全国兵马。

有一天,君臣三人又到株林"散心",公然住在夏姬家里。夏征舒强忍着心中的别扭,特地回株林大摆筵席,答谢陈灵公赐封官职。有儿子夏征舒在座,夏姬不敢出席作陪。起初,君臣三人碍于夏征舒的面子,还有所顾忌,等到酒酣人醉,便开始放肆起来,一个个手舞足蹈,口放厥词,完全不成体统。夏征舒不想看到他们那副嘴脸,悄悄躲到屏风后面,偷听他们的谈话。只听陈灵公对仪行父道:"征舒身材高大,肯定是你的儿子!"仪行父笑道:"错了,错了!你看他两眼炯炯有神,多半是主公留下的种。"孔宁从旁插嘴道:"主公与仪大夫年纪太小,生不出他来,据说他的爹很多,恐怕夏姬也不知道是谁!"三人一齐哈哈大笑,连眼泪都笑出来了。夏征舒忍无可忍,悄悄把母亲夏姬锁进屋里,自己带领兵丁冲进饭厅,要杀君臣三人灭口。陈灵公一看情况不对,拔腿逃跑,仓促之间,逃进了马厩里。可马厩里也无处可藏,被夏征舒一箭射中后颈,当场毙命。孔宁和仪行父魂飞魄散,趁乱从狗洞中爬了出来,奔向楚国通风报信去了。夏征舒带着陈侯的尸体,率领重兵进入都城,只说陈灵公酒后暴病身亡,奉"遗命"立世子午为君,是为陈成公。陈成公知道是夏征舒害死了君父,心中对他恨之入骨,可惜手中没有一兵一卒,只好暂且忍气吞声。

却说楚庄王刚刚听说陈国大乱,孔宁、仪行父二人就从陈国逃到了郢都。孔、仪二人见了庄王,略过君臣淫乱的情节,只向庄王哭诉道:"夏征舒犯上作乱,弑杀了陈侯平国。"与使臣的回报倒也大致不差。庄王立即召集群臣商议对策。群臣中有位大夫姓屈名巫,是左广将军屈荡的儿子。这屈巫生得仪表堂堂,文武全才,只有一个毛病,就是贪淫好色,专好修炼彭祖的房中之术。几年前,屈巫奉命出使陈国,恰好碰到夏姬出游,无意中窥见了她的美貌,从此对她念念不忘,后来又听说夏姬善于采炼,能够却老还少,与自己兴趣相投,更加对她垂涎三尺。这次听说夏征舒造反,正好借这个由头掳取夏姬,因此极力劝楚庄王兴师伐陈。令尹孙叔敖也劝道:"陈国是楚国属国,弑君之罪必须要讨!"庄王不再犹豫,决定讨伐陈国。

楚庄王先命使者给陈国送去一纸檄文:"楚王告诉尔国君臣:夏征舒犯上弑君,神人共愤。既然尔等无力征讨,寡人便代为讨伐。罪在夏征舒一人,寡人亦只讨伐夏征舒一人,其余臣民人等,不必惊慌!"陈国军民见了檄文,纷纷归咎于夏征舒,个个巴望借楚人之手,除掉逆臣夏征舒,根本没做任何抵御的准备。楚庄王亲自率领大军,带领公子婴齐、公子侧、屈巫等一干大将,一路上如入无人之境,不几日即抵达陈城。楚军一路上出榜安民,所到之处,秋毫无犯,引得陈国百姓赞不绝口,都对楚庄王寄予了厚望。

夏征舒也清楚,自己触犯了众怒,不可能得到国人的饶恕,便乘乱潜回了株林。当时陈成公赴晋国未归,大夫辕颇召集同僚商议道:"楚王已经送来檄文,明说大军志在讨罪,而且只诛杀夏征舒一人。我等不如主动拿住夏征舒,把他献给楚庄王,然后再遣使求和,说不定还能保住社稷。"众人纷纷点头称是,辕颇便命儿子侨如为大将,带兵到株林擒拿夏征舒。

侨如还没出发,楚国大军已经兵临城下,只好按兵不动。陈国本来一片混乱,陈侯又不在国内,百姓们便自己做主,主动打开城门,把楚军迎进了城内。辕颇急忙率领百官觐见楚王,庄王开门见山地问道:"夏征舒在哪里?"辕颇答道:"回大王,在株林。"庄王又问道:"逆贼如此猖狂,你们做臣子的,怎么能不加诛讨呢?"辕颇惭愧地答道:"大王教训得是!臣等不是不想讨伐,只可惜心有余而力不足。"庄王不再多言,命公子婴齐驻守城内,令辕颇担任向导,亲自率领大军往株林进发。

夏征舒正要收拾家财，带母亲夏姬一起逃奔郑国，不料楚军神兵天降，已经把株林团团围住，只能束手就擒。庄王命人把夏征舒装上囚车，派大军先押回陈城。

庄王始终没有看到夏姬，不甘心地问道："怎么不见夏姬？"命将士再进里屋搜索，终于在后花园中找到了夏姬。夏姬向庄王拜了两拜，楚楚可怜地说道："贱妾一个妇道人家，不幸遭逢国破家亡的惨祸。如今命操大王之手，如蒙赦宥，甘愿做牛做马，忠心服侍大王！"庄王见夏姬容貌艳丽，说话也详雅得当，早已心醉神迷，只顾盯着夏姬观看，半天没有回过神来。孙叔敖在旁边轻咳了一声，庄王才意识到自己的失态，不好意思地扭头察看群臣的反应，没想到除了孙叔敖，所有人直勾勾地盯着夏姬，根本顾不上观察自己的反应，不禁叹道："寡人后宫佳丽三千，却没有一个可与夏姬相比。寡人想纳夏姬为妃，诸位爱卿意下如何？"众臣听到楚王问话，才从梦中惊醒过来，连声向楚王道贺。只有屈巫极力劝道："不可！不可！大王御驾亲征陈国，是为诛讨逆臣夏征舒。如果临阵收纳夏姬，就变成贪图美色了。如果大王以仁义始而以淫乱终，怎么能令天下诸侯心悦诚服呢？"楚庄王听了屈巫一席话，如同遭到当头棒喝，连连点头说道："子灵（屈巫字）言之有理，寡人收回成命。不过这个妇人确是人间尤物，如果再让寡人看见，肯定无法控制自己，还是放她走吧。"命令军士凿开后墙，放夏姬自行逃走。却说右军将军公子侧也站在楚王身旁，早被夏姬勾走了魂魄，听见庄王自己不用，立即跪下奏道："启禀陛下，下臣已经人到中年，一直未曾婚配，恳请大王把夏姬赐予下臣为妻，也让下臣过几天安稳日子。"屈巫不等庄王答话，又连忙奏道："不可！不可！请大王三思！"公子侧怒道："子灵为何反对我娶夏姬？"屈巫支支吾吾答道："这个女人……这个女人不祥！下臣听人说过，这个妖妇'夭子蛮，杀御叔，戮夏南，出孔仪，丧陈国'，实在不吉利。天下美女如云，将军何必非要娶这个淫娃荡妇呢？"庄王也附和道："子灵言之有理，寡人都有些后怕了。"公子侧冷笑道："既然如此，末将也不娶了。不过你说主公娶不得，末将也娶不得，难不成你想娶她？"屈巫连忙否认："不敢，不敢！"楚庄王灵机一动，"听说连尹襄老近日丧偶，就把夏姬赐给他当继室吧。"庄王不等屈巫搭话，命人立即把连尹襄老叫到跟前，当面把夏姬许配给了他。襄老和夏姬夫妇连忙磕头谢恩。公子侧还没什么，反倒是屈巫谏阻了庄王，打断了公子侧，本想把夏姬留给自己，没想到被襄老捡了便宜，心中暗暗叫道："一朵鲜花插在牛粪上。可惜，可惜！"转念一想，又自我安慰道："襄老毕竟一把老骨头了，怎么经得起夏姬的折腾呢？要不了一年半载，肯定也追随子蛮、御叔他们去了，到时候再打主意也不迟。"

楚庄王在株林住了一宿，第二天一大早便返回了陈城。庄王下令把夏征舒拉出栗门，在众目睽睽之下施行了五马分尸的酷刑。然后派人查验陈国版图，去除陈国国号，把陈国降为陈县，拜公子婴齐为陈公，率兵驻守陈县。陈国大夫辕颇等，全部带回楚国听用。陈国百姓正翘首以盼，却突然成了"亡国奴"，心中非常失望。相反，楚国班师回朝后，南方属国纷纷遣使道贺，各处县公更加不在话下。只有大夫申叔时使齐未归，没来得及向楚王祝贺。

三天后，申叔时使齐归来，向庄王复命之后，立即退回班位，一句祝贺的话也没说。楚庄王心中不悦，散朝后，派宫人传谕责备道："夏征舒犯上作乱，弑杀陈灵公，寡人亲率大军讨伐，诛杀夏征舒，并把陈国收为楚县，义名闻于天下。诸侯、县公无不称贺，只有爱卿一言不发，难道对寡人有所不满吗？"申叔时立即进宫面见楚王，不动声色地问道："敢问大王听过'蹊田夺牛'的故事吗？"庄王一听来了精神，好奇地答道："不曾听过，愿闻其详。"申叔时一本正经地讲道：

"据说有人牵牛从他人田中经过,一不留神踩坏了田里的庄稼。田主很生气,把牛夺走了。如果让大王处理此案,该如何判断呢?"庄王不假思索地答道:"这个容易!牛踩踏了庄稼,固然有过失,但损失并不大,田主因此夺走他人的牛,显然太过分了。如果让寡人断案,会从轻处罚牵牛人,并责令田主把牛还给农人。爱卿觉得妥当吗?"申叔时笑道:"大王既然精于断牛,却为何昧于断陈呢?"庄王不解地问道:"爱卿此话怎讲?"申叔时这才娓娓道来:"夏征舒犯上弑君,固然罪不可赦,但罪在他一人,不至于灭亡陈国。大王只管讨罪就是,又何必灭陈设县呢?如果这样,与蹊田夺牛的故事有何分别呢?"庄王这才知道,申叔时原来在这里等着自己,但仔细想来,确实不无道理,不禁顿足叹道:"爱卿言之有理!寡人这就把'牛'还给人家!"命人召来陈国大夫辕颇,柔声问道:"辕大夫可知陈侯现在何处?"辕颇伤心地答道:"寡君前日前往晋国去了,现在不知所终。"说罢,泪如雨下。庄王惨然说道:"大夫不要伤心,寡人决定恢复陈国。爱卿速速找到陈侯,让他延续陈国社稷。从今往后,要世世代代依附楚国,不要再朝三暮四,辜负了寡人一番好意。"又召来孔宁、仪行父,"寡人也放两位大夫一起归国,尽心辅佐陈侯吧。"辕颇知道孔、仪二人才是陈国祸根,但碍于楚王的面子,也不好说什么,只能一同拜谢,待回去后再秋后算账。

辕颇等人正要越过楚国边境时,恰好遇到了从晋国归来的陈成公。原来,陈侯还在晋国时,便听说陈国已经灭亡,正想到郢都去找楚王讨个说法。辕颇转达了楚王的美意,君臣二人抱头痛哭一场,立即日夜兼程返回陈国。守将公子婴齐已经接到楚王命令,于是把版图交还给陈侯,自行返回楚国去了。大夫孔宁回国不到一个月,天天梦见夏征舒的冤魂索命,很快变得疯疯癫癫起来,不久跳进水池淹死了。当天晚上,大夫仪行父也梦见陈灵公、孔宁和夏征舒三人前来捉他到阎王面前对质,惊吓过度,不久也得暴病死了。

申叔时用"蹊田夺牛"的故事,巧妙地挽救了已经灭亡的陈国,也为楚庄王赢得了此前罕见的仁义名声。楚庄王似乎真正明白了"治国在德不在鼎"这句话的含义,此后又在郑襄公、晋景公、宋文公等人身上屡试不爽。正是从此时,楚庄王开始从楚文王、楚武王、楚成王等历代贤君中脱颖而出,逐渐成长为雄视天下的一代霸主。

22 "邲"定称霸

却说由于陈国突现变故，楚国与陈、郑两国约定的辰陵之盟，一直未能如期进行。庄王恢复陈国后，郑襄公却假装没看见，绝口不提会盟之事，仍然依附于晋国。楚庄王立即召集百官商议，准备兴兵讨伐郑国。令尹孙叔敖奏道："郑国是晋国属国，如果讨伐郑国，晋国必然来救，上次我军就吃了大亏。要想打破僵局，我们必须倾国出动，一举打败晋、郑两国，方能永绝后！"庄王点头道："寡人与爱卿不谋而合。"命令集合三军两广全部兵力，浩浩荡荡向郑都荥（xíng）阳杀去。

楚庄王以老将连尹襄老为先锋，带领先头部队在前面开路。副将唐狡为感谢庄王"绝缨会"上不杀之恩，一路拼死力战，让所到之处敌军望风披靡，楚国大军势如破竹，兵锋直指荥阳城下。

庄王安营扎寨完毕，传令大举立即攻城。楚兵昼夜不息，连续进攻了十七天。郑襄公仗着有晋国撑腰，宁死也不投降，军民死伤惨重。突然，城墙东北角塌陷了几十丈，楚军准备乘势攻入城内。庄王听到城内哭声震天，于心不忍，命令士兵停止攻城，大军后撤十里。公子婴齐不解地问道："郑国城墙塌陷，正是天赐破城良机，大王却下令撤退，不是前功尽弃了吗？末将愚钝，请大王明示！"庄王答道："将军只知其一，不知其二。我军连续进攻了十七天，郑人已经领教了寡人的兵威,却还没有领略寡人的仁德。寡人后退十里,正是向他们显示寡人的仁德。如果他们愿意投降,避免生灵涂炭,寡人何乐而不为呢?"公子婴齐又问道:"如果郑人不识时务,负隅顽抗呢?"楚庄王笑道:"那就再让他们领教寡人的兵威!"公子婴齐似懂非懂,下去准备去了。

郑襄公听说城墙塌陷,心里凉了半截,又听说楚军突然后撤十里,以为晋国的援兵到了,立即转忧为喜,命令士兵抢修城垣,城内百姓不分男女老少,一律上城坚守,只等晋兵到来后,里应外合,反败为胜。楚庄王见郑襄公没有投降的意思,立即命令大军掉头回来,重新把荥阳团团围住。郑国又死守了三个月,还没看到援军的影子,军民士气逐渐低落。楚国大将乐伯乘势从皇门强攻,终于突破了荥阳大门。

楚庄王带领大军渐次入城,下令不许滥杀无辜,不许奸淫掳掠,三军将士秩序井然。大军进到逵路,突然发现大路正中跪着一个人,那人上身赤裸,手中牵着肥羊,看似是来犒迎楚师。那人不是别人,正是郑襄公姬坚。郑襄公哭道:"姬坚无德,不能服事大国,招致大王怨怒,亲临鄙邑降罪。姬坚罪该万死,不奢求大王饶恕,如果大王顾念先君友谊,不即行剪灭,使郑国宗祠得以延续,姬坚必将感激涕零,世代依附楚国!"公子婴齐担心楚王心软,连忙小声奏道:"郑襄公走投无路才来投降,明显没有诚意。如果陛下心慈手软,将来必定留下后患。不如乘机剪灭,永远绝除后患。"楚庄王摇头道:"不可!如果大夫申叔时在,又要讽刺寡人'蹊田夺牛'了!"立即命令大军后退三十里,与郑国讲和。郑襄公亲自到楚营谢罪后,与楚庄王歃血结盟,并留下弟弟公子弃疾作人质。

楚庄王即刻班师回朝,大军刚走到郔(yán)地,探子回报:"晋侯拜荀林父为大将,先縠(hú)为副将,率车六百乘,前来救援郑国,现在已经渡过黄河。"庄王立即命令大军停止前进,召集诸将问道:"诸位爱卿,晋国救兵马上就到,寡人是该回头迎战,还是就此撤兵呢?"令尹孙叔敖答道:"如果与郑国讲和不成,自然应该率兵迎战。如今已经得到郑国,何必再与晋国结仇呢?不如班师回朝,可保万无一失。"嬖臣伍参奏道:"令尹所言差矣!此前郑国以为楚国不如晋国,所以死心塌地依附晋国。如今郑国虽然归顺楚国,但如果晋国救兵一到,楚国立即撤军躲避,无异于证明楚国确实不如晋国,郑国必将重新依附晋国,楚国何谈得到郑国呢?况且,一旦晋国知道郑国归顺楚国,必然转身攻打郑国,楚国与郑国刚刚结盟,楚国能见死不救吗?"孙叔敖坚持道:"大夫不要忘了,我军去年讨伐了陈国,今年又大举进攻郑国,早已疲惫不堪了。一旦兵败,就是喝你的血,吃你的肉,恐怕也于事无补啊!"伍参冷冷笑道:"令尹此言又差矣!如果我军赢了,足以证明令尹少智寡谋。如果输了,伍参之肉也会被晋兵吃掉,又怎么轮得到令尹大人呢?"庄王觉得两人说的都有道理,一时也拿不定主意,索性给每位将领发了一支笔,命他们把意见写在掌心里,主战的就写个"战"字,主退的就写个"退"字,根据投票结果确定下步行动。所有将领书写完毕,楚庄王命人开掌查看,结果除了令尹孙叔敖,只有中军元帅虞邱和连尹襄老、裨将蔡鸠居、彭名等四人,掌心上写着"退"字,其他像公子婴齐、公子侧、公子谷臣、屈荡、潘党、乐伯、养由基、许伯、熊负羁等二十几位大将,手心都写着"战"字。大家都以为楚王将宣布迎战,没想到庄王却说:"虞邱老成持重,与令尹意见相同,还是撤退吧。"传令三军,第二天饮马黄河,按原计划班师回朝。

　　嬖臣伍参仍不甘心撤退,连夜求见楚王道:"下臣知道大王志在图伯,如今机会已经摆在眼前,却为何如此害怕晋国,还把郑国拱手送给他们呢?"庄王不受激将,"寡人并未抛弃郑国啊!"伍参加重语

气道:"陛下休要自欺欺人!三军将士冒死把荥阳包围了整整九十天,才逼得郑襄公跪地求和。如今晋军还没到来,楚兵就望风而逃,晋国将重新得到郑国,而楚国将永远失去郑国。难道这还不算抛弃郑国吗?"楚庄王压住怒气,"令尹白天已经说过,如果此时与晋国交战,未必能够取胜,所以寡人才决定撤军。大夫休要多言!"伍参突然双膝跪地,坚持奏道:"下臣不敢冒犯大王,但心中有话,却不能不说,请大王恕罪。据下臣所知,晋国元帅荀林父刚刚入主中军,威信还不足以服众。副将先縠乃前元帅先轸之孙、先且居之子,仗有世代功勋,向来心高气傲,不甘心居人之下。副将栾枝、赵括等人,也是累世名将,一向不听荀林父调遣。所以,晋军虽然兵多将广,却难以统一号令,只要我军同仇敌忾,定能一举获胜。况且,大王以君避臣,必遭天下耻笑,又何谈称霸诸侯呢?"楚庄王被激怒了,愤然说道:"寡人虽然不懂行军打仗,但也不至于害怕晋国群臣。大夫无需多言,寡人听你就是!"连夜通知令尹孙叔敖,传令三军掉头北向,在管城以逸待劳,等候晋师前来挑战。

却说晋景公乃晋文公之孙,也有称霸图伯之志,得知楚王亲自率兵伐郑,决定派大军救援。晋军也不敢大意,几乎也是倾巢出动,中军拜荀林父为元帅,先縠为副将,赵括、赵婴齐为大夫;上军以士会为元帅,郤(xì)克为副将,巩朔、韩穿为大夫;下军以赵朔为元帅,栾书为副将,荀首(荀林父弟)、赵同为大夫;同时,会同司马韩厥和魏锜(qí)、赵旃(zhān)、荀罃(荀首子)、逢伯、鲍癸等几十员大将,带领兵车六百乘,从绛州向郑国开拔。

晋军刚刚走到黄河渡口,前哨探知荥阳已被楚军攻破,郑襄公被迫归顺楚国,楚军即将班师回朝。元帅荀林父立即召集诸将商议,士会先道:"既然来不及救援郑国,与楚国交战又师出无名,不如暂且班师回朝,有机会再报仇也不迟。"荀林父认为言之有理,命令三军即刻班师回朝。这时,中军副将先縠挺身而出,高声叫道:"可耻啊!可耻啊!先君文公所以称霸诸侯,皆因能够扶危救困。郑国翘首等待援兵不至,不得已而投降楚国,如果我军重挫楚国,郑国必会重新归附。如果晋国今天抛弃郑国,明天就有更多诸侯抛弃晋国,晋国永远不能再称霸诸侯了!如果元帅执意班师,末将愿意率领本部人马,与楚军决一死战!"荀林父劝道:"将军勿要鲁莽行事!此次楚王御驾亲征,手下兵强将广,将军孤军深入,无异于饿虎投食,这又是何苦呢?"先縠咆哮道:"如果末将不去,楚人定会觉得,堂堂晋国竟无一人敢于应战,岂不是可耻至极?末将就算战死沙场,也不愿当缩头乌龟。"说完不等元帅答话,竟然扬长而去。

先縠刚出中军帐,又碰到了赵同、赵括兄弟,于是慷慨激昂地说道:"元帅害怕楚军,本将军可不怕。兄弟准备独自过河,孤军挑战楚军。"赵同、赵括也是名将之后,向来不把荀林父放在眼里,随声附和道:"将军所言极是,大丈夫理应如此。我们兄弟愿率本部人马相助!"三人一拍即合,不等元帅荀林父将令,私自引兵渡过了黄河。

荀首与赵同都是下军大夫,突然不见了赵同,正要四处寻找,军士报道:"赵将军已经带领本部兵马,和先将军一起出营挑战楚军去了!"荀首大惊,立即找司马韩厥商议。韩厥知道事情严重了,立即赶到中军,问元帅荀林父道:"元帅还不知道先縠将军已经率兵渡河了吗?如果遭遇楚师,必败无疑。元帅总领三军,一旦先縠失败,责任全在您一人。不知元帅准备如何处置?"荀林父大吃一惊,连忙问韩厥该怎么办。韩厥沉吟道:"既然事已至此,不如让三军一齐渡河。如果打赢了,功劳在您一人;万一失败了,责任由六个人分摊,总好过让您一人担责!"荀林父拜道:"大夫所言极是。"传令三军一齐渡河,在敖山和鄗(hào)山之间安营扎寨。先縠得到消息后,得意地说道:"我就知道元帅不敢不听我的!"

却说郑襄公前脚送走楚军,后脚又迎来了晋军。郑襄公害怕晋军打赢楚军后,追究自己判盟之罪,立即召集群臣商议对策。大夫皇戍道:"下臣愿意出使晋营,怂恿晋人与楚军交战。如果晋人获胜,我们就归顺晋国;如果楚军得胜,我们就依附楚国。主公还有什么可忧虑的呢?"郑伯觉得有理,立即命皇戍前往晋军,呈上自己的亲笔信:"孤家等待上国救援,正如久旱盼甘霖。然而久盼不至,因担心社稷倾亡,才不得已归顺楚国,其实并无背晋之意。现在楚军乃疲惫之师,将士们恃胜矜骄,一旦与上国遭遇,必败无疑。如果上国出兵伐楚,寡人甘做后援。"

荀林父再次召集众将商议。先縠拍手叫道:"有郑国作后援,还有什么可担心的呢?败楚服郑,在此一举!"栾书反对道:"郑人反复无常,元帅不可全信!"赵同、赵括还是支持先縠,"晋国本来兵多将广,现在还有郑国助战,绝对不能坐失良机!"说完,竟又不听荀林父号令,与先縠、皇戍一起,私自商定了与楚军决战的日期。

郑襄公一边劝说荀林父,一边又派使者到楚军营中,力劝楚王与晋军决战,一心想挑起两虎相争,自己坐收渔翁之利。楚国令尹孙叔敖考虑到晋兵强盛,与楚国交战并没有必胜把握,再次向庄王奏道:"晋人并无必战决心,不如派使者求和。如果晋兵拒绝,再交战也不迟,但等到那时,就是晋国理亏了。"楚王觉得有理,立即派蔡鸠居出使晋国,希望双方罢战修和。

荀林父一听,大喜道:"这是两国之福啊。快请使者入帐!"蔡鸠居正要转达楚王的美意,不料副将先縠不知从何处跳了出来,用手指着蔡鸠居骂道:"你们楚人夺我属国,伤我百姓,现在看晋军大军压境,才想到罢战求和,天下哪有这等便宜事?即便元帅答应了,我先縠也坚决不答应。赶紧回去告诉楚王,教他趁早逃命,本将军还可饶他一条性命。如若不然,本将军定会杀得你们片甲不留,也叫你们知道我先縠的手段！"蔡鸠居还没开口，先被先縠痛骂一顿，不禁羞得满脸通红，转身就往外走，荀林父想拦也没拦住。快要走出营门时，蔡鸠居不幸又碰到了赵同、赵括兄弟。两兄弟用剑指着蔡鸠居威胁道："匹夫如敢再来，定教你先吃我一剑！"蔡鸠居胆战心惊，连滚带爬逃出了晋营，正要松口气，不小心又遇到了晋将赵旃。赵旃弯弓搭箭，恐吓蔡鸠居道："匹夫已经是我箭上一块死肉，早晚被我生擒活捉，本将军暂且饶你不死，回去转告你家蛮王，叫他当心点！"蔡鸠居一天之内，接连受到三次惊吓，早已如同惊弓之鸟，跌跌撞撞地逃回本寨，立即向楚王禀报。

楚庄王勃然大怒，大声问道："谁敢替寡人出去挑战？"大将乐伯应声而出："末将愿往！"乐伯立即乘单车出营，由许伯担任御者，摄叔担当车右。许伯驾着战车，风驰电掣般向晋营扑去。三人来到阵前，乐伯突然想在晋军面前露两手，故意让许伯下车整理羁马索，由自己亲自驾车。这时，恰好有十几个晋兵从车旁经过。乐伯不慌不忙，弯弓射倒一人；摄叔飞身下车，单手生擒一人；其余士兵见势不妙，发一声喊，一哄而散。乐伯这才把缰绳还给许伯，让许伯驾车回营。晋军得知楚将挑战杀人，立即兵分三路，由鲍癸居中，逢宁在左，逢盖在右，一齐向楚营追杀过来。乐伯对左右大声喝道："看我左射马，右射人，哪怕顺序错了，都算我输！"说时迟那时快，乐伯早已把雕弓拉满，左一箭，右一箭，先射马，后射人，分毫不差。眨眼间，晋军左边已经倒下了三四匹马，右边逢盖面门中箭，其他晋兵中箭倒地的更是不计其数，场上到处人仰马翻、呼天抢地。左右两路追兵见乐伯神勇，不敢再向前追赶，只有中路的鲍癸不依不舍，紧紧跟了上来。这时，乐伯手里只剩一支箭了，心想坏了，这一箭如果不中，老夫就要命丧他手了。正思忖间，一头受惊的麋鹿鬼使神差般跑到了战场中央，正好从鲍癸车前跑过。乐伯立即改变方向，一箭向麋鹿射去,利箭直穿眉心,麋鹿应声倒地。乐伯命摄叔下车捡起麋鹿,让他献给鲍癸。摄叔把麋鹿扛到鲍癸车前,从容说道:"末将特奉乐伯将军之命前来献麋,请将军务必收下!"鲍癸见乐伯箭无虚发,早已心生恐惧,看见乐伯前来献麋,正好就坡下驴,"将军如此盛情,末将怎好拒绝呢?"命左右收下麋鹿,立即掉头返回晋营。乐伯放下心来,驱车缓缓回到楚营。

晋将魏锜听说鲍癸放走了乐伯,心中大怒,哇啦啦叫道:"楚人来到阵前挑战,晋国竟然没有一个人敢上前应战,岂不是被楚人笑掉大牙?末将也愿以单车出战,上前一探楚军的虚实。"赵旃也道:"小将愿意陪魏将军走一趟。"元帅荀林父劝道:"楚军派使者求和后,才派人出营挑战。将军要想前去挑战,也应以和议开始,这才叫礼尚往来。"魏锜答道:"末将这就前去讲和。"赵旃先送魏锜登车,大笑道:"请将军当'蔡鸠居',末将来当'乐伯',咱们各行其是,互不耽误!"

却说晋上军元帅士会听说赵旃、魏锜要独闯楚营,慌忙来见荀林父,想阻止两人鲁莽行事。而等他赶到中军时,两将早已出发多时了。士会焦急地说道:"魏锜、赵旃仗有先祖功劳,自以为大材小用,心中颇有怨气,加上两人血气方刚,不知进退,这次前去挑战,定会激怒楚军。如果楚兵猝然进攻,我军该如何应对呢?"副将郤克也道:"楚军诡计多端,元帅不能不防啊。"先縠冷笑一声,叫道:"两军阵前,只管日夜厮杀便是,有什么可准备的!"荀林父犹豫不决,不知如何是好。从中军帐中出来后,士会失望地对郤克说道:"元帅就像牵线木偶一般,我们还是自作打算吧。"派郤克约会上军大夫巩朔、韩穿,各自率领本部兵马,分别埋伏在敖山脚下。中军大夫赵婴齐也预感到大事不妙,派人提前在河口备好了船只。

魏锜一直对荀林父担任元帅耿耿于怀,心中只想着怎么让他身败名裂，所以口头上答应与楚军请和，其实一到楚营便成了挑战。楚将潘党知道蔡鸠居出使晋军时，受到了晋将侮辱，今天魏锜自己送上门来，正好报一箭之仇。可惜等潘党赶到中军时，魏锜已经出营去了。潘党心有不甘，立即策马追赶。魏锜只身走入大泽，看见潘党追得很急，准备硬着头皮掉头接战。这时，突然从沼泽中窜出六只麋鹿。魏锜想起乐伯阵前献麋故事，立即弯弓搭箭，射死了其中一头麋鹿，让车右献给潘党："此前承蒙乐伯将军赐麋，今天原物奉还！"潘党怒道："无礼匹夫，你也配学乐伯将军吗？不过末将要是再追，反倒显得楚人小气了。本将暂且饶你一命，你去吧！"也像晋将鲍癸一样，命令御者不再追赶。魏锜侥幸逃回晋营，却诓骗荀林父说："楚王不准讲和，定要决一死战！"荀林父问道："赵旃现在哪里？"魏锜又扯了一个谎："我们前后脚出发，中途并未遇见。"荀林父忧心忡忡地说道："既然楚军拒绝讲和，赵将军肯定会吃亏。"命令荀罃率车两百乘，步兵一千五百人，前去迎接赵旃回营。

再说赵旃连夜赶到楚营门外，先命人在地上铺了张席子，然后从车上取下酒囊，旁若无人般自斟自饮起来。赵旃吩咐随从学着楚国方言，到楚营周边巡逻，只等套出楚军口令，立即混进楚军营中。不料，有个随从被楚国的哨兵发现了，眼看就要露馅，不得不拔出佩刀，刺伤了哨兵。哨兵大声喊道："有奸细！有奸细！"楚国士兵惊醒过来，纷纷点亮火把，四处搜索敌军奸细，不一会儿，生擒活捉了二十多人。剩下的几条漏网之鱼，已经急急如丧家之犬，乘乱逃了出去。等他们逃回车前时，发现赵旃居然还坐在地上，优哉游哉地喝着小酒，看样子已经有了九分醉意。随从们连拖带拽，把赵旃扶上了车，再寻找御者，早已不见了踪影。赵旃无奈，只好半醉半醒地亲自驾车逃跑。眼看天就快亮了，马也饿得跑不动了，赵旃正想停下来好好休整一下，突然看见楚庄王亲自驾着战车，在后面苦苦追赶上来。眼看就要追上了,赵旃不得已跳下战车,逃进了路旁茂密的松林里。楚国右广将军屈荡瞅得仔细,立即下车进入林中追赶。赵旃情急之下,匆匆脱下身上衣甲,挂在一棵小树上,偷偷从小道溜掉了。等屈荡追到,赵旃早已跑得无影无踪了,屈荡只好取下衣甲,转身向庄王报捷。

庄王正要掉辕回营,发现一辆单车风驰电掣般赶到,仔细一看,原来是潘党。潘党惊慌地指着北边的烟尘,气喘吁吁地对楚王叫道:"晋国大军杀来了,请大王立即撤退!"庄王一看,北边烟尘四起,人嘶马鸣,果然是晋国大军到了,顿时吓得面如土色。正不知如何是好,忽然听见南方鼓角喧天,为首一员大将快马加鞭,领着一支兵马杀到。庄王定睛一看,原来是令尹孙叔敖,这才稍稍定下心来,好奇地问道:"令尹怎么知道晋兵杀到,率兵前来营救寡人呢?"孙叔敖如实答道:"下臣并不知道晋军动向,只是担心大王孤军深入,误入晋军大营,才率先领兵救驾,大军随后就到。"庄王再向北遥望,发现尘头矮了许多,忍不住兴奋地叫道:"原来不是晋国大军!"原来晋人并没有倾巢出动,刚才看到的军兵,只是荀林父派来接应赵旃的兵马。庄王准备撤军回营,孙叔敖却道:"兵法有云:'宁可我追人,莫使人追我。'既然诸将已经到齐,敢请大王下达命令,让兵士不分南北,只顾向前杀去。如能挫败晋国中军,其余两军也就不足为虑了。"庄王准奏。

庄王立即下令,命公子婴齐及副将蔡鸠居,率楚国左军攻击晋国上军;公子侧及副将王尹齐,率右军攻击晋国下军;最后,亲自带领中军和两广,直捣晋军元帅荀林父大营。为了鼓舞士气,庄王亲自援锤击鼓,三军将士格外振奋,如同猛虎下山一般,向晋军大营猛冲过去。晋军完全没有准备,猝然见楚兵冲杀过来,顿时乱作一团,自相残杀起来。荀林父正要派哨兵出去打探,突见楚军如同风卷残云一般，已经杀到了中军大帐门外，仓促之间束手无策，只好传令三军混战。只见楚兵人人耀武，个个扬威，真有山呼海啸、天崩地陷之势，晋兵则如同大梦初回，大醉方醒，早已分不清前后左右、东西南北。一眨眼的工夫，楚军已经如同砍瓜切菜一般，杀得晋兵四分五裂、七零八落。

晋将荀䓨本想迎接赵旃回营，不料没遇着赵旃，却正好撞见楚国大将熊负羁，立即捉对儿厮杀起来。不一会儿，楚国大军杀到，晋兵料想寡不敌众，霎时作鸟兽散，荀䓨所乘战车左骖中箭倒地，本人也被熊负羁生擒活捉过去。

晋将逢伯带着儿子逢宁、逢盖，乘着一辆小型战车，死命向北方逃去。恰好赵旃只身逃到这里，两只脚都磨破了，突然看见有战车经过，立即大声喊道："车上何人？速来救我！"逢伯听出是赵旃的声音，立即警告两个儿子："好好驾车，不要回头！"逢宁、逢盖不明白父亲的意思，偏偏扭头看看是谁在呼救。赵旃又喊道："逢将军救我！"两个儿子一齐说道："父亲快看，呼救的是赵旃将军！"逢伯大怒道："不肖小儿，既然回头，活该去死！"一把将两个儿子推下战车，把缰绳交给赵旃，两人一起驱车逃走了。临走前，逢伯指着不远处一棵松树，对逢宁、逢盖喊道："明天我到树下收尸！"第二天，逢伯果然在树下找到了两个儿子的尸体。

晋国元帅荀林父料想战局已经无可挽回，只好和司马韩厥一起登上战车，引着残兵败将，沿着黄河南岸向北方逃走，一路上丢下车马器杖无数。这时，副将先縠从后面赶了上来，只见他额头上中了一箭，扯了块战袍随便包扎了一下，鲜血仍然不停往外涌出。荀林父讥笑道："将军不是敢战吗，怎么也落得如此下场？"先縠无言以对。退到河口的时候，赵括的兵马也到了，愤愤不平地向荀林父告状说，哥哥赵婴齐私下预备了船只，可是谁的招呼也没打，自己先渡河逃走了,"请元帅严惩不贷!"荀林父没好气地答道:"都到这个时候了,都只顾自己逃命,谁还顾得上别人呢?"赵括愤恨不已,从此与兄弟赵婴齐结下了梁子。荀林父道:"我军已经无法再战,还是赶紧渡河吧。"命令先縠四处搜集船只。但船只很分散,一时难以聚齐。纷攘之中,又有大队人马向河口拥来。荀林父定睛一看,是下军将军赵朔和副将栾书,被楚国右军将军公子侧打败后,率领残兵败将,也逃到了这里。两军几乎同时到达河岸,谁都想抢先过河,船只显得愈发紧张了。荀林父往南一看,只见道上尘土飞扬,又有大队人马向河口逼近。荀林父担心是楚国追兵,立即击鼓传令:"率先渡河者,有赏!"两军士兵听到命令后,顿时炸开了锅,为了争夺船只,纷纷自相残杀起来,不少士兵还没上船,已经惨死在自己人的刀下。有些船上已经挤满了人,却被后到的士兵死死抓住,无法离开河岸,结果连人带船翻到河里,死伤兵士不说,又损失了大小船只三十多艘。副将先縠见状,在船上大声喊道:"发现有人攀舷扯桨,立即用乱刀砍掉双手!"其他船只纷纷效仿,手指顿时像雨点一般飞入河中,只听见一声声惨绝人寰的哀嚎,穿过黄河两岸,在空旷的山谷中久久回荡不绝。

　　一片混乱之中,荀首、赵同、魏锜、逢伯、鲍癸等一班残兵败将,也从后面陆续逃到。荀首本来已经上船,却发现不见了儿子荀罃,命人上岸大声呼叫。有士兵亲眼看到荀罃被楚将熊负羁活捉,立即报知荀首。荀首叫道:"老夫连儿子都丢了,还有脸空手回去吗?"说完又弃船登岸,重新整顿车马,准备与楚军厮杀。荀林父劝道:"荀罃已经落入楚人之手,将军何必再把自己送入虎口呢?!"荀首怒道:"擒住别人的儿子,不就能换回我的儿子了吗?!"魏锜跟荀罃私交甚笃,见荀首要回师救子,愿意一同前往。荀首大喜过望,很快聚起家丁一百多人,加上他平时体恤下人,颇得士兵拥戴,当时在岸上的士兵，无不乐意跟从，就连已经上船的兵丁，听说荀首大夫要杀入楚军寻找小将军，也纷纷从船上跳下来，愿意为他拼死效力。这时，将士们团结一心，同仇敌忾，士气反倒比刚才交战时旺盛了许多。荀首在晋国是数一数二的射手，吩咐士兵带足强弓劲弩，像飞蛾扑火一般，一头撞入楚军阵中。荀首迎头遇见了楚国老将连尹襄老，襄老正在掠取晋兵丢弃的器械车仗，不料晋兵猝然杀来，一点儿准备也没有，被荀首一箭射穿面颊，当场倒地毙命。楚国公子谷臣看见襄老中箭，连忙驱车来救。魏锜迎住厮杀。荀首瞅个空当，再放一支冷箭，正中谷臣手腕。谷臣忍痛拔下利箭，准备回身再战。魏锜眼疾手快，一把将谷臣活捉过来。荀首叫道："有这两个东西，足够救我儿子了！"说完弃了楚军，策马疾驰回营，等楚军缓过神来，荀首早已走远了。

再说楚将公子婴齐，率领右军进攻晋军上军。晋将士会早已列好阵势，边战边退。婴齐紧紧追到敖山脚下，突然一声炮响，当先一员大将领兵杀出，大声叫道："巩朔在此等候多时了，还不下马受降！"婴齐倒吃了一惊。巩朔截住婴齐厮杀，大战二十几个回合，不分上下。巩朔不敢恋战，保着士会，缓缓向山后退去。婴齐正要向前追赶，突然炮声又响，晋将韩穿领兵杀到。楚将蔡鸠居出车迎敌。两人正要交锋，山坳里连珠炮响，晋将郤克引兵蜂拥杀来。公子婴齐见晋兵早有准备，害怕中计，不敢贪功恋战，立即传令鸣金收兵。士会点阅军兵，没有折损一兵一卒，于是依托敖山天险，模仿北斗七星形状，结了七个小寨。楚军不敢进逼，不久收兵回营。士会见楚兵撤退殆尽，才依次缓缓撤兵。

荀首带着连尹襄老的尸体和公子谷臣，一起回到黄河渡口。这时，元帅荀林父的中军还没渡完，将士们个个人心惶惶。好在赵婴齐的兵马已经渡完，又打发空船回来接应，渡河的速度快了许多。

这时天色已经黑定，楚国大军奉命追到了邲(bì)城。伍参请求立即出兵，从后面掩杀晋军。庄王叹道："楚国在城濮之战中蒙受了莫大耻辱，今天这一战，足以报仇雪恨了。晋、楚两国终究是要讲和的，又何必多伤人命呢？"下令安营扎寨，任晋军渡河逃走。晋军吵吵嚷嚷闹了一夜，直到第二天黎明，才全部渡过黄河。

郑襄公得知楚国大胜，亲自到邲城劳军，并把楚王接到衡雍，大摆筵席，以表庆贺。大夫潘党请求收集晋军尸首，筑成"京观"，向后世彰显楚国的武功。楚庄王摇了摇头，低声说道："不妥。晋国本来无罪，寡人侥幸取胜而已，有什么武功值得称道呢？"命令军士打扫战场，就地掩埋两军尸首，并撰文祭祀河神后，才奏凯而归。

邲城之战中，楚国一雪前耻，打败了最强大的对手晋国。楚庄王也继齐桓公、晋文公之后，正式成为叱咤中原的另一位霸主。

23 寝邱才是我的菜

楚庄王得胜回朝后，心情一片大好，命令军曹打开功劳簿，依次论功行赏。其中，嬖臣伍参直言敢谏，功劳最大，楚庄王破例封他为大夫。令尹孙叔敖叹道："战胜晋国的不世之功，竟让一个嬖人抢了去，真是羞煞老夫了！"不久，竟抑郁成疾。

孙叔敖病情日益严重，感觉自己大限将至，命人把儿子孙安叫到床前，语重心长地嘱咐道："安儿啊，为父将不久于人世。这里有遗表一道，等我百年之后，替我呈送给楚王。为父一生光明磊落，没有给你留下什么遗产。如果楚王感念为父尺寸之功，赐你高官厚禄，吾儿坚决不可接受。吾儿虽然忠诚孝道，可惜没有经时济世的才能，千万不要沽名钓誉，反而害了自己性命。如果楚王封你通都大邑，同样不可接受。如果实在推脱不掉，就请大王把寝邱赐封于你，这个地方荒凉贫瘠，肯定无人与你争抢，如果祖宗庇佑，也许可以延续蔿氏福禄。切记，切记！"孙安含泪答应了。一代名相孙叔敖眼睛一闭，从此与世长辞。

孙安遵照父亲遗愿，把遗表呈送给楚王。表上写道："下臣以戴罪之身，躬耕于草泽之中，承蒙大王不弃，破格擢拔为令尹，下臣感激不尽。可惜多年以来，有负主公重托。临别之际，复有几句肺腑之言，不吐不快，请陛下明鉴。一者，晋国累世伯主，虽然偶尝败绩，仍然不可小觑，请陛下小心提防。二者，黎民百姓饱受战乱之苦，不堪再忍受战争重负，今后数年应以休养生息为主，不宜再妄动刀兵。三者，下臣只有孙安一子，可惜资质平庸，无法承担重任。倒是侄子蒍(wěi)凭，颇有才能，如蒙大王不弃，可以量才任用。将死之人，其言也善。请陛下明察！"庄王读罢，长叹道："孙叔临死不忘忧国，真是寡人忠臣啊！可惜上天夺我肱股，寡人无福啊！"说完亲自前往灵堂，扶着棺材痛哭了一场，随行的大臣无不伤心落泪。

　　第二天，庄王拜公子婴齐为令尹，蒍凭为箴尹。庄王准备拜孙安为工正，孙安坚辞不受，一个人回到山野之中，和父亲孙叔敖当年一样，过着自耕自种、自给自足的日子。

　　却说庄王身边有个戏子，人称优孟，身高不足五尺，专事滑稽调笑，很得大王宠爱。有一天，优孟到郊外散心，看见孙安自己砍柴，自己背柴禾回家，自己烧火做饭，不禁好奇地问道："啊哈，这不是前令尹家的公子吗，怎么会沦落到自己烧火做饭的地步呢？"孙安老老实实地答道："大人所有不知，父亲自当令尹以来，从不贪占一文钱，在世时家境也不富裕，他老人家一去世，家里更是一贫如洗。我不自己砍柴，还能怎么办呢？"优孟打小混迹宫廷，见惯了贪污腐化、骄奢淫逸，没想到世间真有像孙叔敖这样的清官廉吏，不禁动了恻隐之心，一改往日嬉笑怒骂的不恭姿态，一本正经地对孙安说道："公子不要担心，要不了几天，大王就会召见你的！"孙安将信将疑，只顾生起柴火，熬煮稀粥去了。

　　优孟回宫以后，立即仿制了一套和孙叔敖生前一模一样的行头，并刻意模仿前令尹的一举一动、一颦一笑。三天之后，优孟已能模仿得惟妙惟肖，就像孙叔敖本人死而复活了一样。当天晚上，恰好庄王在宫中大摆筵席，犒赏有功之臣，吩咐所有戏子在席间表演助兴。酒过三巡，好戏开场了，优孟让另一个戏子扮作楚王，首先登上大王"宝座"，自己则装成孙叔敖的模样，缓缓走上前来。优孟一出现，庄王马上大吃一惊，不由自主地问道："孙叔别来无恙？寡人非常想念爱卿，爱卿是来继续辅佐寡人的吗？"优孟提醒道："大王看错了，臣不是真的叔敖，只是长得像而已！"庄王叹道："寡人一直思念孙叔，见到与孙叔相像的人，也是个安慰。爱卿不要推辞，请登上相位吧！"优孟推辞道："大王果真想重用下臣，下臣心里求之不得。只是家里还有一位老妻，颇懂得一些道理，容下臣与老妻商议过后，才敢奉诏就职。"于是走下场去，装作回家与老伴商量，过了一会儿，又回到场上，对楚王说道："回陛下，下臣已与老妻商议过了，老妻劝我不要就任。"楚王惊问道："却是为何？"优孟从容答道："刚才老妻给臣唱了一首村谣，臣请求学唱给大王听。"庄王准奏。优孟伤心地唱道："贪吏不能当，但是必须当；廉吏应该当，但是不要当。贪吏不能当，因为肮脏可鄙；贪吏必须当，因为子孙无忧。廉吏应该当，因为高尚纯洁；廉吏不要当，因为子孙无依。君不见令尹孙叔敖，生前不取一分毫，一旦身死功名替，子孙家中徒四壁。劝君别学孙叔敖，大王不念旧功劳！"庄王见优孟举手投足酷似孙叔敖，心中早已感慨万千，听优孟唱完歌谣，更是悲从中来，不禁哽咽道："孙叔功劳盖世，寡人岂敢忘怀！"命优孟立即传召孙安。

孙安身着破衣烂衫，来到席前拜见楚王。庄王不敢相信自己的眼睛，"爱卿竟然穷困到如此地步了吗？"优孟从旁插嘴道："不是如此穷困，怎能显出令尹的贤明呢？"楚庄王点头称是，对孙安说道："既然爱卿不愿为官，寡人就封你一个万户大邑吧！"孙安坚决不受。庄王坚持道："寡人主意已决，爱卿不可推辞！"孙安想起父亲的遗言，乘机奏道："倘若陛下记念先父尺寸之功，一定要赐给下臣衣食，就请把寝邱赐给下臣，下臣已经心满意足了。"庄王惊问道："寝邱乃穷山恶水，赐给你又有什么用呢？"孙安固请道："先父有遗命，除了寝邱,其他不敢领受。"庄王无奈,只好准奏。

由于寝邱不是什么好地方,后世也无人争夺,孙氏得以世代相守。这也许就是孙叔敖的先见之明吧。近代文豪鲁迅也曾告诫儿子周海婴,不要做"空头文学家",可能就是从先贤孙叔敖身上汲取的智慧吧。

24 君子一言

却说晋国元帅荀林父,在邲(bì)之战中一败涂地,多少年后,还谈楚色变。听说楚国令尹孙叔敖已死,估计楚兵难以骤然集结,决定帅师伐郑。荀林父率军在郊外劫掠了一番,准备立即收兵回国。诸将请求乘胜包围郑城,荀林父却道:"不可。我们即便包围了郑城,也无法立即攻克,一旦引来楚国援兵,不是自找苦吃吗?咱们骚扰一下郑国,让他们不敢小看晋国,也就够了。"

郑襄公果然恐惧,立即派使者向楚国求救,并请求用公子张作人质,换公子去疾回朝理事。庄王见到郑国使者后,大手一挥,"如果郑国信守承诺,又何必要人质呢?"干脆把公子张和公子去疾全都送回郑国,然后召集群臣商议救郑之计。公子侧道:"在中原盟国中,晋国最看重的,莫过于宋国。如果我们兴师伐宋,晋国救宋尚且不暇,哪还顾得上争夺郑国呢?"庄王点了点头,又摇了摇头,"公子之计甚妙。但楚国与宋国向来相安无事,没有什么过节。记得先君成王在泓水之战中大败宋军,还射伤了宋襄公的大腿,但宋襄公始终隐忍不发,还在厥貉会盟中,亲手干起了杂活。后来宋昭公被儿子鲍弑杀,倒是可以出兵,但已经过去十八年了,再出兵也显得很牵强。寡人也想讨伐宋国,可惜师出无名啊!"公子婴齐接道:"主公无需忧虑,下臣倒有一计。近年来,齐国屡次派使者通好,陛下一直没有答复。现在不妨派使者回访齐国,途中路经宋国时,不向他们出示借道文书,而且让宋国知道,楚国使者是有意而为之。如果宋国不予计较,说明他们心中害怕,大王乘机与之会盟,借此激怒晋国伐宋。如果他们气愤不过,侮辱我国使臣,我们乘机出兵讨宋,吸引晋国分兵来救。如此,楚、宋注定会有一战,大王还担心师出无名吗?"庄王哈哈笑道:"妙计,妙计!谁能担当此任呢?"公子婴齐胸有成竹地答道:"非大夫申无畏不可。"庄王准奏。

庄王把申无畏找来,命他立即出发,出使齐国。申无畏却道:"出使齐国必须经过宋国,请大王赐给下臣借道文书。"楚庄王怒道:"寡人是诸侯盟主,宋国还敢拦截楚国使臣不成?"申无畏答道:"陛下有所不知,先君穆王在位时,下臣有幸参加了厥貉(mò)之会,当时郑、陈、蔡等国诸侯,都到孟诸陪穆王田猎,只有宋昭公违抗命令,下臣气愤不过,拘捕并鞭打了他的仆从,宋国君臣以此为奇耻大辱,对下臣恨之入骨。这次下臣出使齐国,如果没有借道文书,肯定会有去无回。"庄王不耐烦地说道:"寡人已替你改名为申舟,宋人不曾听过这个名字,不会找你麻烦的!"无畏还是不肯前行,"名字能改,容貌却不能改,宋人很容易就会认出下臣的!"楚庄王勃然大怒,厉声喝道:"大夫怎么如此胆小怕事?!寡人答应你,如果宋君敢杀你,寡人一定亲率大军,灭他的国,绝他的社稷,为你报仇雪恨!"申无畏不敢再说什么,硬着头皮接下了任务。

第二天,申无畏带着儿子申犀入宫谒见楚王,哭道:"下臣以死殉国,本是分内之事,只是放心不下儿子申犀,请大王善待于他。"楚庄王不耐烦地说道:"这是寡人的事,不用你来操心!"申无畏又拜了两拜,领了出使的文书、礼物,启程前往齐国。儿子申犀依依送到郊外,申无畏含泪嘱咐道:"为父此行凶多吉少,多半会殒命宋国。吾儿一定要请大王为我报仇!切记,切记!"申犀点头答应,父子洒泪而别。

几天后，申无畏带着随从抵达宋都睢阳。关吏听说是楚国使臣，不由分说，要求必须出示借道文牒。申无畏无奈，只好答道："申舟奉楚王之命出使齐国，只有往聘国书，没有借道文牒。"关吏二话不说，先把申无畏扣住，立即飞马谍报宋文公。

当时宋国由右师华元主政，听说楚使蛮不讲理，非常气愤，立即对宋文公奏道："楚国是我国世仇，先君襄公就死在成王手上。如今楚王又不遵守借道礼节，公然派使者强行通过我国，实在是欺人太甚！请主公速速下令，就地处死楚国使者！"宋文公沉吟道："楚使着实可恨，可一旦杀了楚使，楚国乘机出兵报复，又该如何是好呢？"华元答道："受人欺侮之耻，甚于被人讨伐之耻。况且，楚国既然欺侮在先，必有讨伐在后。反正都要受伐，不如首先雪耻。"宋文公犹豫再三，命人把申无畏押上朝堂。华元一眼认出，使者就是申无畏，当年羞辱先君和自己的人，满腔的怒火蹭地一下腾了起来，指着申无畏的鼻子骂道："好你个不知天高地厚的匹夫！当年敢鞭打我先公仆役，现在却不敢报上名来？你以为改名换姓，当个缩头乌龟，就能逃过一死吗？"申无畏自知在劫难逃，索性破口大骂宋文公道："你这个乱伦弑君的禽兽，竟也逃脱了上天的惩罚！如果今天敢妄杀上国使臣，他日楚国大军一到，定会把你们君臣碾为齑粉！"右师华元肺都气炸了，命人先割了申无畏的舌头，然后再砍下他的首级，挂在城楼上示众。华元似乎还不解气，命人把申无畏送给齐侯的文书和礼物，全部拿到郊外，一把火烧了个干净。

申无畏的随从见势不妙，立即弃车逃回楚国报信。庄王正在进午膳，听说申无畏被杀，立即把筷子一扔，紧急召集文武百官上殿，拜司马公子侧为大将，申叔时为副将，御驾亲征宋文公。同时，赐封申无畏的儿子申犀为军正，随庄王一起出征。当年九月，楚兵把睢阳城团团围住，乘着和城墙一样高的楼车，从四面同时猛烈攻城。

宋国右师华元亲自率领军民巡守，并派大夫乐婴齐到晋国告急。

晋景公见过宋国使者后，准备发兵救援，谋臣伯宗却劝道："荀林父带领六百乘兵车伐楚，仍在邲城惨败，说明楚国已有天助，救宋也未必能够成功，不如静观其变。"晋景公不无担忧地说道："自从邲之战后，中原诸侯纷纷叛晋归楚，如今只剩下一个宋国。如果这次再见死不救，恐怕连宋人也要弃寡人而去了。寡人该如何是好呢？"伯宗道："主公不必忧虑！楚国与宋国相隔千里，粮草补给困难，肯定难以持久。主公只需派个使者到宋国，就说'晋国救兵旦夕将至'，让他们死守待援就是了。要不了多久，楚军久攻不下，自然会无功而返。这样，晋国没有战楚之险，却有救宋之功，何乐而不为呢？"晋景公喜道："大夫所言极是。谁能替寡人出使宋国？"大夫解扬挺身而出。晋景公道："也只有爱卿能担此重任了。"命解扬立即乔装打扮，向宋国都城睢(suī)阳进发。

却说解扬刚刚走到睢阳郊外，就被巡逻的楚兵抓住了。楚庄王认得是晋将解扬，不动声色地问道："不知解将军来此有何贵干？"解扬如实答道："末将奉晋侯命令，转告宋国君臣，让他们坚守城池，等待晋国援兵到来。"楚庄王一愣，没想到解扬会如此坦诚，也不再拐弯抹角："原来是想给宋国通风报信！在北林之役中，你就是寡人的阶下之囚，寡人不仅没有杀你，还放你回到晋国。这次又来自投罗网，你还有什么话说？"解扬长叹一声，"晋、楚两国是世仇，既然被宿敌抓住，自当以死殉国，还有何话好说呢？"庄王见解扬行事光明磊落，一身忠肝义胆，不禁肃然起敬，于是好言劝道："如将军所见，睢阳破在旦夕。如果将军能够改变书信内容，就说晋国急切间无法相救，宋国军民必然绝望，不久即会开城投降，也省得百姓遭受战乱之苦。事成之后,寡人封你为县公,永远留在楚国听用,保你享不尽荣华富贵。将军以为如何?"解扬低头不语。庄王又道:"如果将军执迷不悟,寡人只好杀你祭旗!"解扬担心无法完成晋侯使命,假装答应道:"事已至此,下臣敢不遵命!"庄王大喜,亲自给解扬松绑。

　　解扬被几个楚兵"簇拥"着,缓缓登上了攻城的楼车,大声对宋城军民喊道:"宋国君臣听好了,我是晋国使臣解扬,现在已被楚军俘获了,他们劝我骗你们投降。你们千万不要投降!晋国援军已经出发了,很快就会到达睢阳,你们一定要坚持住!"庄王恼羞成怒,命令士兵立即把解扬带下楼车,厉声喝问道:"将军已经答应寡人,怎么能出尔反尔呢?既然你言而无信,就不要怪寡人心狠手辣了!"命左右立即把解扬拉出去斩了。解扬已经完成使命,脸上毫无惧色,从容答道:"大王此言差矣,外臣并未失信。如果下臣对楚君守信,必然会对晋侯不忠。假设楚国有大臣违背大王命令,向他国诸侯求官索贿,不知大王认为他是守信,还是失信呢?外臣使命已经完成,请大王马上杀了外臣,也好向世人证明,所谓楚国的信用,就是让臣子听从他国诸侯而不是本国国君的命令。"庄王叹道:"所谓'忠臣不畏死',说的就是解扬这样的臣子啊。"命人把解扬放了。

　　却说解扬喊话以后,宋人的信心更足了,宋城的防守也更坚固了。公子侧无奈之下,命士兵在城外筑起土埕,亲自住在上面,随时观察城里的一举一动。右师华元针锋相对,也在城内垒起一座土埕,亲自住在上面,密切注视城外楚兵的动静。两军从第一年秋天九月开始,一直相持到第二年夏天五月,对峙了整整九个月。睢阳城中已经弹尽粮绝,很多人被活活饿死。但百姓被华元的忠义所感动,宁可饿死也不投降。百姓没有柴烧,就烧死人的骨头,舍不得吃自己的孩子,就交换着吃,只要还有一口气在,誓与睢阳共存亡。庄王心里烦闷,又听军吏禀报说:"军中只有七日余粮了。"不禁感叹道:"哎！想不到小小宋国,竟然如此难攻!"于是亲自登上楼车,察看城内动静。只见睢阳城内军纪严明,防御滴水不漏。庄王喟然长叹一声,传召公子侧商议班师。

申无畏的儿子申犀听说楚王准备班师,哭倒在庄王的马前,"下臣恳请大王收回成命！臣父为执行大王命令,不惜以死殉国。大王答应替他报仇,难道要言而无信吗？"楚庄王面红耳赤,无言以对。大夫申叔时正为楚王驾车,见状奏道:"陛下无需忧虑！据下臣所知,宋国之所以宁死不降,是因为料定我军不能持久。如果命令兵士在城外开垦荒地,建筑房屋,暗示我军已作长驻打算,宋国军民必然惊慌。"庄王拍手赞道:"大夫妙计！"马上打消了撤退念头,命令军士大肆拆除废旧民居,沿睢阳城墙建筑营房,并把大军分成若干小组,每十人为一组,五人负责攻城,五人负责耕种,每隔十天一轮换。

华元听到消息后,绝望地对宋文公奏道:"楚王已经做好长期作战准备,晋国救兵又迟迟不至,宋国已经到了生死存亡关头。臣请求进入楚营,面见元帅公子侧,逼他与宋国讲和,也许可以侥幸逃过一劫。"宋文公也没有更好的办法,只好嘱咐道:"社稷存亡,在此一举。爱卿一定要小心行事！"

华元知道公子侧住在城外土堙上,所以预先打探好侍卫姓名和换班时间。捱到半夜时分,华元偷偷假扮成楚国侍卫模样,悄悄把自己从城墙上坠下地来,若无其事地向土堙走去。刚到土堙边上,正好遇见巡逻的士兵走了过来,华元主动上前问道:"主帅在上面吗？"士兵答道:"在上面。"华元追问道:"睡了没有？"士兵答道:"睡了。元帅这几天攻城辛苦了,大王特意赐给他一樽酒,喝完就睡了。"华元转身就上土堙,被士兵警觉地拦住了。华元连忙说道:"啊,忘了告诉你,我是侍卫庸僚。大王有要事吩咐主帅,怕他喝酒误事,专门派我来叮嘱一句,不要喝醉了。大王还在等我回复呢!"

楚国士兵都知道,元帅公子侧有喝酒误事的毛病,便不再多问,放华元上了土堙。

此时已是三更时分,土堙上仍然灯火通明,公子侧衣服也没脱,和衣躺在床上睡着了,如雷的鼾声扯得惊天动地。华元轻声走到公子侧旁边,用手推了他一下,见公子侧没有反应,又用力推了他一把。公子侧终于醒了,正要坐起身来,被华元一把拽住了衣袖,顿时感到动弹不得。公子侧大吃一惊,大声问道:"你是何人?"华元低声答道:"元帅不要惊慌,我是宋国右师华元,特奉主公命令,前来与元帅求和。元帅如果答应,宋国愿与楚国世修盟好;如果不答应,华元愿与元帅同归于尽。"说完,用左手拽住公子侧衣袖,用右手从怀中擎出一把亮闪闪的匕首,还故意在灯光下晃了两晃,让人感觉寒光只刺心脾。公子侧连忙说道:"右师不要冲动,有事好商量!"华元见公子侧也不是小人,立即放开衣袖,收起匕首,向公子侧道歉道:"华元多有得罪,元帅不要见怪。实在是情况紧急,华元才不得不出此下策。"公子侧不知为何,竟与华元有相见恨晚之感,不禁关切地问道:"城中情况到底如何?"华元悲伤地答道:"易子而食,拾骨而爨(cuàn)。"公子侧大吃一惊,"已经困苦到这个地步了吗?末将听兵法有云:'虚者实之,实者虚之。'右师为何句句以实相告呢?"华元道:"君子扶危救困,小人幸灾乐祸。末将见元帅是君子,不是小人,所以不敢欺瞒。"公子侧又问道:"那为何不投降呢?"华元慷慨答道:"国可以受困,但不能受辱;人可以丧生,但不能丧志。宋国君民誓与睢阳共存亡,怎么能结城下之盟呢?如果元帅有君子之德,就请退师三十里,寡君愿唯楚王马首是瞻。"公子侧道:"既然右师以实相告,本帅也不敢隐瞒,其实楚军也只剩下七天口粮,如果七天之内仍然无法破城,我们也将班师回朝了。"华元惊问道:"此话当真?末将见楚军忙着伐木造屋,开荒种地,还以为你们已经做好了长驻的打算呢!"公

君子坦荡荡

子侧笑道:"耕田造屋只是假象,疑兵之计而已。末将明天就奏明楚王,请他退军一舍,等候贵国求和。你们君臣也不要言而无信!"华元道:"华元愿意立下毒誓,今生决不反悔。"公子侧大喜,当场与华元拜为兄弟,发誓决不反悔。公子侧交给华元一支令箭,催促他赶紧回营准备。

华元有了令箭,大摇大摆走回睢阳城下,口中发出一个暗号,便从城上放下来一个篮子,把他又吊回城里去了。华元连夜禀告宋文公,说公子侧已经答应撤兵,宋文公又惊又喜,眼巴巴地盼着楚王尽快撤军。

第二天天一亮,公子侧立即求见楚庄王,把昨天晚上华元探营的过程,一五一十地禀告给了庄王,最后说道:"下臣几乎命丧华元之手,幸好右师为人正直,不仅没有杀我,还把宋国实情告诉于我。臣已经答应退军一舍,与宋国讲和,请大王降旨!"庄王知道宋国已经弹尽粮绝,坚决不肯撤军,"寡人答应过申无畏,要为他报仇雪恨,这次定要宋国亡国灭种!"公子侧道:"下臣也已告诉华元,我军只有七日口粮。"楚庄王勃然大怒,"司马作为三军之帅,竟敢把实情泄露给敌军,你是活得不耐烦了吗?"公子侧凛然答道:"陛下息怒!一个小小的宋国,尚有不愿骗人的大臣;我们堂堂楚国,反而找不到一个诚实可信的将军吗?下臣宁死不敢隐瞒!"庄王转怒为喜,安慰公子侧道:"司马能识大体,寡人错怪你了。"降旨立即退军三十里,不日与宋国讲和。申犀见军令已经发出,不敢再加阻拦,当场捶胸号啕大哭,直呼父亲死得冤枉。楚庄王良心难安,派人安慰申犀道:"爱卿不要过于悲伤,寡人一定会成全你一片孝心。"

楚军安营已毕,华元首先来到楚营,代表宋国与楚国结盟。然后,公子侧随华元入城,代表楚庄王与宋文公歃血为盟。华元把申无畏的尸体送回楚营,然后留在楚营作为人质。楚、宋两国本无仇怨,却苦苦相逼了整整九个月,如今又握手言和,重归于好,就和小孩子过家家一样,只苦了无辜牵连的平头百姓。

庄王班师回朝以后,命令厚葬申无畏,然后拜申犀为大夫,承袭父亲的功名爵位。华元作为人质,在楚国羁留了整整六年,直到宋文公去世以后,才以奔丧的名义返回宋国。不久,一代雄主楚庄王也因病去世了,年仅十岁的儿子审即位,就是楚共王。楚庄王以其独特的政治智慧和人格魅力,在楚国乃至整个春秋的历史上,留下了最浓墨重彩的一笔。

25 老妖精的新祸害

回头再说夏姬。夏姬在夏征舒之乱中,侥幸逃过一死,并按楚庄王的意思,改嫁给了老将连尹襄老。不到一年,连尹襄老追随楚庄王出师伐郑,留下夏姬独守空房。夏姬不甘寂寞,暗中与襄老的儿子黑要通奸。不久,襄老在邲之战中被晋将荀首一箭射死,黑要贪恋继母美色,竟然不到前线索要襄老尸首,引起郢都百姓议论纷纷。夏姬对楚国已经没有任何留恋,准备以迎接襄老尸体为由,趁机回到娘家郑国。

却说申公屈巫对夏姬觊觎已久,看到机会终于来了,当然不会再次错过。他立即买通夏姬的丫鬟,让她传话给夏姬:"申公对夫人爱慕已久。夫人早上回到郑国,巫臣晚上就来下聘礼!"又派人给郑襄公传话:"夏姬拟回宗国省亲,郑公何不派人迎接呢?"郑襄公刚与楚庄王结盟,知道屈巫是庄王心腹,还以为传的是庄王的意思,哪敢有丝毫怠慢,立即派使者到楚国迎接夏姬。

楚庄王突然见到郑国使者,感到莫名其妙,不解地问群臣道:"郑国突然派人前来迎接夏姬回国,不知是何用意?"屈巫连忙上前答道:"下臣听说连尹襄老死后,夏姬伤心欲绝,准备亲自回到宗国,想办法要回襄老尸体,所以让郑国派人前来迎接。"庄王仍然大惑不解,"襄老的尸体留在晋国,跟郑国有什么关系呢?"屈巫答道:"大王所有不知,荀罃是荀首的爱子,在邲之战中被我军俘虏。荀首与郑国大夫皇戌来往密切,一直请求皇戌从中调停,用王子谷臣和襄老的尸体交换荀罃。而郑襄公叛晋附楚,让晋国在邲之战中损失惨重,一直担心晋国兴兵讨伐,也想借这个机会,还晋国一个人情。所以能否成功交换俘虏,关键在郑国大夫皇戌。夏姬急于回到郑国,正是想促成此事。下臣所言句句属实,请大王明察!"屈巫话音未落,夏姬突然来到朝堂,还未开口,已经泪如雨下,最后哽咽道:"臣妾……臣妾发誓,只要不见襄老尸体,臣妾绝不空手回到楚国!请大王成全!"说完,哭得更加伤心欲绝。楚庄王看到夏姬梨花带雨的样子,想也没想就答应了。夏姬戛然止住哭声,告别楚王回去准备了。

夏姬前脚刚从郢都出发,屈巫后脚就给郑襄公修书一封,恳求聘娶夏姬为夫人。郑襄公知道连尹襄老已死,屈巫又是庄王宠臣,便欣然收下了屈巫的聘礼,答应了两人的亲事。屈巫喜出望外,一方面严密封锁消息,另一方面悄悄派人到晋国,暗中与荀首联络,暗示他用公子谷臣和襄老的尸首,与楚国交换儿子荀罃。荀首当然求之不得,立即给郑国大夫皇戌写信,托他居中调停。皇戌乐得两头讨好,立即派人与屈巫暗通款曲。屈巫如实禀告给庄王,终于把谎话说圆。庄王急于赎回儿子谷臣,对屈巫的话深信不疑。不久,楚国首先释放了荀罃,晋国随后放回了公子谷臣,交还了连尹襄老的尸首,一切都按照屈巫的计划进行着。

又过了一段时间,晋国出兵讨伐齐国。齐顷公知道自己不是晋国对手,立即派人向楚国求救。楚国因为庄王新丧,没有发兵救援。结果齐侯独木难支,被迫与晋侯结盟。刚刚即位的楚共王问心有愧,于是对群臣说道:"晋国讨伐齐国,寡人没有及时伸出援手,致使齐国不得不依附晋国。寡人于心不安,想出兵讨伐晋国的帮凶卫国和鲁国,替齐侯一雪前耻。谁能替寡人把美意转达给齐侯?"申公屈巫应声答道："微臣愿往。"共王大喜："如此甚好！爱卿此去要途经郑国，正好顺路约会郑侯，以今年十月十五为期，在卫国境内聚齐，共同讨伐鲁、卫两国。"

屈巫领命回家后，假称先到新邑收取赋税，暗中却把家属和财产装到十几辆车中，悄悄送出了郢都。屈巫最后一个离开郢都，日夜兼程赶到郑国。屈巫把楚王的命令传达给郑襄公后，立即与夏姬在客馆成亲，终于了却了这桩多年的心愿。此时的夏姬已经年逾四十，却仍然能够得到楚国大夫的垂青，而且为了她抛家弃国、背井离乡，也算得上前无古人后无来者了。据说两人都精通采战之法，如今双剑合璧、夫妻双修，那情景想必也是惊天地泣鬼神了。

激情燃烧过后，夏姬担忧地问屈巫道："贱妾现在已经无家可归了，不知夫君下步有何打算？"屈巫阴谋已经得逞，无需再刻意隐瞒，便把楚庄王和公子婴齐都想娶她等故事，一五一十地告诉了她，最后感叹道："下官为了夫人，真可谓费尽了心机。今天能和夫人共度鱼水之欢，此生也就心满意足了。为夫不敢再回楚国，明日便找一个安身立命之所，与夫人恩恩爱爱、白头偕老，不是也很快活吗？"夏姬有些失望，"原来如此。既然夫君不打算再回楚国，又怎么能完成出使齐国的任务呢？"屈巫笑道："既然不打算再回楚国，当然也不必再去齐国了。如今能与楚国相抗衡的，只有北方的晋国了，不如我们就去投奔晋国吧！"第二天一早，屈巫写下一道表章，派人送给楚王，然后带着夏姬投奔晋国去了。

晋景公在邲(bì)之战中大败亏输，一心想找楚国报仇，听说楚国大夫屈巫前来投奔，不禁大喜过望："难道老天又开始垂顾晋国了吗？快快有请！"晋景公亲自到宫外迎接，当天即拜屈巫为大夫，并把邢地赐给他作为采邑。屈巫决定从晋国重新开始，果断去掉屈姓，单留一个巫字，给自己取名巫臣，人称申公巫臣。

楚共王接到巫臣表章,上面写道:"承蒙郑侯不弃,恩赐夏姬于微臣为妻。下臣不肖,无法推辞。下臣害怕大王降罪,只能暂时寓居晋国,出使齐国重任,还请大王另请高明。死罪!死罪!"楚共王勃然大怒,立即召公子婴齐、公子侧商议。公子侧道:"楚国与晋国是世仇,屈巫偏偏逃往晋国,分明是想投敌叛国,必须严惩不贷!"公子婴齐也附和道:"连尹襄老的儿子黑要与后母夏姬乱伦,必须一并追究。"楚共王准奏,命公子婴齐、公子侧分别领兵诛灭屈巫和黑要九族。两人欣然领命,带人诛灭了两家全族,抄没的财产全都装进了自己腰包。

巫臣听说公子婴齐领兵抄了自己的家,灭了自己的族,气得咬牙切齿,立即给令尹公子婴齐捎去一封短信。信上写道:"令尹已位极人臣,却如此贪忍好杀,巫臣虽然不才,定会让你和楚国疲于奔命!"公子婴齐心中不安,立即找来公子侧商议,公子侧看得冷汗直流,也没想出什么好办法,两人便把信藏了起来,坚决不让楚王知道。

申公巫臣当晚找到晋景公,建议晋国与东南沿海的吴国通好,一前一后,南北夹击,势必让楚国陷入腹背受敌、首尾难顾的尴尬境地。晋景公大喜,立即派巫臣为使者,与东南吴国通好。吴国僻居东南一隅,早就想对外扩张,可惜一直被强大的楚国压制,不敢轻举妄动,如今意外得到晋国相助,当然求之不得。巫臣代表晋侯与吴君歃血为盟,约定共同对付宿敌楚国。巫臣回国前,特意把儿子巫狐庸留在吴国为官,一来方便两国往来沟通,二来教导吴军熟悉车战。吴国突然受到最先进的中原文明的熏陶,实力迅速强大起来,开始不断骚扰楚国的边境,鲸吞楚国的属国,让楚国首尾难顾,吃尽了苦头。

后来,巫臣在晋国寿终正寝,儿子巫狐庸又恢复了屈姓,一直留在吴国为官,曾一度官至相国,独揽吴国朝政。而夏姬也找到了"实力"相当的巫臣,此后没再"祸害"其他男人。

26 纸糊的西门之盟

庄王去世以后，楚国实力有所下降。晋景公亲自导演了"赵氏孤儿"惨案，内乱频任的晋国实力也有所下降。齐国和秦国后退更加明显，基本已经退出争霸行列，天下又处于晋、楚争霸的格局。苦就苦了夹在中间的郑、陈、宋、卫等小国，他们谁也不敢过于亲近，谁也不敢轻易得罪，只能朝晋暮楚、虚与委蛇。

这一切，宋国右师华元的感触最深。在上一轮晋楚争霸中，宋国夹在中间，无所适从，差点被亡了国。幸运的是，他这个君子遇见了另一个君子公子侧，才当了回孤胆英雄，挽狂澜于既倒。但即便如此，华元还是在楚国当了六年人质。重新获得自由后，华元一直想撮合晋、楚两国讲和，让天下诸侯过上几天太平日子。晋襄公去世以后，华元代表宋公到晋国凭吊，又动了劝和的念头。华元找到晋国新任元帅栾书，袒露了自己的想法。栾书沉吟道："右师身居庙堂之高，犹且不忘天下苍生，令人好生佩服！栾书与右师深有同感，只是不知楚人作何感想？"华元答道："这个元帅无需忧虑，在下与楚国令尹公子婴齐是至交，可以托他玉成此事。"栾书大喜，便派小儿子栾针随华元一起奔赴楚国。

华元首先找到楚国令尹公子婴齐，两人久别重逢，难免唏嘘感叹一番。公子婴齐此前从未见过栾针，问过华元之后，才知道是晋国中军元帅的儿子,见他年轻貌伟,便想试探试探他的才华,于是和颜悦色地问道:"公子贵为元帅之子,可知大国用兵有何讲究?"栾针从容答道:"整。"婴齐点点头,又问道:"还有吗?"栾针又缓缓答道:"暇。"婴齐叹服不已,感慨道:"敌乱而我整,敌忙而我暇。简简单单两个字,道出了用兵之精髓啊!"不禁对栾针刮目相看,对晋国更加不敢小觑。

第二天,公子婴齐把华元和栾针引见给楚共王。楚共王刚即位不久,也渴望有时间休养生息,对华元的提议没有任何异议。于是,晋、楚两国在邲(bì)之战后,首次恢复了"邦交",并选定了一个黄道吉日,由晋大夫士燮(xiè)和楚公子罢,分别代表晋厉公和楚共王,在宋国西门之外歃血为盟,约定两国互通友好、保境安民,不管谁先妄动干戈,都将招致人神共愤。

却说晋、楚会盟成功,两国君臣无不高兴,唯有楚国司马公子侧郁郁不乐,因为被令尹公子婴齐独揽大功,自己只是个可怜的旁观者。公子侧越想越气,恨恨地自言自语道:"自邲之战后,南北久已不通往来,公子婴齐想独揽和议大功,无论如何不能让他得逞!"正好公子侧听闻,申公巫臣纠合吴王寿梦,以及鲁、齐、宋、卫、郑等国大夫在钟离相会,立即禀告楚王道:"晋、吴等国在钟离相会,定是商量如何对付楚国,宋、郑两国大夫也赫然在列,楚国麾下诸侯已经一扫而空了。请大王早作打算!"楚共王叹道:"寡人本想讨伐郑国,可惜刚与晋国签订了西门之盟,一时找不到出兵的借口。司马有何妙计?"公子侧连忙道:"大王多虑了。郑、宋两国与楚国结盟在先,可他们却不顾信义,先后叛楚附晋。在这个唯利是图的时代,该出兵时就出兵,还需要什么借口呢?"楚共王疑虑顿消,立即拜公子侧为帅,出兵讨伐郑国。郑伯见楚军神兵天降,不敢与之争锋,无奈之下,只好又背叛晋国,归顺了楚国。

听说郑国归附了楚国,晋厉公又不依了,立即召集文武大臣商议伐郑。此时的晋国,大权掌握在"四军八卿"手里,八卿各打各的算盘,对是否该讨伐郑国分成了两派,一派以上军元帅士燮为首,对晋国政局颇为失望,认为此时讨伐郑国不是最佳时机;一派以中军元帅栾书和楚国降将苗贲皇为代表,担心楚国一支独大,主张立即讨伐郑国。晋厉公思虑再三,还是决定给楚国一点儿颜色看看,于是留下荀罃守国,亲自率领栾书、士燮、郤(xì)锜(qí)、荀偃、韩厥、郤至、魏锜、栾针等一干大将,出动兵车六百乘,浩浩荡荡向郑国杀去。同时命令郤犨(chóu)出使鲁、卫两国,请求两君派兵助战。

却说郑成公听说晋军来势汹汹,第一反应竟然是弃国逃跑,大夫姚句耳连忙劝道:"大敌当前,君上怎么能抛弃万千臣民,只顾自己逃命呢?况且,如今天下大乱,战争频繁,君侯逃得了一时,能逃得了一世吗?"郑成公一边收拾东西,一边无奈地说道:"寡人也不想如此。可寡人还能怎么办呢?"句耳从容答道:"主公无需过于忧心。郑国地方狭小,又夹在两个大国之间,只有择其强者而事之,才能确保无虞。"郑成公不耐烦地说道:"这些道理寡人也懂!可眼下该怎么办呢?"姚句耳道:"单从眼下来看,楚国实力要略胜一筹。主公又刚与楚王结盟,相信他也不会见死不救。不如立即向楚国求救,只等楚国救兵一到,我们里应外合,两下夹攻,彻底打败晋国,说不定能过上几天太平日子。"郑成公稍稍定下心来,把收好的东西放回原位,立即派姚句耳到楚国求救。

楚共王不想违背西门之盟,马上召令尹公子婴齐和司马公子侧商议。公子婴齐首先谏道:"我们刚与晋国签订西门之盟,如果因为郑国而再起纷争,就是我们失信背盟在先。况且又没有必胜把握,不如观望观望再说。"公子侧却道:"郑国不忍心背楚叛盟,所以派使者前来告急。上次大王没有发兵救援齐国,结果齐国归附了晋国。

这次如果再不救援郑国,恐怕郑国也要归附晋国了。长此以往,只怕大王麾下的所有诸侯都要彻底绝望了。下臣虽然才薄力微,愿意带领一支精兵,保护主公前去郑国,就像先君庄王一样,建立不世之功。"楚共王一听大喜,立即拜司马公子侧为中军元帅,命令尹公子婴齐带领左军,右尹公子壬夫带领右军,亲自带领左右两广,赶去救援郑国。楚军以每天百里以上的速度行军,很快逼近了郑国边境。

回头再看刚刚签订的西门之盟,就像小孩子过家家一样,早就被忘到了九霄云外。而这,正是春秋战国时代的常态。

27 小将军的大计谋

救人如救火，楚共王带领大军日夜兼程，向郑国都城进发。刚刚抵达鄢陵时，便与来势汹汹的晋军迎头相遇。双方都知道，这一战在所难免，于是各选有利地形，在彭祖冈附近安营扎寨。

第二天是晦日，也就是每月最后一天，按照中原战争惯例，这一天不宜行军，栾书也就没做任何准备。可天还没大亮，晋兵还在睡梦之中，突然听到寨外杀声震天，晋营顿时乱成了一锅粥。守营士兵连忙向元帅栾书禀报："楚军突然逼近我军大营，现在已经摆好阵势，正在营外挑战。"栾书大惊道："楚人逼近我军大营列阵，我军便没有布阵的地方了，如果仓促应战，肯定会对我军不利。马上命令士兵坚守营地，谁也不许迎战。传召所有将佐，立即到中军议事！"不等士兵传召，各位将佐都已经从梦中爬了起来，自发来到中军帐中，商议应对之策。可惜八卿各执一词，莫衷一是，有的嚷嚷着要立即出战，有的建议率军突围，还有的主张与楚王议和。时间一点一点儿过去了，楚军逼得越来越近，晋国将领们却争得面红耳赤，谁也说服不了谁，栾书急得抓耳挠腮，却也毫无办法。

突然，一个毛头小子闯进了中军帐里。他名叫士匄，是中军副将士燮（xiè）的儿子，当时刚刚年满十六岁。士匄见大家久拖不决，朗声对元帅栾书说道："元帅不就是担心没有战场吗？末将倒有一个办法。"栾书斜靠在元帅宝座上,不以为然地问道:"你能有什么计策?"士匄一本正经地答道:"只要命令士兵紧守营门,然后把灶土全部铲平,再用木板铺地,不到半个时辰,就有地方排兵布阵了。一旦列阵完毕,再挖开营垒,筑成战车通道,楚军逼迫再紧,又能奈我何呢?"栾书慢慢把身子坐直,"如果把灶、井都填平了,大家吃什么呢?"士匄不慌不忙地答道:"命令所有军兵备足干粮和水,足够支撑一两天就行,只等大军列阵完毕,立即挑选老弱残兵,到营后另挖井灶即可。"栾书听得喜笑颜开,其余诸将也频频点头。

突然,一个黑塔般的汉子蹭地站起身来,像狮子一般吼道:"自古行军打仗,胜败全由天命。你一个乳臭未干的小子,有什么了不起的见识,敢在这里摇唇鼓舌?"众将乍然听到怒吼,一齐吃了一惊,扭头一看,发怒的不是别人,正是小将士匄的父亲士燮。士燮本就不想打这一仗,现在又处于下风,正是班师回朝的大好机会,刚才众将商议时,他就极力主张立即撤兵,没想到儿子初生牛犊不怕虎,竟然闯进中军帐里献计,忍不住把儿子臭骂了一顿。士燮是个火爆脾气,光骂还不过瘾,顺手从兵器架上抄起一根长矛,转身就往士匄身上招呼过去。士匄再有能耐,也不敢跟老爹作对,一看情况不妙,撒腿就跑。士燮见儿子竟敢逃跑,更加火冒三丈,拿着长矛就追,吓得士匄满屋子乱跑。众将见状,从身后把士燮死死抱住,士匄才脱身跑了出去。

栾书看到这一幕,不仅没有生气,反而哈哈大笑道:"别看士匄还是个孩子,其智慧却远远胜过他的父亲啊。"果断采纳了士匄的计策,命令各寨士兵备足干粮,然后平灶填井,在营内摆好阵势,第二天与楚兵决一死战。

却说楚共王出其不意,直逼晋军大营列阵,料想晋军必然乱成一团,没想到过了许久,也没听见什么动静。楚共王大感不解,问太宰伯州犁道:"眼看已经日上三竿了,晋军却仍然岿然不动,爱卿可知是何缘故?"州梨道:"请大王登上楼车,看看有什么动静再说吧。"楚共王依言登上楼车,伯州梨在车下候着。共王望道:"晋兵来回驰骋,有的向左,有的向右。"州梨答道:"正在召集兵士。"楚王又望道:"都涌到中军去了!"州梨道:"正在商议对策。"又望道:"突然张开了大幕!"答道:"正在向先君祷告。"又望道:"大幕又撤了!"答道:"就要发号施令了。"又望道:"军中人声鼎沸,尘土飞扬!"答道:"正在塞井平灶,腾出战场。"又望道:"士兵正在套马登车!"答道:"就要列阵了。"又望道:"士兵又从车上回到地上。"答道:"大战之前,向神灵祷告。"又望道:"中军士气正旺,是晋侯吗?"答道:"栾氏、范氏夹晋侯列阵,大王不可轻敌。"楚王已经知晓晋军内情,连夜做好交锋准备。

楚共王如此宠信伯州犁,这伯州犁又是何许人也?其实,他本来是晋国人。他怎么又变成楚国人呢?这还得从晋国政局的微妙变化说起。自从晋文公去世以后,荀氏、智氏、士氏、郤氏、韩氏、赵氏、魏氏等卿族势力大增,相互拉帮结派、结党营私,国君名义上是一国之主,实际上却处处掣肘。其中,以郤(xì)氏势力最大,在"四军八卿"中,郤氏就占了三席,分别是中军副将郤锜(qí)、下军副将郤犨(chóu)和新军元帅郤至,人称"三郤",连中军元帅栾书也忌惮三分。大夫伯宗是郤氏旁支,为人刚直不阿,屡次向晋厉公犯言直谏,让他削弱郤氏大权。可惜晋厉公充耳不闻,反倒引起了"三郤"的高度警惕,三人反过来诬告伯宗危言耸听、毁谤朝廷。晋厉公偏偏听信谗言,把伯宗给杀了,伯宗的儿子伯州犁只身逃到楚国。楚共王喜出望外,立即封伯州犁为太宰,帮助自己对付晋国。

吊诡的是,此时为晋厉公出谋划策的,正是楚国降将苗贲皇(斗越椒之子)。苗贲皇奏道:"自从令尹孙叔敖死后,楚国军政疲敝,尤其是两广精兵久不更换,老弱病残充斥其中,加上左右两军将帅不和,这一仗楚国必输无疑。"晋厉公听到楚国的"内幕"消息,信心又增强了几分。

　　晋将士丐小小年纪,轻而易举地破解了楚王的妙计,令人不能不心生佩服。而与此同时,晋人伯州犁为楚共王出谋划策,楚人苗贲皇则替晋厉公运筹帷幄,又是多么讽刺的画面啊!如果楚共王和晋厉公同时知道这一切,又会作何感想呢?

28 一箭还一箭

却说楚军已经准备完毕,但战斗要到第二天才会打响,将士们有的喝酒,有的睡觉,有的偷偷赌两把,正是"醉卧沙场君莫笑,古来征战几人回",大战之前首先快活一下,谁知道明天的命运如何安排呢?

大将潘党却有自己的嗜好,那就是骑马射箭。每逢大战之前,他都要演武场上热热身,这次也不例外。潘党骑着高头大马,对着箭靶连射三箭,箭箭洞穿红心,惹得围观的将士一片惊呼。

说来也巧,正好左广将军养由基从旁边经过,将士们纷纷起哄:"神箭手来了!神箭手来了!"潘党一向对养由基不服气,听到将士们起哄,气得满脸通红,"起什么哄?本将的箭咋就不如养叔了?"养由基同样心高气傲,随口搭了一句:"因为你的箭只能射中红心,而我的箭却可以百步穿杨!"将士们好奇地问道:"什么是百步穿杨?"养由基得意地答道:"有人随便找了一棵杨树,在一片叶子上做了个记号,让我站在百步以外射它,被我一箭射个正着,所以称为百步穿杨。"将士们纷纷摇头,不相信天底下竟有这种神技,正好旁边有棵杨树,有好事者怂恿道:"这里正好有棵杨树,将军让我们也开开眼吧!"养由基早就想露两手,但想起楚王的一再告诫,还是勉强忍住了,"本将还有军务在身,还是等下次吧!"将士们嚷嚷着不让他走,潘党也冷冷地说道："不敢就是不敢,什么军务在身！"养由基被他一激,也忍不住道："本将有什么不敢的？给我拿箭来！"将士们这下有热闹看了,顿时爆发出一阵欢呼："看养将军神箭喽！今天能够一饱眼福喽！"早有人爬上杨树,用木炭把其中一片叶子涂黑,请养由基站在百步以外发射。养由基若无其事地从侍卫手中接过宝雕弓,弯弓搭箭,手起弓落,只听"嗖"的一声,利箭早已飞了出去。众人目不转睛地盯着杨树,却不见箭杆落地。大家争先恐后地到树下察看,只见箭身被树枝挂住了,箭头却正好贯穿那片有记号的叶子中心,将士们亲眼目睹了这一幕,无不咋舌称赞。

潘党心里由衷佩服,嘴上却不服软,嘟嘟哝哝地叫道："偶尔射中一箭,有什么值得大惊小怪的。如果连续射中三片叶子,那才称得上箭中高手！"养由基微微一笑,轻描淡写地说道："不一定能成功,不过可以试试！"将士们从未听过还有这种射法,人群里反而安静了许多,一个个睁大了眼睛,屏息凝神地等待奇迹的发生。这次潘党亲自爬到杨树上,挑了三片又小又薄的叶子,把它们都涂黑了,还在上面标注了"一""二""三"三个序号。养由基退回百步开外,稍一瞄准,"嗖""嗖""嗖"连续射出三箭。众人立即冲到杨树底下,只见三片有记号的树叶中心,各留下一个一模一样的箭孔,连射中的顺序都分毫不差。众人心服口服,纷纷竖起大拇指称赞道："养叔真是神人啊！"

潘党暗暗称奇,却还不想在众人面前折了面子,又转身对将士们说道："养叔的箭是很巧,不过箭是拿来杀人的,不是用来绣花的,光有巧劲儿还不够,还要看力道。养叔三箭射中三片树叶,末将一箭能穿七层盔甲,大家想不想看？"围观的将士们都是看热闹的,当然花样越多越好,纷纷起哄道："来一个！来一个！"潘党兴奋地说道："末将献丑了,诸位请看好！"说着让围观的士兵把身上的铠甲都脱了下来，叠好放在地上，不一会儿已经垒了厚厚的五层。将士们七嘴八舌地议论道："哇，好厚啊！够厚的了！"潘党一心想夸示自己的神力，故意让军士又垒了两层，加起来一共是七层。众将面面相觑，"七层盔甲至少有一尺多厚，怎么可能射穿呢？"潘党让军士把七层盔甲都绑到箭靶上，自己也退到百步以外，挽起黑雕弓，搭上狼牙箭，瞅得端端正正，用尽全力射了出去，只听得"扑"的一声，利箭应声中靶，却不见箭杆落下。大家蜂拥着上前察看，然后齐声喝彩："好箭！好箭！"原来利箭就像钉子一样，全部钉进了铠甲里，别说想拔出来，连摇都摇不动。潘党好不得意，让兵士把铠甲连同利箭一齐取下来，准备拿回营中再炫耀一下。

养由基却把手一摆，哈哈笑道："且慢！潘将军果然神力，在下佩服！末将也想凑个热闹，大家意下如何？"众人兴致更高了，齐声嚷道："正要看养叔神技！"养由基把箭搭上弓弦，正要射将出去，稍一迟疑，又慢慢把手放了下来。众将士不解地问道："养叔怎么不射了？"养由基笑道："依样画葫芦，有什么稀罕的！我想到一个不一样的射法！"说完又把弓箭举起来，"嗖"地一箭射了出去，口中叫道："着！"只见那支箭不偏不倚，正好把潘党那一箭顶了出去，却把自个儿留在了箭孔里。众将看了，无不吐舌称赞。潘党这才心服口服，叹道："养叔妙手神射，末将自愧不如！"

说到养由基，还有很多传说。相传楚庄王有一天到荆山游猎，遇见一只通臂猿，最擅长徒手接箭。楚王命令士兵把通臂猿团团围住，然后万箭齐发，没想到猿猴手脚并用，所有的箭都被它接住了，还不停向楚王扮着鬼脸。庄王恼羞成怒，命人立即召来养由基。那通臂猿正兴高采烈地手舞足蹈，突然听到养由基的名字，顿时安静下来，两行眼泪顺着毛茸茸的脸颊滚了下来。养由基到后，二话不说，抬手一箭，正中猴子眉心，通臂猿还没来得及叫出声来，倒地一命呜呼。从此,养由基被公认为春秋第一神射。

却说潘党和养由基的较量,就像春秋时期的射箭锦标赛。虽然养由基无可争议地获得了"冠军",但潘党的实力也不容小觑,都是楚国百年难遇的人才。有人提议道:"晋、楚争霸旷日持久,主公正在用人之际,两位将军如此本领,绝对不能被埋没了。"军士们簇拥着养由基和潘党,连甲带箭抬到楚王面前,把两人比箭的情景,绘声绘色地禀报给楚王,然后自豪地奏道:"我国有如此神箭,还怕晋国的百万雄兵吗?"没想到楚共王听了后,却大怒道:"将军以智谋御敌,怎么能靠技巧取胜呢?养叔自恃箭艺高强,将来必定死在箭上!"命人把养由基的弓箭都没收了,没有自己批准,不许再擅自用箭。养由基和潘党本想出出风头,没想到挨了一顿臭骂,只好怏怏地退下。

第二天五更时分,晋、楚两军同时击鼓进军。晋厉公命郤(xì)毅驾车,栾针护卫,亲自来到阵前,同时令上军元帅郤锜(qí)进攻楚国左军,与公子婴齐对敌;下军元帅韩厥进攻楚国右军,与公子壬夫对敌;中军元帅栾书、副将士燮(xiè)率部保着自己,与楚共王和主帅公子侧对敌;郤至引新军在后队接应。楚军这边,上午本该右广当值,由于责怪养由基恃才放旷,楚共王故意不用右广,而是带领左广出营迎敌,由彭名驾车,屈荡护卫。郑成公则带领本国兵马,充任后队接应。

三通鼓声过后,晋厉公头戴凤盔,身披战袍,腰悬宝剑,手提画戟,乘着镶金战车,风驰电掣般向楚军冲杀过来。当时天还没大亮,阵前有个泥潭,晋侯没看清楚,恰好把金车陷在泥潭里,前进不能,后退不得,处境万分险恶。中军元帅栾书见状,立即快马加鞭,驱车挡在晋侯前面,防止楚军偷袭。楚共王的儿子熊茂(fá)年轻气盛,看见晋侯的战车陷入泥淖,立即驱车如飞般赶了过来。栾书的儿子栾针连忙跳下车来,双脚站在泥淖之中,用双手死死攥住战车轮毂,使尽吃奶的力气,把陷落的车轮托了起来,一步一步挣出了泥潭。等楚公子熊茷赶到栾书车前时,晋国中军人马也已赶到,只听栾书大喝一声:"小儿不得无礼!"熊茷骤然抬头,看见旗上写着"中军元帅"几个大字,知道晋国大军到了,心里凉了半截,掉头就往回走。栾书哪肯善罢甘休,驱车从后面赶上,轻舒猿臂,把熊茷活捉了过来。楚军见熊茷被俘,一齐率兵来救。这时,晋国中军副将士燮引兵杀了出来,后队郤至也驱车赶到。楚军怕中了埋伏,立即收兵回营。晋兵也不追赶,各自鸣金收兵。

楚军回营后,立即点验兵马,发现楚国左军持重,没与晋国上军交战;楚国右军与晋国下军战了二十几个回合,互有杀伤。既然胜负未分,双方约定明天再战。

晋国元帅栾书把楚将公子熊茷押到晋侯面前献功。晋侯想杀鸡儆猴,把熊茷给杀了。楚国叛将苗贲皇劝道:"主公不可。楚王听说儿子被擒,明天一定会亲自出战。不如先留熊茷一条性命,把他绑在两军阵前,引诱楚王上钩!"晋侯准奏。

第二天黎明,两军再次拉开阵势。晋国元帅栾书派人前去挑战,大将魏锜却悄悄告诉栾书道:"末将昨夜做了一个梦,梦见天上挂着一轮明月,我一时技痒,弯弓搭箭向月亮射去,正中月亮中心。突然,从月亮中间迸出一道金光,像水银泄地一般,劈头盖脸直射下来。我慌忙后退,不小心一脚踩进泥淖里,猛然惊醒过来。这是什么兆头呢?"栾书捻了捻长须,缓缓说道:"周天子的同姓为日,异姓为月。将军射中明月,肯定是楚王无疑。你自己也陷入泥潭,说明也不是好兆头,将军一定要小心行事!"魏锜慷慨说道:"只要能射中楚王,末将虽死无憾!"栾书深为感动,就让魏锜打头阵。

魏锜驱车上前挑战,楚将王尹襄出来接战。两将刚战了几个回合,晋军从阵中推出一辆囚车,故意在阵前晃来晃去。楚共王定睛一看,原来是儿子熊茷,顿时心乱如麻,连忙命令彭名驱车上前,去晋营争抢囚车。魏锜见楚王上当,立即撇开王尹襄,径自去追楚共王。眼看就要追上,魏锜瞅个空当,抽出一支蓝翎箭,"嗖"的一声射了出去,楚共王听见弓弦响,回头一看,正好射中左眼,顿时鲜血直流。潘党拼死力战,保护楚王向后撤退。共王一怒之下,忍痛把利箭从眼中拔了出来,眼珠也随箭头一并扯了出来。共王随手把眼珠往地上一扔,转身就要再上阵前冲杀。一个小卒见状,把眼珠小心翼翼地捡了起来,交还给楚共王,"这是陛下的龙睛,请大王不要轻易丢弃!"楚王忍痛接过眼珠,随手丢进了身后的箭袋里。晋军见魏锜得手,一齐掩杀过来。公子侧引兵拼死抵抗,楚王才得以脱身。郑成公也被郤至重重围住,幸亏御者机智,把郑国大旗藏到弓衣里面,才侥幸逃了出来。

　　楚共王恼羞成怒,立即召养由基前来救驾。养由基听到楚王召唤,飞车来到楚王面前,只是弓箭都被共王没收了,箭袋里空空如也。楚共王从自己箭袋里抽出两支利箭,连同宝弓一起交给养由基,向他嘱咐道:"射中寡人的是一个身穿绿袍、满脸虬髯的贼臣,将军一定要替寡人报仇。你自恃箭术高超,两支箭足够了吧!"养由基接过弓箭,飞车驰入晋军,正好撞见绿袍虬髯的晋将魏锜,破口大骂道:"匹夫有何本事,敢射伤我家君上!"魏锜正要搭话,不料养由基话到箭到,一箭正中魏锜咽喉。魏锜一句话还没说出口,轰然倒在地上,一命呜呼了。栾书领兵夺回魏锜尸首。养由基把剩下的一支箭交还给楚王:"仰仗大王神威,末将已经射杀绿袍虬髯将军!"楚共王转怒为喜,亲手脱下锦袍赐给他,另外还赏了他一百支狼牙箭。从此,军中都称养由基为"养一箭",意思是百万军中取敌人首级,只要一箭就够了,从来不需要第二箭。

晋军本想乘胜追击,无奈养由基挡在阵前,拿出共王刚刚赏给他的一百支狼牙箭,连珠一般射将出去,追近的晋兵像麦浪一样应声倒地,无一能够幸免。晋军心惊胆战,没有一个人敢再逼近。公子婴齐和公子壬夫听说楚王中箭,分别率领左、右二军过来接应。晋、楚两军混战一场,各自鸣金收兵。

29 元帅也是醉了

却说小将栾针看见令尹旗号,知道是公子婴齐领军,于是向晋侯奏道:"前日下臣奉命出使楚营,楚国令尹公子婴齐问到大国用兵之法,臣以'整''暇'二字作答。今天两军对阵,臣见楚军战中不见整,撤时不见暇,下臣请求派人到楚营犒军,既算践行昔日之言,又可刺探楚军虚实。"晋侯准奏。

栾针派随从手持酒器,来到楚军大营,对公子婴齐奏道:"寡君命栾针担任车右,不能亲自前来犒军,特派某人前来向将军敬酒。"婴齐想起昔日整、暇之言,不禁叹道:"小将军真是有心之人啊!"说着接过酒杯一饮而尽,然后对使者说道:"明日两军阵前,末将再当面致谢!"随从返回晋营后,如实向栾针禀报。

栾针没想到,楚共王虽然身受重伤,却并没有撤军的意思。栾针心想,楚王是动了真怒,此事非同小可,立即向晋侯奏道:"楚王左眼中箭,却仍然不肯退军。"晋厉公听了,也是忧心忡忡,在营帐里不停踱来踱去。苗贲皇愤然禀道:"两军交战,不过是厉兵秣马,修阵固列,明天便与楚军决一死战,有什么可怕的呢?"这时,郤(xì)犨(chóu)也从鲁、卫两国回来了,进宫禀报道:"鲁、卫两国愿意起兵相助,援军已经在二十里之外了。"晋侯喜出望外,连忙派人出城迎接。

楚国的探子也得到了消息,立即向楚共王禀告。楚王大惊失色,"晋兵本来就人多势众,现在又有鲁、卫两国相助,寡人该如何是好呢?"立即命人传召中军元帅公子侧入帐议事。可当内侍找到公子侧时,中军元帅早已浑浑噩噩,完全沉入了梦乡,呼之不应,扶之不起,只闻得一股熏天酒臭,令人为之作呕。内侍知道,元帅又是醉酒误事,立即回营禀报楚王。

却说中军元帅公子侧,其他什么都好,就有一个毛病,就是贪杯好酒,而且一喝就醉,一醉就是好几天,经常因此误事。楚共王知道他有这个毛病,所以每次出兵,都严禁他饮酒。这次出征是公子侧首次担当大任,所以时刻提醒自己,千万不能饮酒,事实上,直到今天为止,他也确实滴酒未沾。可早些时候,自己稍一疏忽,便让楚王丢了一只眼睛,公子侧害怕共王追究起来,自己也脱不了干系,便想缓和一下局势,主动向楚共王奏道:"经过一天激战,我军已经疲惫不堪,不如让大军休整一天,容下臣从长计议,后天再替主公报仇不迟!"楚共王准奏。可公子侧回到中军帐后,冥思苦想到深夜,也没想出什么灵丹妙计来。公子侧有个小厮叫谷阳,平时很得主子宠爱,谷阳见主帅愁眉苦脸,擅自烫了一瓯陈酿美酒,悄悄孝敬给公子侧。公子侧用鼻子一闻,觉得不大对劲,愕然问道:"这是什么东西?"谷阳怕左右多嘴,机智地答道:"回将军,这是椒汤。"公子侧心领神会,端起"椒汤"一饮而尽,顿时满嘴生香,妙不可言。公子侧意犹未尽,忍不住问道:"椒汤还有吗?"谷阳答道:"有。"谷阳又把"椒汤"给公子侧满上。公子侧又是一口灌了下去,觉得全身舒畅无比,还把所有馋虫都勾了起来,早把共王的告诫忘到了九霄云外,一边喝一边叫道:"好椒汤!好椒汤!竖子孝顺!竖子孝顺!"谷阳见主子高兴,只顾给公子侧斟酒。公子侧也不客气,端来就喝,喝了再端,也不知道喝了多少碗,最后像一滩烂泥一样,颓然醉倒在坐席上。

楚共王心情本来十分烦躁，听到内侍禀报后，更是火冒三丈，连续派人催了十几次。可公子侧一醉解千愁，楚王越催得紧，他却越睡得香。小厮阳谷知道自己闯下了大祸，号啕大哭道："小人本是一番好意，不想却害了元帅！"再转念一想，一旦元帅醒了，认真追究起来，自己也性命难保，不如一走了之。于是捱到三更时分，趁士兵不注意，悄悄溜出了营房，从此不知去向。

楚共王心急如焚，眼看公子侧是指望不上了，只好召令尹公子婴齐计议。却说令尹公子婴齐和司马公子侧本来亲密无间，却因为西门之盟而结下仇怨，公子婴齐见公子侧酒后误事，趁机奏道："下臣从一开始就说过，晋军士气正盛，我军没有必胜把握，我们不宜发兵救郑。可司马固执己见，坚持要出兵救郑，没想到在紧急关头，却又贪杯误事，下臣也无计可施。不如连夜班师回朝，至少不会出现更大闪失。"楚共王没有更好办法，也倾向于立即撤军，只是不无担心地说道："即便马上撤军，可司马宿醉未醒，如果被晋军俘获，也是奇耻大辱啊！"命人立即召来养由基，对他交代道："寡人命你用神箭护送司马归国，不得有误！"然后暗传号令，命三军两广连夜拔寨启程，由郑成公亲自率兵护送出境，只留养由基一人断后。

养由基心想，让我断后不打紧，只是要等司马酒醒，还不知要等到什么时候。他突然灵机一动，命令左右把公子侧扶起来，用皮带绑在车上，随着大队缓缓撤退，自己亲自带着三百个弓箭手断后，防止晋军从后偷袭。

第二天凌晨，晋军开营索战，发现楚营只剩下了空幕一张，楚军早已远去。中军元帅栾书想率兵追赶，副将士燮力谏不可。正好探子回报："郑国各处关隘，都有严兵把守。"栾书料想郑国已经无法攻克，无奈地长叹一声，然后命令士兵高奏凯歌，立即班师回朝。鲁、卫两国兵马，也各自返回本国。

却说楚国大军足足后撤了五十里，主将公子侧的宿醉才醒，骤然感觉身体无法动弹，厉声叫道："谁人如此大胆，竟敢把本帅捆绑起来？"左右连忙答道："司马误会了，小人们就是吃了熊心豹胆，也不敢捆绑司马。只是司马喝醉了，养将军担心车马颠簸，司马身体不适，才命我等把大人固定在车上。"说着，赶紧把皮带解开。公子侧还没完全清醒，睡眼惺忪地问道："这是要往哪里去？"左右赶紧答道："在班师回朝的路上。"公子侧愕然问道："怎么就班师回朝了？"左右支支吾吾地答道："夜里大王……大王召唤了司马很多次，可惜司马喝醉了，不能起身议事。大王害怕晋军挑战，无人率军抗敌，只好班师回朝了。"公子侧这才想起"椒汤"的事，放声大哭道："竖子阳谷害死本帅了！"命人立即传唤阳谷，可惜早已不知去向。

楚共王疾走了两百多里，没听到什么动静，才渐渐放下心来，命大军停下，暂作休整。楚共王担心公子侧畏罪自杀，特意派使者传令："先大夫子玉兵败，先君不在军中。今天司马失败，寡人亲自坐镇指挥，罪责全在寡人身上，与司马无关！"公子侧心下稍为安慰。令尹公子婴齐生怕司马公子侧不死，日后伺机报复，另外派人对公子侧说道："先大夫子玉兵败自杀，司马一定略有耳闻。'战败者死'，是楚国几百年的规矩，司马不会不知道吧？即便主公不忍杀你，难道司马还有脸苟活于人世吗？"公子侧又羞又愤，长叹一声道："令尹以大义责备侧，侧又怎敢贪生怕死呢？"于是和成得臣一样，自缢而死了。共王听后，叹息不已。

鄢陵一战，晋国取得了名义上的胜利，而楚军的伤亡并不大。晋、楚争霸的格局，并没有发生根本改变。

30 顺便当卧底

却说晋厉公得胜回朝后,自以为天下无敌,愈加骄奢淫逸,肆无忌惮。大夫胥童最会阿谀奉承,溜须拍马,也最得厉公宠爱。晋厉公早就想重用胥童,可惜"四军八卿"个个春秋正盛,一直没有空缺的位子。胥童悄悄奏道:"如今'三郤(xì)'执掌兵权,郤氏一族势力过大,早晚会有不轨举动,不如乘早铲除。一旦除掉了郤氏,主公就可以高枕无忧了,还能腾出许多位置,想安排谁就安排谁,何乐而不为呢?"晋厉公沉吟道:"'三郤'虽然强横,但还没有明显的造反迹象,突然灭掉郤氏全族,恐怕众人不服啊。"胥童灵机一动,又奏道:"主公有所不知,在鄢陵之战中,郤至已经包围了郑成公,却把战车停在一个僻静的地方,与郑成公嘀咕了半天,然后打开阵门,堂而皇之地把他放走了。郤至敢公然这么做,肯定与楚国不清不楚。主公如果不相信,只需把楚国俘虏公子熊茷叫过来问问,一切就真相大白了。"晋厉公将信将疑,命胥童前去传召公子熊茷。

胥童首先找到公子熊茷,开门见山地问道:"公子想回楚国吗?"熊茷坐在地上,爱理不理地答道:"想回去怎样,不想回去又怎样,你们会放我吗?"胥童一本正经地答道:"你只要答应我一件事,我立即送你回去。"熊茷腾地从地上站起身来,"只要不让我投敌卖国,莫说是一件,就是十件、一百件,我都答应你。"胥童诡异地把耳朵凑到熊茇耳边,悄声说道:"当然不会让公子为难,更别说投敌卖国了。晋侯稍后会召见你,如果他问起郤至,你就如此这般回答,只要你按我说的做,包你很快就能重返鄢都。"熊茇欣然应允。胥童这才把熊茇引到内朝,与晋厉公单独相见。

晋厉公屏去左右,郑重其事地问道:"有传言说郤至私通楚国,公子知道有这回事吗? 只要公子实话实说,寡人立即放你回国。"熊茇故作玄虚地答道:"只有君侯赦免外臣死罪,外臣才敢明说。"厉公道:"寡人就是要你说实话,怎么会怪罪于你呢?"熊茇一本正经地说道:"郤氏与我国令尹公子婴齐亲如兄弟,经常有书信往来。有一天,我去找令尹禀告军情,不小心听到两人谈话,只听郤至说道:'寡君整天不理政事,只知纵酒淫乐,大臣各怀异心,百姓怨声载道。臣民心中思慕襄公,想立襄公后人为君。襄公有个孙子名周,现居住在京师洛阳。如果有一天晋国在与楚国交战中,败下阵来,我们就拥立公孙周为君,世世代代服事楚国。'外臣就听说过这一件事,其他就一概不知了。"晋厉公本来半信半疑,一听到公孙周的名字,立即相信了一大半。

原来晋襄公有个庶子名谈,自从赵盾拥立晋灵公登基以后,便主动避居到洛阳,寄食在单襄公门下。后来,公子谈也生了一个儿子,因为在周都洛邑出生,便取名为周,人称公孙周。再后来,晋灵公被赵盾弑杀,人心思慕晋文公,便迎立了晋文公的公子黑臀为君。黑臀传位给公子欢,公子欢又传位给公子州蒲,就是现在的晋厉公。晋厉公州蒲荒淫无度,人心又开始思慕襄公。胥童故意教熊茇引出公孙周,不由晋厉公不相信。

熊茇话还没说完,胥童连忙接过话头:"怪不得前日鄢陵之战中,郤(xì)犨(chóu)在与公子婴齐对阵时,没有派出一兵一卒,原来早就商量好了。后来,郤至又明目张胆地放走了郑成公。郤氏阴谋造反,已经证据确凿,主公还有什么可怀疑的呢?"晋厉公还是有些犹豫。胥童又奏道:"主公如果还是不信,可以派郤至到洛阳向天子报捷,暗中却派人监视他的一举一动。如果郤氏有阴谋,郤至肯定会与公孙周见面。"厉公点头道:"这倒是个好办法。"立即命郤至去洛阳献捷。

胥童暗中先派人赶到洛阳,"提醒"公孙周道:"现如今晋国的朝政,有一半操纵在郤氏手里。郤至将到王都献捷,公孙一定要热情招待,有朝一日大夫故国重游,至少也多一个相知。"公孙周想想也对,等郤至到洛阳后,立即到馆舍拜会。公孙周许久没有回过晋国,难得与故人相见,难免问起国家大事,郤至也不加隐瞒,一一如实相告,两人相谈甚欢,不知不觉间,半天过去了。探子掌握到"情报"后,连夜回晋禀告厉公去了。晋厉公大吃一惊,没想到熊茷所说,还真有其事。晋厉公不再犹豫,决心一举除掉郤氏。

有一天,晋厉公又与美人们饮酒作乐。有个美人想吃鹿肉,厉公命令阉人孟张去办。孟张立即赶到市集购买,不巧市场上刚好卖完了。孟张正不知如何是好,恰好看到郤至从郊区打猎回来,侍卫肩上扛着一只肥壮的麋鹿,正耀武扬威地向郤府走去。孟张不由分说,上去夺了郤至的麋鹿,转身就往宫里走,急着回去向厉公交差。郤至也不是吃素的,一个权倾朝野的大将军,怎么能咽得下阉人这口恶气?郤至把手一挥,带着侍卫就去追逐孟张,怎么也要把麋鹿夺回来。孟张凭着两只脚,还扛着一头麋鹿,哪能跑得过郤至的快马呢?郤至眼看就要追上了,突然弯弓搭箭,"嗖"地一箭正中孟张后背,眼看他是活不成了,命人又把麋鹿夺了回来。晋厉公听到禀告后,气得暴跳如雷:"打狗也得看主人,郤氏也欺人太甚了!"立即召来胥童、夷羊五、长鱼矫等一干宠臣,决定立即除掉郤至。胥童奏道:"如果单只杀掉郤至,郤锜、郤犨必然造反,不如把'三郤'一起除掉。"厉公点头称是,并派力士清沸魋(tuí)相助。

长鱼矫立即派人打听"三郤"下落,听说正在讲武堂议事,便和清沸魋各揣着一把利刃,前去讲武堂闹事。一到堂前,两人立即拿出早已准备好的鸡血,胡乱涂在脸上,装作打架斗殴的样子,一直扭打到讲武堂上,请司寇郤至评个是非曲直。郤犨不知是计,首先下来搭话。清沸魋装作上前禀告,捱到郤犨近身,突然拔出利刃,一刀捅进了郤犨小腹。郤犨"啊"地惨叫一声,扑地便倒。郤锜(qí)急忙拔出佩刀来救郤犨,被长鱼矫接住厮杀起来。郤至看情势不妙,趁乱夺了一辆马车,扭头就往外走。清沸魋又在郤犨身上补了一刀,眼看是活不成了,马上提刀过来夹攻郤锜。郤锜虽然是武将出身,却抵挡不住清沸魋有千斤蛮力,加上长鱼矫年轻力壮,渐渐力不能支,一不留神,被清沸魋一刀撇倒,也到阴间陪弟弟郤犨去了。长鱼矫见走了郤至,大叫不妙,立即和清沸魋一起去追。也是"三郤"活该丧命,郤至刚刚逃将出来,又迎面撞见了胥童、夷羊五,两人带着八百甲士赶来,口中高声喊道:"奉主公命令捉拿郤氏,其余人等一概回避!"郤至料想抵敌不过,扭头便往回走,正好遇上追赶上来的长鱼矫。郤至措手不及,被长鱼矫拿刀一顿乱砍,也一命呜呼了。长鱼矫割下郤至的首级,清沸魋砍下郤锜、郤犨的人头,两人提着三颗血淋淋的脑袋,昂首走进朝门,向晋厉公复命去了。胥童又领兵拿住中军元帅栾书和上军副将荀偃,一起向晋厉公交差。

胥童请晋厉公把栾书和荀偃一并杀了,免得留下后患。晋厉公于心不忍,"一天杀死三位大夫,已经骇人听闻,还要牵连其他家族,寡人下不了手!"命令把栾书和荀偃放了,让他们官复原职。长鱼矫叹道:"栾氏、郤氏本是同功一体,荀偃又是郤锜部将,'三郤'被杀后,栾、荀两族必定心中不安,将来一定会伺机报仇。国君现在不忍心杀他们,将来他们肯定会忍心杀死国君的!"于是不辞而别,径自逃到西戎去了。厉公命令把"三郤"尸首挂在城楼上示众,三天后才准许家人收葬。除"三郤"外,郤氏族中有在朝为官的,一律免除死罪,罢官归田。"罪臣"清洗完毕,就该"论功行赏"了,晋厉公先拜胥童为上军元帅,取代郤锜的位置;拜夷羊五为新军元帅,代替郤犨的位子;拜清沸魋为新军副将,填补郤至的空缺。楚国公子熊茷因为"平叛"有功,被释放回国。

  楚公子熊茷本是晋国的阶下之囚,怎么也料想不到,自己稀里糊涂就成了卧底,搅得晋国后院起火,不仅让"三郤"身死族灭,而且让一班嬖臣主理朝政,暗想晋国这下完了,恐怕会就此衰败下去,永无出头之日了。而让他更加料想不到的是,他的推波助澜,确实加快了晋国直线下坠的速度,却也"帮助"晋国在更短的时间内触底反弹。晋厉公诛灭"三郤"后不久,果然被荀偃、栾书设计毒死了,公元前573年,栾书从王都洛阳迎回公孙周,即位为晋悼公。公孙周当时才十四岁,但聪明绝顶、谋略过人,上台后立即诛杀了屠岸贾、胥童、夷羊五、清沸魋等一干奸臣,拔擢韩厥为中军元帅,启用"赵氏孤儿"赵武为司寇,轻徭薄赋,励精图治,晋国实力不降反升,很快又有了霸主气象。宋、鲁等国听到消息后,纷纷前来拜贺。

31 以敌攻敌

楚共王听说晋厉公被下臣弑杀，不禁喜形于色，正要商议复仇大计，听说新君悼公即位，而且亲贤臣、远小人，赏罚分明，内外归心，霸业又有复兴气象，马上又转喜为忧。共王立即召集群臣商议，要趁晋悼公立足未稳，主动到中原寻衅滋事，绝不能让晋悼公"阴谋"得逞。

令尹公子婴齐束手无策，右尹公子壬夫上前奏道："中原诸侯中以宋公爵位最高，又介于晋国和吴国之间，如果想骚扰晋国，必须从宋国开始。"共王点点头，"可该怎么入手呢？"公子壬夫道："宋国大夫鱼石、鱼府、向带、向为人、鳞朱等五人，向来与右师华元不和，如今一起逃到了我国。不如借给他们一支兵马，让他们率兵讨伐宋国，攻下宋国城池后，就地封赏给他们，让他们领兵驻守。这个计策就叫以敌攻敌。晋国如果置之不理，就会失去诸侯的拥戴；如果率兵救援，与他们死磕的却是宋国大夫鱼石等人。我们坐山观虎斗，最后收取渔翁之利，也不失为一着妙棋。"共王依计行事，立即命公子壬夫为大将，用鱼石等五人为向导，亲自率领大军讨伐宋国。

公元前573年，楚共王以风卷残云之势攻下宋国彭城，然后留下战车三百乘，让鱼石等五人据守彭城。共王亲口嘱咐道："晋国新近与吴国勾结在一起，想要对楚国不利。彭城是晋、吴两国往来沟通的咽喉,现在寡人留下重兵让你们把守,进可以割据宋国封地,退可以断绝吴、晋往来。你们一定要全力驻守,不要辜负了寡人的重托!"五位大夫领命后,共王立即班师回朝。

当年冬天,宋平公派大夫老佐帅兵包围彭城。鱼石带领守兵迎战,被老佐打败。楚国令尹婴齐听说彭城告急,立即引兵救援。老佐侥幸胜了一阵,自以为天下无敌,孤军深入到楚国腹地,结果被楚兵一箭射死。婴齐索性带兵侵入宋国腹地。宋平公惊恐万分,立即派右师华元到晋国告急。晋国元帅韩厥对晋悼公说道:"过去先公文公称霸,就是从救援宋国开始的。晋国的兴衰成败,就在此一举,主公不能见死不救!"晋悼公立即派使臣出使盟国,请求各国诸侯出兵相助。晋悼公亲自统领大将韩厥、荀偃、栾黡(yǎn)等,前往宋国救援,然后把大军驻扎在先谷。公子婴齐听说晋国大军杀来,立即班师回楚国去了。

第二年,晋悼公又率领宋、鲁、卫、曹、莒(jǔ)、邾(zhū)、滕(téng)、薛等八国联军,把彭城围了个水泄不通。宋国大夫向戌命士兵登上楼车,从四面八方向城上喊话:"彭城百姓听着,鱼石等乱臣贼子,卖国投敌,天理难容!晋侯亲自统领二十万大军前来讨伐,现在已经兵临城下,一旦攻破城池,城内将寸草不生。如果你们明白顺生逆亡的道理,就把逆贼拿住,开城投降,免得涂炭生灵、伤害无辜!"彭城百姓听到后,知道鱼石等人理亏,于是打开城门,迎接晋师进入城内。楚国留守士兵虽多,可惜鱼石等人不加体恤,动不动就克扣军饷、又打又骂,所以在生死关头,谁也不愿拼死效力,等晋悼公入城后,都四散逃走了。晋国元帅韩厥擒住鱼石,大将栾黡、荀偃捉住鱼府,宋国大夫向戌抓住向为人、向带,鲁国大夫仲孙蔑俘获鳞朱,各自解押到悼公面前献功。晋悼公命令把五位大夫斩首示众,并把他们的族人迁到河东壶邱,然后移师讨伐郑国。

楚国右尹壬夫听说鱼石等人兵败被杀,立即率领大军讨伐宋国。诸侯又被迫回师救援宋国。两军相持了一阵子,谁也没有必胜把握,各自班师回国了。公子壬夫向共王所献的以敌攻敌"妙计"彻底失败,不仅亲手送给晋国号召诸侯、扬名立万的机会,还白白损失了留守彭城的数万楚国将士的性命。

此后十几年间,晋、楚两国仍然摩擦不断,而晋国实力明显占优,又部分恢复了霸业。不过楚国实力也未明显受损,晋楚争霸的格局还将继续下去。公元前559年,楚共王审去世,世子昭即位,是为楚康王。第二年,一代英主晋悼公也因病去世,年仅二十九岁,世子彪即位,是为晋平公。晋楚争霸的历史,又翻开了新的一页。

32 弭兵大会

却说晋、楚两国争霸，倒霉的却是夹在中间的宋、郑、陈、卫等小国。宋国右师华元曾成功撮合晋、楚两国签订了西门之盟，可惜好景不长，两国很快又故态复萌，打得不可开交。华元死后，宋国左师向戌继承了他的遗志，一心想完成他没有完成的心愿。向戌的人缘一向很好，不仅与晋国正卿赵武关系密切，与楚国令尹屈建也走得很近，便想从两人身上打开缺口。

有一次，向戌奉命出使楚国，故意跟屈建提起当年右师华元缔结西门之盟的故事。令尹屈建道："息兵罢战当然是件好事，可惜诸侯们各自为党，至今难以达成一致。楚、晋两国矛盾由来已久，如果能让属国首先互通往来，也许可以让局面有所松动。"向戌认为有理，立即倡议晋、楚两君在宋国相会，当面磋商弭兵罢战事宜。屈建欣然答应，自楚共王时开始，楚国便屡屡受到吴国侵扰，边境始终动荡不安，如果与晋国达成和议，就可以专心对付吴国了。晋国上卿赵武也无异议，晋国同样在长年累月的战争中，搞得心力交瘁、疲惫不堪，如果和谈成功，也可以享受几年太平日子。既然两边均有此意，事情就好办多了，两国各自派遣使者到属下各国，共同商定了和谈定盟的日期。

会盟日期一到，楚国令尹屈建和晋国正卿赵武如期来到宋国，双方属国的大夫们早已到齐。晋国和属国鲁国、卫国、郑国一起,在左边安营;楚国和属国陈国、蔡国、许国一起,在右边扎寨。宋国是地主,不加入任何一方,而是居中进行调停。经过商议,双方议定:只要到了晋、楚两国约定的朝贡日期,楚国属国要向晋国进贡,晋国属国同样要向楚国进贡,进贡的礼物便一分为二,晋、楚两国各享用一半。齐、秦两国是大国,不在属国之列,既不用朝见楚国,也无需进贡晋国。其他更小的属国,像依附晋国的邾(zhū)国、莒(jǔ)国、滕(téng)国、薛国,归顺楚国的顿国、胡国、沈国、麇(jūn)国,有能力的就单独进贡,没有能力的就与较大属国一起搭伴儿朝贡。一切商量停当后,命太史卜算佳期,准备再次在宋国的西门之外举行会盟。

一切看似水到渠成,楚国令尹屈建却暗中传令,让所有随从穿上贴身铠甲,准备模仿当年楚成王故事,在会盟时劫杀晋国正卿赵武。晋国降将伯州犁苦苦相劝,屈建才放弃了这个疯狂的计划。赵武听说屈建有所动作,立即召羊舌肸(xī)问对。羊舌肸道:"正卿不要多虑,这次会盟本是为了弭兵,如果和约还未签订,楚国便率先违规用兵,必然会失信于诸侯,还有谁会愿意归附他们呢?我们只需信守承诺就行了,有什么可怕的呢!"赵武点头称是,逐渐打消了疑虑。

会盟日期眼看就要到了,楚国令尹屈建又让向戎给晋国正卿赵武传话,要求在会盟时率先歃血。向戎硬着头皮来到晋营,不敢亲自开口,便派了个随从向赵武传话。赵武怒道:"先君文公在世时,已在践土之盟中接受天子诏令,奉命执掌中原、绥服四夷,楚国有什么资格先歃呢?"向戎又命随从把赵武的话传给屈建,屈建也怒道:"如果要论王命,先王庄王也从周惠王手中接到过同样的诏命。楚国本在晋侯之后接受王命,如果这次又让晋国先歃,不是明明告诉世人,晋强而楚弱吗?要是这样,这次会盟又怎么称得上势均力敌呢？"向戎又派随从到晋军大营，把屈建的话转达给赵武。赵武还是不肯答应。羊舌肸又劝道："正卿何必拘执于盟主虚名呢？主盟诸侯靠的是德行，不是排名的先后。如果有德，哪怕后歃，诸侯也会衷心拥戴；如果无德，即便先歃，诸侯也不会心服口服。况且，这次会盟是弭兵大会，对天下诸侯都至为有利，如果非要争夺盟主，反而引动刀兵，不是与弭兵的本意背道而驰吗？正卿胸怀天下，就让楚国先歃吧！"赵武思虑再三，勉强同意让楚国先歃。

公元前546年，会盟终于如期举行，楚国令尹屈建先歃，晋国正卿赵武紧随其后，其余各国诸侯依次受歃，结果皆大欢喜。弭兵大会召开后，晋、楚两国终于偃旗息鼓，几十年间相安无事，实际上形成了南北共霸的局面，中原各国也难得地过了一段相对太平的日子。

33 死在箭下的神箭手

再说南方的吴国,在楚国叛将巫臣的挑拨下,不断骚扰楚国边境,让楚国不胜其烦。在一次冲突中,吴国大败楚军,令尹公子婴齐忧愤而死,楚国更是把吴国视为眼中钉、肉中刺。弭兵大会后,晋、楚两国息兵罢战,楚国终于腾出手来,把矛头对准了南方的吴国。

公元前526年,楚康王派水师伐吴,不料吴国早有准备,结果无功而返。当时,吴王余祭即位刚刚两年,正值年轻气盛,听说楚军无故侵扰自己,心中气愤不过,命令相国屈狐庸引诱楚国属国舒鸠造反。舒鸠一向唯利是图、反复无常,收取吴国贿赂后,果然背叛了楚国。

楚康王勃然大怒,命令令尹屈建率军讨伐舒鸠(zhèn)。临行前,老将养由基请求担任先锋。屈建笑道:"养将军已然老了,况且舒鸠蕞尔小国,灭掉他们就像掐死一只蚂蚁一样,就不劳将军费力了。"养由基听屈建说自己老了,心中老大不快,但碍于屈建是令尹,不好正面顶撞他,只能苦苦哀求道:"令尹有所不知,舒鸠是受吴国怂恿,才突然背叛楚国,而末将与吴军打过多次交道,对他们再熟悉不过了,将军要是带上末将,肯定不会后悔的。再说,老夫日子已经不多了,如果能再上一次战场,就是死也无憾了!"屈建见养由基白发苍苍,又无端说出个"死"字来,心里很不是滋味。养由基见屈建有所松动,趁热打铁道:"末将生来幸运,年纪轻轻就得到先王礼遇,一生享尽了荣华富贵。末将一直想战死疆场,以报答先王知遇之恩,可惜始终未能如愿。如今老夫已经年过花甲,须发皆白,如果再错过了这次机会,恐怕就真的只能老死家中了。真要是那样,末将即便到了九泉之下,也会怪责令尹心狠的!"屈建对养由基素来敬重,见他态度如此坚决,只好点头同意了,便命他为先锋,大夫息桓为副将,一起前去攻打舒鸠。

  养由基领军来到舒鸠的都城离城,安营扎寨完毕后,准备立即大举进攻。而这时,吴王余祭的弟弟夷昧也和相国屈狐庸一起,带领大军来到离城,做好了救援舒鸠的准备。副将息桓见吴军人多势众,劝养由基等屈建大军到后,再发动进攻也不迟。养由基却道:"吴人只熟悉水战,不擅长车战,他们弃船登陆,是以己之短,攻敌所长,此战必输无疑。我军应趁对方立足未稳,打他们一个措手不及!"于是不听息桓劝阻,带领军兵立即出战,而且身先士卒,频频拉开不老宝雕弓,把利箭像连珠一样射向吴兵。养由基箭无虚发,吴兵个个应声倒地。吴军攻势受阻,纷纷向后退却。养由基立即引兵追赶,正好撞见吴国相国屈狐庸,于是破口大骂道:"你这个叛臣贼子,还有脸回来见楚国父老?"不等巫狐庸搭话,立即架起宝雕弓,搭上狼牙箭。巫狐庸一看苗头不对,驱车掉头就走,一溜烟逃得无影无踪。养由基放下弓箭,用力擦擦昏花的老眼,不敢相信这是真的,自言自语道:"吴人何时也会驾车了?"话音未落,突然从四面八方涌出几十辆铁叶车,像蜂攒蚁聚一样包裹过来,把养由基围了个严严实实。铁叶车上载的都是江南射手,还没等养由基反应过来,射手们万箭齐发,把养由基射了个万箭穿心。养由基就像一只刺猬一样,轰然倒在战场上。息桓赶紧收拾残军,独自回去向屈建禀报。屈建叹道:"养叔虽然死得惨烈,也算得偿所愿了!"所有将士都唏嘘不已。

　　不久，屈建重振军威，带领大军杀退吴兵，一举剪灭了舒鸠。可怜春秋第一神射养由基，最终却死在乱箭之下。楚共王曾经预言过，养由基"恃艺必死"，结果真被他不幸言中。不过，一代神射养由基，一生跃马扬鞭、驰骋疆场，最终能够战死沙场、为国捐躯，又何尝不是他最好的归宿呢？

34 "神探"伯州犁

公元前527年,楚康王再次出兵讨伐吴国。吴王派重兵守住江口,楚军久攻不下。楚康王想班师回朝,又不想无功而返,突然想到远在中原的郑国,一直忠心服事晋国,不把楚国放在眼里,于是不顾弭兵大会协约,把兵锋一转,浩浩荡荡向郑国杀去。

楚王先派大将穿封戌出营挑战,郑国派大夫皇颉(jié)出来应战。两人斗了还不到十个回合,穿封戌瞅个空当,轻舒猿臂,把皇颉生生活捉了过来。楚将公子围立功心切,便想把皇颉据为己有,立即驱车过来抢夺。穿封戌虽然地位卑下,却天生性如烈火、刚直不阿,见公子围趁火打劫,根本不吃他这一套,挺戟便向公子围刺来。公子围哪是穿封戌对手,只好眼巴巴地看着穿封戌把俘虏带走了。公子围越想越气,反而跑到楚王那里,来了个恶人先告状:"启禀大王,下臣好不容易擒获郑将皇颉,不料却被狂徒穿封戌抢走了。请大王为下臣做主!"不一会儿,穿封戌把皇颉押到康王面前献功,也参了公子围一本,内容几乎一模一样。恰好那天康王没有亲自上阵,没有亲眼目睹阵前的场景,一时也无法判断谁是谁非。楚康王灵机一动,命人把太宰伯州犁叫来,要他秉公办案。

太宰是楚国掌管刑狱的最高长官,伯州犁明知这是个烫手的山芋,但职责所在,只能硬着头皮接了下来。伯州犁毕竟是个老江湖了,眉毛一皱,立即计上心来,向康王奏道:"启禀陛下,下臣今天也没有上阵,未曾亲眼看见是谁擒了皇颉。不过在下臣看来,没有人比皇颉本人更清楚,是谁捉拿了自己。皇颉是郑国大夫,不是细作探子,如果询问他本人,相信他不会加以隐瞒。不知陛下意下如何?"楚康王准奏,命伯州犁立即提审皇颉。

伯州犁马上命人把皇颉叫来,让他站在庭下。伯州犁自己站到皇颉对面,让公子围站在自己左手一侧,穿封戌站到自己右手一侧。伯州犁正对着"证人"皇颉,分别向他介绍"原告"和"被告"。伯州犁首先拱手向上,郑重介绍道:"这位是王子围,大王的亲弟弟。"然后又垂手向下,轻描淡写地说道:"这位是穿封戌,方城外一个县尹。"介绍完毕后,伯州犁才问皇颉道:"请大夫据实回答,到底是谁抓住了你?"

皇颉也是聪明人,听伯州犁那么介绍,早已心领神会,知道该如何回答。皇颉故意睁大眼睛,盯着公子围看了半天,然后肯定地答道:"启禀陛下,外臣先与这位将军遭遇,与他大战了二十几个回合,可惜不能取胜,最后被他抓住了。请大王明察!"

公子围得意地哈哈大笑,还不屑地瞥了穿封戌一样,意思是你也不撒泡尿照照自己,竟敢跟本王子争抢功劳!穿封戌二话不说,从兵器架上抽出一根长戈,径直向公子围招呼过去。公子围大吃一惊,转身就往外跑。穿封戌挺着长矛,在后面穷追不舍。两人一前一后,左躲右藏,庭上乱作一团。伯州犁连忙追上前去,先用身体挡住公子围,然后死死拽住穿封戌的手,不停以好言相劝,穿封戌这才罢手。伯州犁又找到康王,请求把功劳分成两半,两人一人一份。散朝后,伯州犁又亲自摆酒设宴,请穿封戌与公子围各让一步,不要伤了和气。穿封戌气也出了,不再与公子围计较,两人终于握手言和,事情才算平息下来。

这个案子告一段落了,但后人每每读到这里,难免会产生颇多感慨,特别是看到当权者官官相护、欺上瞒下时,便会自然想到"上下其手"这个词。而"上下其手",正是"神探"伯州犁一手发明的。

35 帽缨里的另一个秘密

养由基死后不久,楚康王也去世了。令尹屈建与群臣商议,拥立公子麇(jūn)为王。不久,屈建也相继去世,公子围代为令尹。公子围是楚共王庶子,在诸公子中年龄最长,而性格桀骜不驯,一直耻居人下。上文中,强行抢夺俘虏皇颉(jié)的人就是他。这时,他已经贵为令尹,身居一人之下、万人之上,却仍然心有不甘,时常欺负熊麇暗弱,伺机取而代之。

公子围利用职务之便,暗暗培植自己的势力,先后结交了大夫薳罢、伍举等一大批心腹,更加肆无忌惮,完全不把楚王熊麇放在眼里。有一次,公子围到郊外打猎,竟公然打着楚王的旗号,惹得国人议论纷纷。当他走到芋邑的时候,芋尹申无宇看不下去了,不仅当面斥责了他的僭越行为,还把楚王的旌旗也没收了,藏到了自己的府库之中。公子围这才稍稍有所收敛。

不久,晋、楚两国约定在郑国虢地会盟,公子围代表楚王麇赴会。公子围首先派人到郑国打了个招呼,声称要顺道娶丰氏女子为妻。临行前,公子围又向楚王麇奏道:"楚国称王已久,爵位在诸侯之上。楚国使臣应当使用诸侯的礼节,这样才能显示楚国的尊贵。"熊麇知道这么做有违礼制,肯定会引起诸侯反感,但大权操纵在公子围手里,自己说也是白说,干脆睁一只眼闭一只眼算了。公子围大喜,竟然堂而皇之地僭用了楚王的仪仗,一切都按照诸侯的规格准备,还特意安排了两名武士,手持长戈,在队前充当向导,场面好不威风。快到郑国郊外时,迎宾看那阵势,还以为是楚王亲自驾临,不禁大吃一惊,赶紧向郑伯禀报。郑国君臣惶恐不安,连夜到郊外匍匐迎接。等见到庐山真面目时,才发现不是楚王,而是公子围,不觉啼笑皆非。郑国相国子产(公孙侨)对公子围十分厌恶,又担心他进城后有不轨行为,所以派行人(外交官)游吉以馆舍败坏,还没来得及修葺为由,把他安顿在城外歇息。

公子围先派伍举入城议婚。郑伯欣然答应。公子围又派人送去聘礼,装了足足几十辆大车,一车一车全是金银首饰,令人目不暇接。婚期快到的时候,公子围又突发奇想,动了偷袭郑国的念头,即以迎亲的名义,把甲士暗藏在迎亲队伍中,对郑国发动突然袭击。郑相国子产早有防范,一再对游吉交代道:"公子围心怀鬼胎,绝不能让他率众进城迎亲。"所以公子围一提到进城迎亲,行人游吉赶紧推辞道:"鄙邑地方狭小,无法容纳这么多人。如果令尹定想热闹一番,请允许鄙国在城外另辟一块空地,专作公子迎亲之用。不知令尹意下如何?"公子围怒道:"在下堂堂楚国令尹,却要在野外成亲,成何体统?"游吉答道:"令尹息怒!按照周朝通行礼仪,军容不能入城。如果令尹确想人多热闹,就请让军士们去掉军备!"伍举悄悄对公子围奏道:"看来郑人已经识破了公子的用心,对我们有所防备了,不如答应去掉军备,先替公子完婚要紧!"公子围无奈,命令所有士兵都取出利箭,只背着空空如也的箭袋,表示已经去掉军备,然后列队入城迎亲。公子围如愿娶了丰女,婚礼办得极为奢华。

婚礼结束后,公子围又率众赶到虢地,与诸侯商议会盟事宜。这时,晋国正卿赵武已经到了,宋、鲁、齐、卫、陈、蔡、郑、许等各国大夫,也都已到齐。公子围眼珠一转,首先派人给赵武传话道:"楚、晋两国已经有盟约在先,此次会盟就无需再订立盟书、重复歃血了,把此前在弭兵大会上的盟约重新宣读一遍,提醒列位诸侯不要忘记旧约,也就够了。"晋国大夫祁午"哼"了一声,奏道:"公子围之所以这么说,是怕晋国争先主盟。上次弭兵大会上,晋国已经让过一次了,这次轮也该轮到晋国主盟了。如果只是宣读旧约,就要让楚国次次领先了。请正卿三思啊!"赵武沉吟道:"将军多虑了。这次公子围前来参加会盟,排场就和楚王本人一样,我看他不仅在外面不可一世,回去后也不会安分守己。不如听之任之,助长其嚣张气焰,让楚国祸起萧墙,产生更大的祸患!"祁午道:"正卿言之有理。不过,即便如此,我们也不能不有所防备。上次在弭兵大会上,令尹屈建差点妄动刀兵,这次公子围有过之而无不及,我们一定不能掉以轻心。"赵武却道:"之所以要达成弭兵之约,就是要寻盟结好。赵武只知道守信践诺,不会使用歪门邪道。"双方登上盟坛后,公子围要求重读旧约,赵武唯唯诺诺,也不加反对。会盟完毕后,公子围立即返回楚国。各国大夫心里也很清楚,公子围要取代熊麇,成为新的楚王了。赵武回到晋国后,终究羞愧难当,不久便郁郁离开了人世。大夫韩起接替"赵氏孤儿",开始执掌晋国军政大权。

公子围回到郢都后,恰好楚王熊麇抱病在床,不能亲自处理朝政。公子围借口入宫探病,支开服侍楚王的嫔妃,亲自解下自己的帽缨,套在熊麇脖子上,把他生生给勒死了。熊麇有两个儿子,一个叫熊慕,一个叫熊平复,听说父亲被杀,拔剑来刺公子围,可惜气力不足,反而惨死在公子围的剑下。熊麇还有两个弟弟,一个是右尹公子比(字子干),一个是宫厩尹公子黑肱(字子皙),听说楚王父子被杀后,两人撒腿就跑,公子比逃到了晋国,公子黑肱逃到了郑国。公子围派使者向诸侯送去讣告,讣辞本来写道:"寡君熊麇不幸因病去世,大夫公子围应当继位。"伍举觉得不妥,把后面一句改成了"共王公子围最长"。诸侯早知会有今天,收到消息后,也没什么大惊小怪的。

公子围即位后,改名叫熊虔,就是楚灵王。灵王立长子禄为世子,命薳罢为令尹,郑丹为右尹,伍举为左尹,斗成然为郊尹。太宰伯州犁在郏(jiá)地办差,灵王怕他不服,派了个人把他杀了,命薳启强代替他为太宰。不久,灵王把楚王麇葬在郏地,历史上称之为郏敖。

36 "申"张"正义"

楚灵王上台以后,更加骄纵强横,渐渐萌生了独霸中原的野心。灵王首先派伍举出使晋国,一来向晋国求取诸侯,二来向晋侯求婚结亲,因为觉得刚刚在郑国迎娶的丰女出身太低微,不配做自己的夫人。这时,晋平公刚刚去世,正卿韩起害怕另生枝节,不敢有所违抗,一口答应了灵王的两个要求。楚灵王大喜过望,决定在第二年三月,在郑国申地会盟诸侯。

第二年春天,各国诸侯纷纷到申地相会。除了鲁国、卫国推脱有事不来,宋国派大夫向戌代行之外,其他像蔡、陈、徐、滕等国诸侯,都亲自前来赴会。楚灵王也率兵车赶到申地,郑简公带着各国诸侯前来拜见。右尹伍举奏道:"臣听说要想称霸中原,必先得到诸侯拥戴;而要想得到诸侯拥戴,必先懂得会盟礼仪。今天是大王第一次向晋国求取诸侯,宋国左师向戌,郑国大夫子产,都是知书达理之人,大王不能不慎重啊。"灵王不敢掉以轻心,"大夫见多识广,快快告诉寡人,过去诸侯会盟都有哪些礼节?"伍举答道:"夏启有钧台祭享,商汤有景亳(bó)诰命,周武王有孟津誓师,周成王有岐阳搜猎,周康王有郦宫朝会,齐桓公有召陵会师,晋文公有践土之盟。六王二公在与诸侯会盟时,都有自己的礼节,大王可以从中挑选一种,作为此次会盟之用。"楚灵王道:"寡人想学齐桓公召陵会师,不知他的礼节是什么样子?"伍举答道:"六王二公的礼节,下臣也只是略有耳闻。据说齐桓公南下伐楚的时候,把大军驻扎在召陵。我国派大夫屈完出使齐师,齐桓公命令把八国联军按照八个方位依次排开,集中展示了中原诸侯的强大武功,然后才联合诸侯与屈完会盟。如今诸侯刚刚屈服,大王不妨也向他们展示楚国的强大武力,让他们心生畏惧,然后再征会讨逆,还有谁敢不从呢?"灵王点头称是,"寡人就仿效齐桓公伐楚故事,在与诸侯会盟后,立即对诸侯用兵,以显示我国军威。可对谁下手最合适呢?"伍举答道:"齐国大夫庆封犯上弑君,仓皇逃到了吴国。吴王夷昧不仅不治他的罪,反而把朱方赐给他和族人居住,日子过得比在齐国时还要阔绰。齐人十分气愤,却又无可奈何。吴国本是我国仇敌,如果以诛杀庆封为名,出兵讨伐吴国,不是一举两得吗?"灵王点头称善。

　　会盟当天,为了震慑诸侯,楚灵王也把所有战车都搜集起来,整整齐齐地摆在申地。各国诸侯战战兢兢地走完了会盟仪式,立即率兵"逃回"本国,约定一个月后出兵讨伐齐国逆臣庆封。只有徐子是吴姬所生,楚灵王害怕他向吴王告密,便把他扣留下来,关押了整整三天。后来,徐子主动要求做楚军伐吴的向导,灵王才把他放了出来。楚灵王立即以徐子为向导,命大夫屈申率领诸侯联军攻打吴国。屈申率兵迅速包围朱方,活捉了齐国逆臣庆封,诛杀了他的全族。屈申本想继续进军,听说吴国已有所防备,于是班师回到申地,单拿庆封向灵王献功。

　　楚灵王想在诸侯面前杀掉庆封,以显示自己的威风。伍举劝道:"下臣听说:'无暇者,可以戮人。'只有自己纯净无瑕,才敢杀人示众。如果大王在众目睽睽之下戮杀庆封,引得他反唇相讥,反而会沦为笑柄。请大王三思!"楚灵王不听,坚持把庆封绑到军前,用刀顶着他的脖子,要他当着各国大夫的面,大声说出自己的罪行:

"各国大夫听着,不要像我庆封一样,结党营私,弑君虐孤!"没想到庆封哈哈大笑,大声说道:"各国大夫听着,不要学楚共王庶子围,弑侄自立,会盟诸侯!"旁观的人无不用手捂着嘴,暗暗觉得好笑。楚灵王羞得面红耳赤,命人立即把庆封杀掉了。

楚灵王从申地回到郢都后,仍然羞愧难当,转而责怪大夫屈申没有乘胜追击,而是草草班师回朝,贻误了战机,因此怀疑他有二心,也不容他分辨,直接派人把他杀了,用屈建的儿子屈生取代了他的位置。

当年冬天,吴王夷昧为了洗刷朱方之耻,亲自率领大军讨伐楚国,长驱直入楚国的棘、栎(lì)、麻三邑。楚灵王勃然大怒,亲自率领诸侯联军讨伐吴国。越君允常憎恨吴军屡次侵扰,也派大夫常寿过率兵助战。楚王命大将䓕(wěi)启强为先锋,率领水师首先进军。䓕启强到达鹊岸后,被吴人打了个措手不及,大败而归。楚灵王不死心,亲自率领大军抵达罗汭(ruì)。

吴王夷昧派宗弟蹶(jué)由到楚军犒师。楚灵王一怒之下,把蹶由绑了起来,想把他杀了,用他的血祭衅军鼓。楚灵王得意地问道:"大夫来时,可曾卜过吉凶吗?"蹶由从容地答道:"回大王,卜过,大吉。"楚灵王哈哈大笑道:"寡人马上就要用你的鲜血祭衅军鼓,不知大夫吉从何来?"蹶由不屑地答道:"外臣所卜的是社稷大事,怎么会占卜个人的吉凶呢?寡君派蹶由犒师,其实是想探清楚王的愤怒程度,然后再确定防御的策略。如果大王心情高兴,放末将开开心心回去,让敝邑的戒备有所放松,吴国也许就离灭亡不远了。如果大王把外臣杀了,敝邑知道楚王震怒,必定会重修武备,加紧防御,大王也就无机可乘了。现在大王杀了外臣,对下臣自然是灭顶之灾,但对吴国而言,不是大吉大利吗?"楚灵王叹道:"没想到吴国还有如此贤士啊!"下令把蹶由放了。

楚军逼近吴国边境后，发现吴兵守备森严，根本没有可乘之机，只好撤军回国。回去的路上，楚灵王感叹道："寡人错杀屈申了！"可惜为时已晚。

楚灵王在申地会盟后，看似又夺回了中原霸主的地位。但他好大喜功，喜怒无常，诸侯们其实口服心不服，所谓的霸业有名无实，而在看似平静的朝堂上，也早已是暗流涌动、危机四伏了。

37 楚王好细腰

楚灵王亲自率军讨伐吴国，不料却无功而返，在诸侯和群臣面前，感觉很没面子。灵王决定换个思路，我堂堂楚国不仅有强大的军队，还有璀璨的文化，诡谲的艺术，先进的制度，既然无法以武力威服诸侯，何不以器物制度夸示诸侯呢？于是召集全国能工巧匠，在郢都大兴土木，修筑了一座连中原诸侯也未曾见过的豪华宫殿，取名叫章华宫。同时，派遣使者出使列国，邀请各国诸侯在宫殿落成之日，前来参加落成典礼。

几个月后，章华宫建成了，正如楚灵王想象中一样，极其壮丽，至为奢华。章华宫方圆四十里，里面雕楼玉栋，亭台楼榭，如同星罗棋布一般，令人目不暇接。宫中还筑有高台，人称章华台，也有人称为三休台，因为台高三十仞，又极其险峻，要想登上巅峰，至少要休息三次。据说楚灵王还亲自下令，赦免了楚国所有逃犯，只要他们愿意回来，不仅既往不咎，而且赐给锦衣玉食，全部充实到章华宫中去。

楚灵王还有一个癖好，就是特别偏爱腰细之人。凡是膀大腰圆的，不管男女老幼，灵王都视为眼中钉、肉中刺。凡是腰细的，不论高低贵贱，灵王都要高看一眼、厚爱三分。章华宫建成后，灵王亲自挑选了成百上千个细腰美女充实到宫中，章华宫也因此称为细腰宫。宫中美女为了讨好灵王,个个强忍着饥饿,节衣缩食,哪怕是饿死,也在所不惜。楚国百姓受宫中影响,也普遍以腰粗为丑,腰细为美,平时连饭都不敢吃饱,生怕小蛮腰又粗了一分。即便是朝中的文武大臣,入朝议事时也都束紧腰带,务必作出迎风摆柳的摇曳状,生怕显出富态,引起灵王反感。从此,楚灵王天天在细腰宫中流连忘返,丝竹管弦之声,昼夜不绝于耳。

有一天,楚灵王和往常一样,又在章华台上饮酒作乐。突然,听到台下有人喧哗。不一会儿,大夫潘子臣带着一位官员来到灵王面前。灵王定睛一看,认得是芋邑申无宇,当年就是他收了自己的"王旗"。潘子臣奏道:"申无宇不听大王号令,擅自闯入王宫,拘拿宫廷禁卫。下臣现将他捉来,请大王定罪!"灵王气不打一处来,"好你个申无宇,当年没收了寡人的王旗,今天又在寡人禁宫中拿人,你是活得不耐烦了吗?"无宇义却答道:"禀陛下,下臣无罪。下臣要捉拿的,本是臣的看门人。半年前,他翻墙入室,盗走了下臣的名贵酒器,东窗事发以后,就仓皇逃走了。下臣找了他一年多,直到最近,才发现他已经窜入王宫,摇身一变,成了大王的守卫。下臣怕他故态复萌,又偷盗大王的东西,所以才闯入宫中,把他给抓住了。"灵王脸上缓和了些,"既然是寡人宫中的守卫,大夫就放他一马吧!"申无宇坚持道:"天有十日,人有十等。自大王以下,还有公、卿、大夫、士、皂、舆、仆、台八级,上级统领下级,下级服从上级,是天经地义的事儿。如果臣的守门人,因为有王宫庇护,下臣就不能管教,因此而坏了法度,使国内盗贼横行,还怎么得了呢?臣宁死也不敢执行命令,请大王收回成命!"灵王点点头道:"爱卿言之有理。"命令侍卫把犯事的守卫交给申无宇处理。申无宇磕头拜谢而去。

却说楚灵王早就把请柬向各国诸侯发出去了,可等章华台建成后,居然没有一个诸侯前来道贺。楚灵王脸上一副若无其事的样子,心里却很不是滋味。又过了好几天,大夫薳(wěi)启强终于不辱使命,为楚灵王请来了鲁昭公姬稠。楚灵王大喜,心想终于可以挽回点面子了,于是吩咐手下热情招待。薳启强把鲁侯安顿到馆舍后,私下对灵王奏道:"大王有所不知,这鲁侯起初也不肯前来,下臣一再强调已故的鲁成公与我国先大夫公子婴齐的深厚友谊,同时又以武力相威胁,鲁侯才勉强答应下臣的邀请。鲁国是礼仪之邦,鲁侯亦颇知礼仪,请大王在见面时特别留意细节,不要让鲁侯笑话。"灵王一向蛮横无礼,听说要注意礼节,心中没底,随口问道:"鲁侯长什么样?"启强答道:"肤白貌美,身材高大,几绺长须自然下垂,足足有一尺多长,颇有国君威仪。"灵王这下有了主意,立即密传诏令,从郢都挑选了几十个面带长须的彪形大汉,让他们专门学习了三天礼仪,然后穿上华衣丽服,作为傧相接待鲁侯。

　　第二天见面时,楚灵王让几十个彪形大汉走在最前列,只见一个个人高马大、虎背熊腰,脸上还留着几绺像猪鬃一般坚硬黝黑的长须。鲁侯乍一看,吓了一跳,转念一想,又不禁忍俊不禁,哑然失笑,但也不好多说什么,只当没有看见似的,自顾与灵王一起游览章华宫。

　　鲁侯见宫内台榭华伟壮丽,称赞之辞不绝于口。楚灵王得意地问道:"上国有如此美丽的宫室吗?"鲁侯谦恭地答道:"敝邑弹丸之地,怎敢奢望达到上国的万分之一呢?"灵王飘飘然起来,与鲁侯一起攀登章华台。章华台高峻迤逦,一层一层盘旋而上,每一层都有明廊暗阁,风景绝不相同。灵王预先挑选了几十个十几岁的漂亮童子,个个打扮得像女人一样妍丽,手中捧着雕盘玉器,嘴里唱着郢都的小曲,依次向鲁侯劝酒,一个个仪态万千。登到高台绝顶时,只听得乐声飘摇,觥筹交错,又是一番不同光景,令人恍然置身神仙洞府之中。楚灵王和鲁昭公意醉神迷,都有一种不知今夕何夕的感觉,不禁频频举杯,喝得酩酊大醉。楚灵王一高兴,赠了鲁昭公一张大屈弓。

却说那大屈弓是楚国府库中珍藏的奇珍异宝,灵王第一天晚上送给鲁昭公后,第二天早上就后悔了。楚灵王找到大夫薳启强,向他暗示了自己的心思。薳启强心领神会,"陛下不必担心,下臣定教鲁侯乖乖把宝弓还给大王!"楚灵王大喜,命薳启强马上去办。薳启强当夜来到鲁侯公馆,见到鲁昭公后,装作毫不知情的样子,随口问道:"听说寡君昨天喝得高兴,送了君侯一件礼物。不知寡君送的是什么宝物,下臣可以一饱眼福吗?"鲁侯命人拿出大屈弓,递给薳启强欣赏。薳启强一看到大屈弓,立即作惊讶状,向弓拜了两拜,还不停向鲁侯道贺。鲁侯不以为然地问道:"不就是一张弓嘛,有什么好祝贺的?"薳启强故作惊讶地问道:"君侯难道还不知道吗?这可不是一张普通的弓,它早已名闻天下了,齐、晋、秦、越等大国诸侯,纷纷派使者聘求。寡君觉得不管把弓箭给谁,都会得罪其他诸侯,所以一直留着,谁也没有答应。如今寡君特意把宝弓赠给君侯,恐怕其他诸侯都要到君侯那里去索要了,君侯还是做好防御的准备吧!"鲁侯终于明白启强的意思,蹴然站起身来,愤怒地说道:"寡人不知这张弓如此金贵,否则怎么敢接受呢?"立即派使者把大屈弓还给了楚灵王,然后告辞回国了。伍举听说后,长叹一声道:"大王恐怕不得善终啊!为了庆祝章华台落成而召集诸侯,诸侯中除了鲁侯,没有一个人愿意前来。大王竟然因为舍不得一张大屈弓,而失信于唯一到来的鲁侯。一个人舍不得自己的东西,必然想着夺取他人的东西。夺取他人的东西,必然会招致仇怨。仇怨一多,离病患也就不远了!"

可笑的是,晋平公听说楚灵王建造了章华宫,而且以此号令诸侯,愤愤不平地对诸大夫说道:"楚国是蛮夷之国,尚且以宫室夸示诸侯,晋国贵为中原霸主,难道还不如楚国吗?"大夫羊舌肸谏道:"下臣只听过以德行感服诸侯的伯主,没听过以宫室诱服诸侯的霸主。楚王大肆修筑章华台,已经免俭失德,难道主公还想效仿他吗?"晋平公不听,执意在曲沃汾水旁,仿照章华宫的样式,也修建了一座宫室,取名虒(sì)祁宫,虽然不如章华宫雄伟壮丽,却更显得精致秀美。晋平公还学楚灵王的样儿,派遣使者邀请诸侯道贺。诸侯心中暗自好笑,但怕晋国报复,不敢不遣使祝贺。

楚灵王举全国之力,修建了华美壮丽的细腰宫,却只有一个鲁昭公前来道贺,后来还不欢而散。听说晋平公只建了一座小小的虒祁宫,却引得各国诸侯纷纷前去拜贺,心中很不平衡。灵王似乎明白,要想称霸天下,仅有宫室器物,还是远远不够的。而除了宫室器物外,他所能想到的,不过还是车马弓箭而已。楚灵王思虑再三,决定再次兴兵中原,重新用武力慑服诸侯。

38 蹊田何不夺牛

却说楚灵王心中愤愤不平,又想到中原寻衅滋事。伍举谏道:"如果大王以德义召集诸侯,诸侯不愿前来赴会,那是他们的过错;而大王以土木号召诸侯,诸侯不肯前来相会,就是大王的责任了。现在反要追究他们的过失,怎么能够服众呢?如果大王一定要出兵中原,也必须征讨确实有罪的诸侯,这样才能做到师出有名。"灵王问道:"哪个国家有罪呢?"伍举答道:"蔡国世子般杀父弑君,至今已经九年了。当年大王大合诸侯,蔡般主动前来赴会,大王从大局着想,一直隐忍未发。但杀父弑君是大罪,就是传到子孙后代也要追究到底,何况蔡般本人还活着呢?更重要的是,蔡国与楚国接壤,如果以讨罪为名,把蔡国据为己有,不是一箭双雕吗?"楚灵王连连点头。

伍举话音未落,内臣报道:"陈国大夫于征师送来讣告,陈哀公溺去世,公子留嗣位。"伍举沉吟道:"陈世子偃师早已列入诸侯名册,陈国却擅立公子留,准备置偃师于何地呢?如果下臣猜得没错,陈国近期必有变故。"伍举正在猜测,宫人又报道:"陈哀公的三公子胜和侄子公孙吴求见。"楚灵王立即传召两人进宫。二人一见楚王,立即扑通跪倒在地,号啕大哭起来,过了半晌,公子胜才勉强止住哭声,向灵王奏道:"外臣兄长世子偃师,被逆臣司徒招和公子过阴谋害死。父亲哀伤过度,也自缢而死了。司徒招和公子过又合谋,擅立公子留为君。我们二人担心也被他们害死,特意赶来投奔大王。请大王为外臣和陈国百姓做主啊!"

原来陈哀公先立了元妃郑姬所生的公子偃师为世子,后来更加宠爱的次妃又为他生了儿子公子留,哀公爱屋及乌,想废掉公子偃师,改立公子留为后。可世子偃师已经深入人心,而且没有什么过错,陈哀公找不到废掉他的理由。突然有一天,陈哀公病倒了,而且一病不起,眼看自己活不长了,便把司徒招和公子过叫到床前,含泪把公子留托付给他们,嘱咐他们遵照自己遗命,等世子偃师死后把君位传给弟弟公子留。司徒招和公子过临危受命,不敢马虎大意,但见世子偃师的儿子公孙吴已经长大成人,料想将来世子偃师不可能把君位传给弟弟公子留,便决定提前下手,趁陈哀公重病在床,暗中派死士陈孔奂刺死了世子偃师。陈哀公没想到自己一时糊涂,竟害死了亲儿子世子偃师,不禁又羞又愤,不久也上吊自杀了。

楚灵王立即传召公子留的使者于征师对质。于征师起初还想抵赖,但在铁证面前,很快被公子胜驳得哑口无言。楚灵王大怒道:"好大的胆子!既是司徒招、公子过的同党,竟还敢来欺瞒寡人!推出去斩了!"刀斧手一拥而上,把于征师推出门外,立即开刀问斩。伍举奏道:"大王既已诛杀逆使,下面就该替公孙吴讨伐司徒招和公子过的罪行了。这下名正言顺地出师中原,诸侯还有谁敢不服呢?等陛下征服陈国后,再一举吞并蔡国,到时恐怕连先君庄王的不世功绩,都显得微不足道了。"楚灵王喜出望外,立即兴兵讨伐陈国。

公子留听说于征师被杀,心中惶恐不安,最后连国君也不当了,一溜烟逃到了郑国。有人劝司徒招道:"司徒大人,连国君都逃跑了,你也赶紧逃吧!"司徒招笑道:"本司徒不怕,就是楚王到了,本官也有妙计脱身。"没过几天,楚灵王的大军果然开到了陈城之外。陈国百姓可怜世子偃师死得冤枉，又见偃师的儿子公孙吴也在军中，纷纷箪食壶浆，迎接楚军到来。司徒招见情况紧急，立即找来公子过商议。双方坐定后，公子过问道："前日听司徒说，已经有了退敌妙计，不知是何计策？"司徒招笑道："要退楚兵不难，只需向公子借一样东西。"公子过急忙问道："什么东西？"司徒招若无其事地答道："公子的人头。"公子过大惊失色，作势要起身逃走。司徒招把手一挥，已经埋伏多时的武士们，纷纷从门后跳将出来，一阵拳打脚踢，把公子过击倒在地。司徒招拔出佩剑，一剑斩下公子过的人头，径自来到楚军大营，向楚灵王哭诉道："启禀大王，谋杀世子偃师，拥立公子留，都是公子过的主意。外臣仰仗大王神威，已经斩下他的人头，特来献给大王。请大王赦臣死罪！"楚灵王听他言辞谦逊，已经有些喜欢他了。司徒招又跪着走到楚王面前，低声奏道："昔日楚庄王平定夏征舒之乱后，本已下令灭掉陈国，改立为楚县，后来不知为何，又恢复了子姓社稷，平白丢掉了一件大功。如今公子留畏罪潜逃，陈国群龙无首，请大王立即把陈国废为楚县，以免被他人捷足先登。"楚灵王一听，喜出望外，"爱卿所言，正合孤意。寡人这就派你回国打扫宫室，等待寡人不日巡幸。"司徒招千恩万谢，高高兴兴地回陈国去了。

公子胜听说灵王已经放司徒招归国，大失所望，又到灵王面前哭诉道："大王明鉴，公子过不过是个帮凶，司徒招才是罪魁祸首啊！现在司徒招把罪责都推到公子过身上，以巧言令色欺骗大王，逃脱了应有的惩罚，先君和世子在九泉之下也死不瞑目啊！"说罢痛哭不已，所有将士都为之动容。楚灵王劝道："公子不要悲伤，寡人自有分寸！"

第二天，司徒招备好车驾仪仗，迎接楚灵王进城。楚灵王大大咧咧坐在朝堂之上，接受了陈国文武百官的朝见，然后命人把陈孔奂传到堂上,厉声斥责道:"你这个乱臣贼子,胆敢弑杀世子偃师,寡人不杀你,何以平息民愤?"命令左右把陈孔奂推出门外斩首,把他的人头和公子过的人头一起,高悬在陈国城门上示众。楚灵王又把司徒招叫过来,无奈地说道:"寡人本想对你网开一面,可是文武百官和满城百姓都不答应。寡人今天暂且饶你一命,带着你的家人逃到东海去吧!"司徒招听后,吓得冷汗直流,赶紧磕头称谢,抱头鼠窜而去。灵王转身对公孙吴说道:"寡人本想立你为君,让你延续陈国社稷,可是目前叛党尚多,仓促让你即位,反而白白害你丢了性命,不如跟随寡人一起回楚国去吧!"下令捣毁陈国宗庙,改陈国为陈县,让穿封戌留下驻守,人称陈公。陈国百姓知道后,不禁大失所望。

想当年楚庄王灭陈设县,大夫申叔时以"蹊田夺牛"的故事劝谏楚庄王,楚庄王幡然改过,立即恢复了陈国社稷,不久即称霸中原,成为春秋史上一代霸主。此时,楚灵王面临着同样的选择,可他却听信佞臣司徒招的蛊惑,最终毁掉了陈国社稷,还自以为建立了不世奇功。他的结局又会如何呢?我们还是拭目以待吧。

39 小"蔡"一"碟"

楚灵王带公孙吴回到郢都后,修养了整整一年,然后准备又出兵讨伐蔡国。大夫伍举奏道:"蔡般弑君犯上,已经是十年前的旧事儿了。现在重新翻出来,他肯定会找种种借口,不如把他骗过来杀了,反倒省事得多。"灵王依计行事,谎称要到各国巡察,把军队驻扎在申地,然后派使者手持重金出使蔡国,邀请蔡侯到申地相会。

蔡侯不敢怠慢,立即乘车起行。临行前,大夫公孙归生奏道:"楚国本来是上国,可楚王派来的使者却言辞谦卑,馈赠丰厚,行为十分可疑。据下臣揣测,这背后肯定另有阴谋。主公是一国之主,千万不能以身试险啊!"蔡侯摆了摆手,长叹道:"寡人也知道此行凶险,可是蔡国还不如楚国一个县大,如果寡人不去赴会,楚王借机前来讨伐,蔡国又如何是好呢?"公孙归生也叹道:"都是下臣无用,让主公为难了!如果主公非去不可,下臣斗胆请求,还是先把世子确定了再去吧!"蔡侯听了公孙归生的话,心中愈发伤感,不过确实在理,只好无奈地点了点头,宣布立公子有为世子,公孙归生为监国。

蔡侯忐忑不安地赶到申地,请求面见楚灵王。没想到楚灵王亲自迎出楚营,满面春风地说道:"哎呀,原来是蔡侯到了!自从上次申地会盟,咱们已经八年没有见面了。寡人见君侯风采依旧,真是可喜可贺啊!"蔡侯不敢放松警惕,毕恭毕敬地答道:"承蒙大王不弃,把敝国收入盟籍,蔡国才得以风调雨顺,国泰民安,孤家真是感激不尽!听闻大王新近诛叛讨逆,开疆拓土,正要遣使前来道贺,不想大王大驾光临,敝国上下真是受宠若惊啊!"楚灵王哈哈大笑,立即命令在行宫设宴,要盛情款待蔡侯。席间宾主推杯换盏,开怀畅饮,气氛逐渐热烈起来。楚王还吩咐伍举在宫外设宴摆酒,专门款待蔡侯的侍从。蔡侯见灵王如此热情,慢慢放松了警惕,不知不觉间,已经喝得酩酊大醉。楚灵王见状,把酒杯往地上一摔,突然从夹壁中窜出了无数甲士,把蔡侯团团围住了。蔡侯已经烂醉如泥,还没搞清楚是怎么回事,已被五花大绑了起来。灵王又对蔡侯的从人喊道:"蔡般大逆不道,寡君替天行道。其余人等一律无罪,愿意投降的重重有赏,愿意回去的也悉听尊便!"但蔡侯平时对下人恩宠有加,随从中没有一个人愿意投降。楚灵王一声令下,侍卫们呼啦一声围裹过来,把七十多个随从全都抓了起来。

等蔡侯醒过来时,发现全身动弹不得,这才明白自己上了当。蔡侯怒目圆睁,高声喊道:"蔡般到底犯了什么罪,大王要如此对我?"灵王道:"你杀父弑君,有悖天理伦常。让你活到今天,已经是便宜你了。你还有何话说?"蔡侯知道多说也是无益,不禁长叹道:"罢了罢了!寡人只后悔没有听从公孙归生的劝告!"灵王命人把蔡侯拖出去,当众施行了磔(zhé)刑,也就是凌迟处死。其余随从七十多人,也一个不留,杀得干干净净。灵王命人把蔡般的罪行写在罪板上,传谕各国诸侯,然后派公子弃疾为将,统领大军攻打蔡国。

蔡国世子有听说父侯被杀,楚军很快就要兵临城下,立即组织军民人众,亲自登城守御。公孙归生道:"楚国兵多将广,仅凭蔡国一己之力,是无法阻挡楚军的。蔡国虽然一直依附楚国,但晋、楚两国召开弭兵大会的时候,归生也曾参与过会盟,不如派人到晋国求救,说不定还有一线希望。"世子也别无他法,立即出重金从百姓中招募使者。其中有一个叫蔡洧(wěi)的,父亲蔡略是蔡侯的随从之一,在护送蔡侯到楚国后,也被楚灵王一并杀死了,一心想报杀父之仇,所以挺身而出,领了蔡国国书,连夜縋城而出,一路上风餐露宿,径直赶到晋国向晋昭公求援。

晋昭公心中没底,立即召集群臣商议。大夫荀吴道:"晋国作为中原盟主,无疑是属国的主心骨。上次主公没有救援陈国,结果陈国被楚国灭亡了。这次如果再不救助蔡国,蔡国估计也在劫难逃。长此以往,恐怕主公就只是名义上的盟主了!"晋昭公长叹一声,"寡人何尝不想出兵?!可是楚王凶狠残暴,我国又兵力不足,寡人又能如何呢?"正卿韩起愤然奏道:"即便兵力不足,也不能坐视不管。主公何不召集诸侯一起商议呢?"晋昭公想想也是,便命韩起召集诸侯在厥慭(yìn)相会。

会盟日期一到,宋、齐、鲁、卫、郑、曹等国纷纷派遣大夫与会。各国大夫齐聚厥慭,却不知道因为何事,正七嘴八舌地议论纷纷,晋国正卿韩起这才告诉大家,今天主要是商议如何出兵讨伐楚国。各国大夫听说要讨伐楚国,气氛一下子就凝固了,所有人都埋着头,一言不发。韩起见大家都不说话,又慷慨激昂地说道:"诸位大夫就这么害怕楚国吗?如果任由它蚕食陈国、蔡国,就不怕有一天也会殃及在座的诸位吗?"各国大夫面面相觑,还是没有一个人搭话。韩起有点儿尴尬,用眼角一瞥,突然瞅见宋国右师华亥也在大夫之列,于是把矛头单独对准了华亥:"当日天下诸侯在宋国西门举行会盟,就是你家先人右师华元倡议的,大家约定南北弭兵,如果有谁敢首先妄动刀兵,各国诸侯就群起而攻之。如今楚国背信弃义,率先出兵侵伐陈、蔡两国,右师袖手旁观、不发一言,难道对得起先祖右师华元吗?"华亥战战兢兢地答道:"下国也不愿看到此事发生,只是楚国蛮夷不讲信义,敝国也无可奈何啊。如今各国武备松弛,一旦与楚国遭遇,胜负着实难料啊。

不如按照弭兵之约,首先推选一位德高望重的使者,前往楚营替蔡国求情,楚王看在众位诸侯面上,说不定会主动撤兵。"韩起见各国大夫无不对楚国惧怕三分,料想出兵救蔡一事定会无疾而终,也不再勉强大家,于是会同各国诸侯修书一封,派晋国大夫狐父到申城求见楚灵王。蔡洧见各国大夫不肯发兵,一路号哭着回去了。

狐父独自来到申城,恭恭敬敬地把国书呈给楚灵王。楚灵王拆开一看,不外乎老一套外交辞令,最后请自己大发慈悲,保存蔡国宗庙社稷。灵王看罢哈哈大笑,对狐父说道:"大夫是跟寡人说笑吗?蔡国眼看就要城破国亡,你们凭着几句空话,就想让寡人撤兵?把寡人当三岁孩子吗?回去告诉晋侯,陈、蔡是寡人属国,与中原诸侯无关,不劳你们费心!"狐父还想再加哀求,楚灵王已转身进入后宫去了。狐父自讨没趣,怏怏地回到晋国,连封回信都没有讨到。晋昭公听后恨恨不已,无奈实力不济,只好打碎了牙齿往肚里吞,终究没敢派出一兵一卒。

却说蔡洧一路抹着眼泪,赶回蔡国去通风报信,一不小心被楚国士兵逮住了。士兵把蔡洧押到公子弃疾帐里,公子弃疾用尽百般酷刑,蔡洧就是不招。公子弃疾无奈,只好把他囚禁在后军之中,等候楚灵王亲自发落。弃疾得知晋国不会派兵救援,更加猛力攻城。

蔡国军民听说晋国不肯出兵相助,心中非常恐惧,城中士气一落千丈。这时,公孙归生挺身而出,对蔡侯奏道:"现在情况万分紧急,下臣愿意豁出这条老命,直接闯入楚营,请求楚王退兵。万一说动楚王,就能避免生灵涂炭了。"世子有哭道:"城中全靠大夫调度,难道爱卿舍得离孤家而去吗?"公子归生叹道:"既然殿下舍不得老臣,就请派臣的儿子朝吴去吧。"世子有命人把朝吴找来,含着眼泪把他送出了蔡城。

朝吴出城以后,直接去见公子弃疾。公子弃疾以礼相待。朝吴哭道:"公子大军压境,蔡国知道灭亡在即,只是至今不知蔡国所犯何罪。如果说先君般杀父弑君,罪不可赦,那么世子有何罪之有呢?蔡国的宗庙社稷又何罪之有呢?请公子明示!"公子弃疾支吾道:"末将只管奉命攻城,其他一概不敢过问,如果无故撤军,肯定会被大王问罪。请大夫体谅!"朝吴见公子弃疾没有把话说死,进前一步低声奏道:"朝吴有句话想对公子一个人讲,请公子屏去左右。"弃疾不想落下话柄,连忙说道:"帐中都是末将心腹,大夫但说无妨!"朝吴不再避讳,大声说道:"楚王君位来路不正,想必公子不会不知吧?而他在即位以后,又变本加厉,对内大兴土木、劳民伤财,对外穷兵黩武、灭陈诱蔡,可以说天怒人怨、人神共愤!可惜公子还蒙在鼓里,跟在后面听他使唤,有朝一日发生变故,恐怕难免会受到牵连。而公子贤名远播,又有'当璧'之祥,楚人谁不想立公子为君呢?如果公子能反戈倒向,以弑君虐民之罪诛杀楚王,又有谁能阻挡得住呢?如果公子肯听在下劝谏,朝吴愿率蔡国军民作为先驱!"弃疾把桌子一拍,故意厉声喝道:"大胆匹夫,竟敢用花言巧语离间我们君臣感情!本帅本该将你立即斩首,念你还有些用途,姑且留下你的项上人头,赶紧回去给世子有传话,让他立即出城投降,否则杀他个片甲不留!"弃疾不等朝吴搭话,命手下把他撵了出去。

弃疾为什么要急于赶走朝吴呢?因为朝吴刚才在大庭广众之下,公然提到了"当璧"之祥。在楚国宫廷里,"当璧"之祥既是公开的秘密,又是所有人都讳莫如深的话题。原来还在楚共王时期,他的宠姬给他生了五个儿子,老大叫熊昭,就是后来即位的楚康王;老二叫熊围,就是现在的楚灵王,后来改名叫熊虔;老三叫熊比,字子干;老四叫熊黑肱,字子皙;老五就是公子弃疾。共王想在五个儿子中,选一个立为世子,但一时拿不定主意,于是捧着一枚玉璧,暗暗向神明祷告:"请上天帮助寡人在五个儿子中,选定一个贤明而且有福的公子,接替寡人主持社稷。"说完,悄悄把玉璧埋在庙堂的地板下,并在地上标上只有自己才能认出的记号,命令五位公子斋戒三天后,依次到庙堂祭祖,谁在埋璧的地方跪拜,谁就是神明选定的继承人。康王首先进入厅堂,却一脚迈过了埋璧的地方,才在灵前祭拜。灵王跪拜时,手肘碰到了埋璧的地方。子干、子皙完全不沾边。弃疾当时年纪还小,由奶妈抱着进去参拜,正好跪在玉璧上方。共王心知上天保佑弃疾,对弃疾更加宠爱。可惜共王去世时,去疾年龄尚小,只能先让康王即位。王宫中很多人都听过这件事,知道公子弃疾才应该是真正的楚王。所以,当朝吴一说到"当璧"之祥时,弃疾马上就变了脸,因为他害怕有人传扬出去,引起灵王的猜忌,赶紧装作生气的样子,把朝吴赶了出去。

朝吴怏怏返回蔡城,把弃疾的话禀告给世子有。世子有道:"作为一国之君,为社稷而死,是天经地义的。蔡有虽然没有正式即位,但既然受命摄位守国,自然应该与国家共存亡,怎么能卑躬屈膝、仰人鼻息呢?"命军民更加卖力守御。从夏天四月开始,一直坚守到冬天十一月,整整坚持了七个月。此时,城中已经弹尽粮绝,公孙归生积劳成疾,卧床不起,士兵半数被饿死,活着的也饿冻疲累,几乎连登上城墙的力气也没有了。城外的楚兵乘机猛攻,终于打开了一个缺口,楚兵就像成群的蚂蚁一样,密密麻麻地爬进了城内。世子有没有逃跑,而是绝望地坐在城楼上,被楚兵生擒活捉了。弃疾入城后,立即出榜安民,然后把世子有和蔡洧押上囚车,到楚灵王那里报捷。其他文武大臣,一律下狱,等候楚王进一步处置。只有朝吴因为说过"当璧"吉言,被弃疾留在身边听用。

楚灵王又如愿灭了蔡国,志得意满地回到郢都。当天晚上,他梦见一个神仙,自称是九冈山神,信誓旦旦地对自己说道:"拜祭我吧,我会让你得到天下!"楚灵王醒后,异常兴奋,立即摆驾九冈山。恰好公子弃疾的"礼物"送到,楚灵王大喜过望,命令立即杀掉世子有,活祭九冈山神。大夫申无宇谏道:"过去宋襄公用鄫子活祭,结果引起诸侯反叛,大王难道要重蹈宋襄公的覆辙吗?"灵王道:"世子有是逆臣蔡般的孽子,怎么能跟诸侯相提并论呢?正好当祭祀的牲畜用!"申无宇暗自叹道:"大王如此暴虐,恐怕不得善终啊!"于是告老归田,离开了郢都这个是非之地。

蔡洧见世子有被杀,整整哀哭了三天。灵王见他是个忠臣,破例留在身边听用。蔡洧看似对灵王言听计从,心中却时刻不忘国仇家恨。有一天,朝吴见楚王高兴,乘机奏道:"诸侯之所以亲晋侯而远大王,是因为他们离晋近而距楚远。如今大王并有陈、蔡,疆域已经和中原接壤,如果在两地深池高垒、厉兵秣马,以兵威宣示四方,中原诸侯谁敢不真心畏服呢?然后再以陈、蔡为跳板,出兵东南,镇抚西北,用不了多久,就可以取天子而代之了。"楚灵王听了非常受用,心中越来越信任蔡洧,果然下令重修陈、蔡两城,务必要比之前更加高大坚固。蔡城修筑完毕后,便命公子弃疾为蔡公,作为对破陈灭蔡的奖励。不久,灵王又在北方修筑了东西两座不羹城,分别扼守在南北交通咽喉上。从此,灵王自以为天下无敌,统一中原指日可待,于是召来太卜,让太卜算算自己什么时候才能称王。太卜故意问道:"大王不是已经称王了吗,为何还要卜问呢?"灵王不耐烦地说道:"寡人僭号称王,还不是真王。寡人要像周天子那样,真正君临天下!"太卜没有办法,只好找来灵龟问卜,没想到还没开始,龟背竟然自行炸裂了。楚灵王心里烦闷,把灵龟往地上一扔,张开手臂仰天呼道:"天啊!天啊!你连区区天下都不肯给我,还生我熊虔何用啊?!"蔡洧连忙奏道:"陛下请息怒!谋事在人,成事在天。这把老骨头知道什么呢?"灵王听了,又转怒为喜。

楚灵王亡陈灭蔡,自以为不久即可征服天下,成为像周天子一样的王者。他哪里知道,以武力甚至以欺骗威逼诸侯,又岂是"王者"之所为呢?

40 浓缩的真是精华

楚灵王虽然骄纵蛮横，但实力也确实强大。各国诸侯虽然心里不服，但嘴上不敢不服，纷纷派使者到郢都朝贡，生怕不小心惹火上身。齐国上大夫晏婴也奉齐景公之命前来楚国，继续保持与楚国的友好关系。

楚灵王召集群臣道："晏婴字平仲，身高不足五尺，但在大夫中颇有贤名，人称晏子。如今四海之内，数楚国最为强大，寡人想羞辱羞辱他，灭灭他的威风，长长楚国的志气。众位爱卿可有妙计？"太宰薳(wěi)启强奏道："晏婴聪明机智，一般问题难不倒他。必须如此这般这般。"楚灵王听得喜笑颜开，吩咐大家立即依计行事。

薳启强命士兵连夜在郢都城门旁边，悄悄凿了一个小洞，不多不少，刚好五尺高。启强吩咐兵士道："等齐国使臣到时，立即关闭城门，让他从小洞进入。"兵士欣然领命。第二天，晏子果然到了，只见他身穿一件破棉袄，坐着一辆瘦马拉的破车，缓缓向城门行来。晏子见城门紧闭，只好把破车停了下来，让御者去叫门。守门的士兵见晏婴如此矮小，忍不住发出一阵哄笑，然后指着小洞对晏子说道："大夫看到那个小门了吗？足足有五尺之高，对普通人来说是小了点，但对大夫已经绰绰有余了，大夫就从那里进去吧，何必再劳神打开城门呢？"说完，又爆发出一阵哄笑。晏子看了看小洞，一点儿也不生气，只是呵呵笑道："这是狗洞，不是供人进出的门。敝国有个不成文的规矩，出使狗国，就从狗洞进；出使人国，必须从大门进。你们看着办吧！"门卫顿时语塞，不知该如何作答。早有使者把晏子的话飞马传报给了楚灵王，灵王叹道："这个晏婴果然厉害，寡人本想要耍他，不想反被他戏弄了。"命人大开城门，请晏子入城。

晏子驱车缓缓进入郢都，一边走一边观看，只见城坚池固，市井稠密，真是个人杰地灵的好地方。正游览间，忽然看见两辆战车疾驰过来，原来是迎接晏子的"仪仗队"到了。车上站着几十个长躯伟干的彪形大汉，一个个手握方天长戟，盔明甲亮，直如天神下凡一般，正是要反衬晏婴的五短身材。晏子不屑地说道："晏婴今天来是为了修好，不是为了打仗，要这些武士干吗？"说着把武士斥到一边，自己驱车继续往里走去。

快要进入朝堂时，晏子发现门口分两排站着十几位官员，一个个峨冠博带、文质彬彬，早已在那里"恭候"多时了。晏婴知道他们都是楚国人中豪杰，慌忙跳下车来行礼。楚国的大夫们也连忙走上前来，逐个向晏子还礼。寒暄结束后，一个年轻人率先发难："大夫莫非是夷维晏平仲么？"晏子定睛一看，认得是郊尹斗成然，从容答道："正是在下。斗大夫有何指教？"斗成然道："下官听说齐国乃姜太公封国，兵甲可比秦、楚，财货直通鲁、卫。而自从齐桓公称霸以来，内有君臣篡夺，外受宋、晋侵伐，落得个朝晋暮楚、国无宁日。如今，齐侯志向不输桓公，平仲才略不让管仲，为什么不思重整先君霸业，而要屈身服事楚国呢？"晏婴朗声答道："晏婴也听古人说过，识时务者为俊杰。自从周室衰微，诸侯征伐，五霸代兴，都是气运使然。强大如楚庄王，后世也曾饱受晋、吴欺侮，齐国又怎么能独善其身呢？寡君知晓天道盛衰、人世伦常，所以顺其自然、待时而动，不正是为了日后重整先君霸业吗？下官今日到上国交聘，只是邻国间正常往来，完全符合周礼王制,又怎么能称屈身服事呢?大夫先祖斗子文是楚国一代名臣,一向懂得随机应变,不料大夫之言却如此荒谬,不知是否真是其嫡亲后裔?"斗成然满面羞惭,把头缩到队伍后面去了。

过了一会儿,左边队列中又有一人挺身而出,毫不客气地问道:"晏大夫自负学富五车、识时通变,然而在崔杼、庆封叛乱中,齐国自从大夫贾举以下,效忠死义者不计其数,而大夫身为齐国世家、海内名士,却上不能讨贼,下不能避位,中不能效死,怎么敢以名士自居呢?"晏子仔细一看,是大夫阳丐,楚穆王的曾孙,立即答道:"干大事者不拘小节,有远虑者不谋近利。下臣听说:'君死社稷,臣当从之。'先君庄公并非为社稷而死,陪葬的也都是嬖臣私党。晏婴才疏学浅,从来都不在嬖臣私党之列,又怎么敢以一死来沽名钓誉呢?平仲之所以没有殉死,就是为了确定新君、匡扶社稷,并非贪生怕死、苟且人世。况且,如果人人都选择慷慨赴死,那么还能向谁托付国家大事呢?而像犯上作乱这种丑事,哪个国家没有呢?平仲倒想问问在座的公卿大夫,难道诸位都是诛贼讨逆的死难节士吗?"这最后一句,暗指楚灵王杀侄弑君,诸位大臣不加讨伐,反而拥立为君,只知道责备别人,不知道反省自己,可谓击中了要害。阳丐无言以对,怏怏退回到队列中去了。

晏子话音刚落,右边队列中又有一个人站了出来,不屑地说道:"大夫口口声声说是为了确定新君、保护社稷,有些夸大其词了吧。当初崔杼、庆封阴谋作乱,栾、高、陈、鲍四大家族明争暗斗,大夫却站在一边作壁上观,也没见你拿出什么奇谋妙策,不过就是顺坡下驴、见好就收罢了。作为誓死报国的忠臣,不应该是这个样子吧?"晏子认得是右尹郑丹,笑道:"右尹只知其一,不知其二。崔杼、庆封阴谋篡逆,只有下官没有参与。四大家族遭殃时,下官也始终陪侍在齐侯左右。平仲一直心存君侯和社稷,岂是旁观者所能为之?"

郑丹刚退下,左边队列中又有人问道:"大丈夫经天纬地、济世匡时,有大才略的人,必须要有大气魄。可从外臣看来,大夫未免也太吝啬了吧?"晏子用余光一扫,认得是太宰薳启强,不禁奇怪地问道:"太宰何以知道晏婴吝啬呢?"启强道:"大夫深得齐侯恩遇,又贵为齐国相国,理应穿美服、驾名车、骑宝马,这样才能显示贵君的恩宠。可大夫即便出使外邦,也身穿破裘、驱驰旧车、驾驭驽马,难道齐侯赐给你的俸禄还不够吗?下官还听说大夫只有一件狐裘,一穿就是整整三十年;而在祭祀的时候,就是把献祭的猪腿并排摆放,也盖不住祭器的底部。这还不够吝啬吗?"晏婴拍手大笑道:"足下的见识,何其浅薄啊!晏婴自从担任相国以来,父亲一族有裘可穿,母亲一族有肉可食,夫人一族也不至于受冻挨饿,而其他等待在下周济的贫士寒才,至少还有七十多家。虽然下官家里简朴,但三族殷富;虽然下官看似吝啬,但满朝国士心满意足。如此不是更能显示君上的恩宠吗?"

晏子话音未落,右列中又跳出一人,指着晏婴大笑道:"我听说成汤身高九尺,方才作了贤王;子桑力敌万人,方才成为名将。由此可知,所有明君贤臣,无不因为身材高大、相貌奇伟,才能功高盖世、名垂青史。相国身高不足五尺,体力不足缚鸡,靠着会耍两下嘴皮子,就自以为是、不知所以,难道不觉得可耻吗?"晏子一看,是楚王车右囊瓦,微微一笑,不慌不忙地答道:"晏婴听说,'秤砣虽小,能压千斤;舟桨空长,终为水没。'狄人侨如人高马大,终被鲁人斩首示众;南宫长万力敌万人,却被宋人剁成了肉酱。足下高大威猛,不会也落得同样下场吧?"囊瓦哑口无言。

楚国众位大夫没有辱到晏婴,反被晏子抢白了一顿,正觉无比尴尬,恰好宫人来报:"左尹伍举到。"众人立即拱手站立等候,伍举对诸大夫说道:"平仲是齐国贤士,大家怎么能为难他呢?"说着把晏子让进了朝门。

不一会儿,楚灵王升殿,伍举引着晏婴觐见楚王。楚灵王一见晏婴,劈头盖脸地问道:"齐国难道没人了吗?"晏子不卑不亢地答道:"齐国百姓呵气成云,挥汗成雨,齐国的集市上更是摩肩擦踵,万头攒动,怎么能说齐国没人了呢?"楚灵王故意问道:"既然有这么多人,为什么要派一个小人前来出使我国呢?"晏子从容答道:"齐国出使有个规矩,贤人出使贤国,愚人出使愚国;大人出使大国,小人出使小国。外臣是个小人,又最愚笨,所以被寡君派来出使楚国。"灵王脸上有些挂不住,心里却暗暗称奇,让晏子把齐侯的书信呈上来。

这时,有人从郊外给楚王送来了一筐橘子。楚灵王赐给了晏婴一颗,晏子连皮带肉吞了下去。灵王拍掌大笑,夸张地笑道:"哈哈哈!齐人没有吃过橘子吗,怎么能不剥皮呢?"晏子答道:"外臣听说:'受君赐者,瓜桃不削,橘柑不剥。'今天晏婴得到大王恩赐,和寡君亲赐无异。大王没有下令剥皮,外臣敢不囫囵吞下吗?"楚灵王肃然起敬,亲自给晏婴赐座。

过了一会儿,又有三四个武士押着一个囚犯,从殿下经过。灵王故意问道:"下面绑的是什么人?"武士答道:"回大王,齐国人。"灵王又问道:"犯了什么罪?"武士答道:"回大王,盗窃罪。"灵王扭过头来,笑着问晏子道:"齐国人都有偷盗的毛病吗?"晏子知道又是灵王设的局,想嘲弄一下自己,于是开口答道:"晏婴听说:'橘生淮南则为橘,橘生淮北则为枳。'齐人在齐国不事偷盗,到了楚国就成了小偷,这都是楚国的水土造成的,与齐国有什么关系呢?"灵王嘿嘿干笑几声,过了好久才自嘲道:"寡人本想羞辱相国,没想到自取其辱。大夫请见谅!"灵王命人给齐景公备了一份厚礼,让晏婴给他带回去。

晏子使楚的故事,是春秋历史上的一段佳话。回到齐国以后,齐景公非常高兴,想擢升晏子为上相,并要赐给他千金皮裘,扩展他的宅院和封地,甚至还要把自己的女儿嫁给他当夫人,却都被晏婴一一拒绝了。从此,齐景公对晏婴更加信任了,也更加倚重了。

41 亲兄弟明干仗

却说楚灵王设计灭掉了陈国和蔡国,又强行把许、胡、沈、道、房、申等六个小国,从江汉平原赶到了荆山深处,致使百姓流离失所,引得朝野怨声载道。楚灵王却自以为建立了不世之功,整个天下都唾手可得,日夜在章华台宴饮作乐。

灵王还想派使者到洛阳,请求周天子把九鼎迁到郢都,作为楚国的镇国之宝。右尹郑丹劝道:"大王使不得,万万使不得!如今晋、秦、齐等大国实力犹存,吴国、越国又迅速崛起,无不对楚国虎视眈眈。一旦楚国独吞九鼎,这些诸侯必然会团结在一起,对我国群起而攻之啊!请大王三思而后行!"楚灵王思虑良久,最后喟然长叹一声,打消了这个疯狂的念头。郑丹正暗自庆幸,楚灵王却突然把桌子一拍,愤然说道:"爱卿刚才提起了吴国,你不提寡人还差点忘了,上次申地会盟时,徐子自愿充当讨伐吴国的向导,寡人才把他放了,没想到回去以后,很快又归顺了吴国。寡人就先征徐蛮,再灭吴越,把长江以东划归楚国所有,天下也就确定一半了。"于是命太子禄留下监国,大夫薳(wěi)罢和蔡洧(wěi)辅佐,自己则带领大队兵马,浩浩荡荡向徐国杀去。

楚灵王把大军驻扎在乾溪,命司马督率领三百乘战车,全力攻打徐国。司马督率兵把徐城团团围住,却久攻不下。当时正值深冬,天上又突然飘起了鹅毛大雪,没过几天,地上就堆起了几寸厚的积雪。灵王冷得瑟瑟发抖,吩咐左右道:"好冷啊!过去秦伯不是送了寡人一件复陶裘和一床翠羽被吗,快去给寡人取来!"左右把复陶裘和翠羽被都翻出来,灵王里面穿上皮裘,外面罩上羽被,头上戴着皮冠,脚上蹬着豹鞋,独自到帐外去赏雪。突然,右尹郑丹求见。楚灵王脱去皮裘和羽被,便与郑丹站在积雪中闲聊起来。灵王呵出一大口热气,不禁叹道:"这天气,好冷啊!"郑丹接口道:"大王身穿裘衣皮靴,还觉得寒冷难耐。兵士们只穿单衣草鞋,手里握着冰冷的兵器,站在冰天雪地之中,他们该有多冷啊!大王何不撤回大军,待明年春暖花开之后,再伺图进军呢?"灵王答道:"爱卿言之有理。不过寡人自从用兵以来,攻无不克,战无不胜,司马督应该很快就有捷报传来了,还是再等等吧!"郑丹又劝道:"徐国与陈国、蔡国不同,陈、蔡两国靠近楚国,而且一直是楚国属国,不管攻防,无不轻车熟路。而徐国离楚国足足有几千里之遥,又一直依附吴国,我们劳师远征,很难一蹴而就。如果大王贪恋伐徐功劳,让三军将士常年在外忍冻挨饿,必会导致军心离散,万一国内发生变故,大王可就危险万分了。"灵王笑道:"寡人有穿封戌镇守陈城,公子弃疾驻守蔡城,伍举与太子据守郢都,相当于有三个都城,寡人有什么好担心的?"郑丹又以古诗《祈昭》讽谏楚王爱惜民力,不要贪心不足。灵王耐不住软磨硬泡,正要命令班师回朝,没想到军士报道:"司马督大败徐师。"灵王马上又改变了主意,决心乘胜灭掉徐国,没想到从当年冬天一直等到第二年开春,也未能彻底灭掉徐国。楚灵王便把三军一直驻扎在乾溪,还命令百姓在军营中修建了宫室楼台,日夜游猎饮宴,比在郢都还要快活自在,再也不提班师回朝的事儿了。

再说蔡国大夫公孙归生的儿子朝吴,因为提到"当璧"故事,被蔡公弃疾留在手下听用。朝吴明里对弃疾言听计从,暗中却无时无刻不想着报仇复国。有一天，朝吴找来好友观从商议。观从道："楚王穷兵黩武，劳师远出，国内防守必然空虚，加上出征将士怨声载道，这可是恢复蔡国的大好机会啊！"朝吴也有同感，"可是如何下手呢？"观从道："公子围（楚灵王）弑侄自立，公子比（字子干）、公子黑肱（字子皙）、公子弃疾心中肯定都不服气，只是因为实力不济，才一直忍气吞声。如果以蔡公弃疾的名义，把子干、子皙从国外召集回来，三人联手对付楚王，郢都唾手可得。等新王即位后，我们再请求恢复蔡国，一切就水到渠成了。"朝吴依计行事，让观从向子干、子皙假传蔡公命令："蔡公弃疾愿意率陈、蔡大军，迎接两位公子回国，合力除掉逆臣熊虔。"公子比和黑肱大喜过望，立即从晋国和郑国偷偷潜回蔡城。

公子比和黑肱几乎同时到达蔡城郊外，朝吴首先赶到郊外迎接，对两位公子说道："其实蔡公并未下达类似的命令，不过我们可以逼迫他这么做。"公子比和黑肱面面相觑，不禁露出恐惧的神色。朝吴又道："二位公子无需担心！楚王带兵外出，久久不回郢都，国内防备必然空虚。蔡洧与楚王有杀父之仇，巴不得发生变故。郊尹斗成然与蔡公弃疾交好，如果蔡公发兵起事，成然肯定愿为内应。穿封戌驻守陈城，与楚王面和心不和，如果听到蔡公召唤，必定欣然从命。用陈、蔡两城大军，袭击兵力空虚的郢都，就如探囊取物一般，两位公子不必忧虑！"朝吴一席话，把厉害都说尽了，公子比和黑肱这才放下心来。朝吴趁机请求与两位公子结盟，公子比和黑肱欣然同意，三人立即歃血为盟，誓死为先君郏（jiá）敖报仇。三人海誓山盟后，又拟定了盟书，却把蔡公弃疾的名字放在第一位，只说愿意与公子比和黑肱一起举事，率兵袭杀楚王熊虔。三人在郊外挖了个坑，把誓书埋在地下。一切安排妥当后，朝吴和公子比、公子黑肱一起，率领家丁发动突然袭击，一举攻入了蔡城。

却说蔡公弃疾正在享用早餐，突然看到两位公子驾到，不禁大吃一惊，起身就想逃跑。朝吴及时赶到，一把揪住弃疾的袖子，"事已至此，蔡公还想往哪里跑？"说时迟那时快，公子比抱住蔡公的左腿，公子黑肱抱住弃疾的右腿，同时放声大哭，"逆臣熊虔暴虐无道，不仅弑兄杀侄，还放逐了我们兄弟。今天我们前来，只想向兄弟借一支兵马，为惨死的兄弟报仇。等大功告成，我们就立你为楚王！"弃疾手足无措，连忙说道："两位兄长莫急，有事好商量！"朝吴道："两位公子都饿了，蔡公不愿赏口饭吃吗？"弃疾不得已，只好请公子比和黑肱一起用餐。两位公子吃完后，便在朝吴授意下，立即离开了蔡城。

两位公子一出城，朝吴立即到处宣扬："蔡公弃疾召两位公子共举大事，三人已在郊外歃血为盟，现在先派两位公子进入郢都了。"公子弃疾连忙捂住朝吴的嘴，"大夫不要诬陷本公！"朝吴有恃无恐地说道："郊外坑里埋有誓书，上面署的第一个名字就是蔡公你，蔡公就不怕被别人看见吗？事已至此，蔡公就不要再推脱了，赶紧举兵起事，一起夺取荣华富贵，才是上上之策啊！"朝吴又跑到集市上，号啕大哭道："楚王熊虔无道，灭我蔡国社稷，已经招致人神共愤！如今蔡公已经答应替我们恢复蔡国，大家都是蔡国百姓，能坐视社稷沦亡吗？有种的就跟着蔡公，赶上两位公子，一起杀入郢都，为国君和世子报仇！"蔡人个个心怀仇恨，听见有人领头闹事，呼啦一声集合起来，手中拿着各种器械，堵在蔡公府邸门口，只等弃疾一声令下，便一起向郢都杀去。朝吴又对弃疾进道："蔡公啊，人心已经齐备，就请赶紧下令吧，否则必生变故啊！"弃疾叹道："大夫这是硬把我往虎背上推啊！罢了罢了，本公听你的就是了。眼下该怎么办呢？"朝吴大喜道："两位公子还没走远，请蔡公立即率众与他们会合，一起向郢都杀去。下臣立即游说陈公穿封戌，请他出兵相助。"

弃疾立即率领蔡城兵众，与两位公子在郊外会合。

朝吴立即派观从星夜前往陈城，游说陈公穿封戌出兵相助。观从走到一半，正好碰见前陈国大夫夏啮(niè)。夏啮是夏征舒的玄孙，与观从素来相识。观从坦诚地告诉了自己的意图，夏啮喜形于色，兴奋地说道："兄弟可算问对人了！在下就在陈公门下供事，也一直想恢复陈国。目前陈公卧病在床，已经无法理事。你不必再去见他了，先放心回去吧，我会带领陈人前来助阵的！"观从回去后，立即禀报朝吴和蔡公。朝吴又差人送给蔡洧一封密信，请他担任内应。

一切安排停当后，蔡公弃疾命家臣须务弁为先锋，史猈为副将，观从为向导，率兵向郢都进发。不久，夏啮也带着陈人赶到了，向公子弃疾禀告道："陈公穿封戌已经去世，我以复国大义晓谕国人，陈人自告奋勇地前来助阵。请蔡公下令吧！"蔡公弃疾大喜，立即命朝吴率蔡军为右军，夏啮率陈人为左军，星夜往郢都进发。

蔡洧听说蔡军先到，立即派心腹到城外联络，郊尹斗成然亲自在郊外迎接。令尹薳罢正要召集军兵守御，蔡洧早已打开城门，把蔡公引入城中去了。须务弁(biàn)第一个冲进郢城，大声喝道："蔡公弃疾已在乾溪击杀楚王，大军已经兵临城下了！你们还不放下武器，举手投降?！"楚人早已厌恶灵王无道，心中希望蔡公即位为王，不少人立即倒戈相向，随蔡公向宫中杀去。公子薳罢本想带世子禄逃走，不料须务弁捷足先登，先把王宫围了个水泄不通。薳罢走投无路，横剑自刎了。蔡公大兵随后赶到，一起攻入王宫，处死了公子禄和公子罢。

蔡公亲自打扫王宫，提议立公子比为王。公子比故作推辞，蔡公又假意劝道："你是兄，我是弟，长幼次序不能乱。你就不要再推辞了！"公子比不再谦让，立即登坛即位，是为楚王比。新王上台后，先拜公子黑肱为令尹,蔡公弃疾为司马。

散朝后,朝吴私下问蔡公道:"蔡公首倡义举,为什么又把宝座让与他人呢?"蔡公道:"楚王还在乾溪,大局并未完全确定。况且,越过两位兄长,自立为王,也会招人议论。"朝吴心领神会,立即献上一计:"熊虔率大军伐徐,在外已经半年有余,将士们思乡心切,军心早已涣散。如果先派人陈说厉害,大王再亲自率军征讨,肯定能够大获全胜。"弃疾依计行事,派观从前往乾溪,晓谕所有军士:"蔡公弃疾已经攻入郢都,拥立公子比为新王。新王有令:'先回国者,重重有赏;后回国者,割鼻剜眼。跟随熊虔者,诛灭三族;包庇窝藏者,同罪连诛。'"三军将士听了,个个胆战心惊,不到一个时辰,就逃掉了一大半。

这时,灵王还醉卧在乾溪台上,对国内发生的一切毫不知情。郑丹听到消息后,慌忙登台禀报。灵王听说两个儿子都被弃疾杀死了,只觉胸口一紧,咕咚一声从床上摔到了地上,放声痛哭不已。郑丹劝道:"大王节哀顺变!现在军心已经离散,大王还是想办法回到郢都再说。"灵王擦了擦眼泪,悲伤地问郑丹:"爱卿啊,别人也和寡人一样疼爱自己的儿子吗?"郑丹道:"虎毒尚且不食子,何况是人呢?"灵王长叹一声,低声抽泣道:"寡人杀死了别人多少儿子啊,现在别人也杀死了寡人的儿子。报应啊,报应啊!"

不一会儿,探马回报:"新王派蔡公弃疾为大将,斗成然为副将,率领陈、蔡两城兵马,杀奔乾溪来了!"灵王勃然大怒:"寡人待斗成然不薄,他怎么能背叛寡人呢?寡人宁愿战死沙场,也绝不束手就擒!"灵王命令三军拔寨都起,从夏口沿着汉江逆流而上,准备亲自率兵袭击郢都。可惜一路上士卒走的走,逃的逃,完全约束不住,灵王亲自拔剑砍死了好几个人,仍然无济于事。等走到訾梁时,身边已经不到一百人了,楚灵王仰天叹道:"罢了,罢了!寡人大势已去了!"说完摘下王冠龙袍,挂在岸边柳树上,准备上吊自尽。郑丹劝道:"大王不妨乘乱潜回郢都,察看一下人心向背,然后再作打算也不迟。"灵王叹道:"举国都已叛变,还有什么好观察的呢?"郑丹又提议道:"实在不行,先逃到国外,等借到兵马,再卷土重来。"灵王哭道:"寡人如日中天时,诸侯尚且避之不及,如今落魄至此,还有谁会可怜我呢?大福已经不在,逃跑也不过是自取其辱罢了。"郑丹见灵王不听自己的劝告,害怕跟着他,会牵连获罪,也和倚相等人一起逃回楚国去了。

楚灵王一转身,不见了右尹郑丹,更加手足失措了。此时,随从早已逃得干干净净,只剩下灵王孤零零一个人,徘徊在荒山野岭里,不知该何去何从。灵王肚子里饿得咕咕直叫,想去村里讨口饭吃,又不认得路。村里也有认得楚王的,但听逃跑的军士说,新王法令十分严苛,谁敢给灵王饭吃,就要被诛灭三族,所以避之唯恐不及,更别说提供饭食了。楚灵王就那么漫无目的地走着,一连三天滴水未进,终于饿倒在地上,只能勉强睁开眼睛,无助地看着过路的行人,希望有好心人能可怜可怜自己。忽然,从远处走过来一个熟悉的身影,灵王认得是侍卫涓人畴,过去曾经服侍过自己,连忙用嘶哑的声音叫道:"涓人畴,涓人畴!快来救救寡人!"涓人畴听见灵王呼唤,想躲已经来不及了,只好硬着头皮上前叩头。灵王道:"寡人已经饿了三天了,爱卿就发发善心,给寡人讨碗饭吃,救寡人一命吧!"涓人畴道:"百姓无不惧怕新王法令,下臣怎么能讨得到食物呢?"灵王叹了一口气,让涓人畴靠近一点,把头枕在他的大腿上,先休息片刻再说。灵王身心俱疲,一躺下就睡着了。涓人畴等灵王睡熟以后,随手摸了块石头垫在灵王头下,然后轻轻抽出自己的大腿,飞也似的逃命去了。灵王被石头硌醒了,大声呼唤涓人畴,哪里还有人答应,再用手一摸,头下只剩下一块坚硬的石头,涓人畴早已不知去向。灵王悲从中来,但连哭的力气都没有了,只见一颗一颗的泪珠,顺着眼角无声地滴落在脑后的石块上,在石头上留下了一道道斑斑的泪痕。

  过了好一会儿,终于有个人乘着小车过来了。那人好像听出了灵王的声音,立即下车察看,发觉果然是灵王,立即拜倒在地,放声大哭道:"这不是大王吗,怎么落得如此田地?"灵王早已泪流满面,问道:"爱卿是何人,怎么认得寡人呢?"那人答道:"小臣姓申名亥,是芋尹申无宇的儿子。臣父曾经两次触怒大王,都被大王赦免了。父亲临终前嘱咐臣道:'为父两次蒙受大王不杀之恩,将来万一大王有难,你一定要舍命相救。'臣一直牢记在心,近来听说郢都已被叛臣攻破,公子比自立为王,所以星夜赶到乾溪,一路追寻到这里,天幸你我君臣相逢。现在到处都是蔡公党羽,大王先不要到别的地方去,就暂且住在下臣家里,等风声过去了,再从长计议不迟。"申亥拿出随身携带的干粮给灵王吃,灵王和着眼泪,一口一口勉强往下咽。申亥把灵王扶上车,一路到达棘村家里。灵王住惯了章华台、乾溪宫,突然来到申亥家里,只见筚门蓬户、黑咕隆咚,场景好不凄凉,不禁再次潸然泪下。申亥跪下奏道:"大王请放宽心,这个地方幽静偏僻,没有行人往来。大王暂且在这里躲避一阵,一边调养身体,一边慢慢打听郢都的消息,等事情有了眉目,再商议对策也不迟。"灵王只顾悲伤落泪,一句话也说不出来。申亥又亲自下厨做了饭,劝灵王再吃点儿热食。灵王只是啼哭,一口也吃不下去。当天晚上,申亥又把两个亲生女儿送到灵王房内侍寝,想让他高兴高兴。灵王看也没看一眼,将就着和衣躺在床上,长吁短叹了一夜,直到凌晨五更时分,才逐渐安静下来。申亥的两个女儿蹑手蹑脚地打开房门,伸头往里探看,发现床上没人,再抬头一看,赫然看到一个庞大的身躯直挺挺挂在漆黑的房梁上,口中的舌头伸得老长,吓得同时尖叫一声,转身就往外跑。申亥听到尖叫声,连忙到房中查看。看到房梁上的尸体,申亥不胜悲恸,连忙把尸体放下来,亲自给灵王殡殓,并把两个女儿都杀了,一起给灵王殉葬。

蔡公弃疾引着斗成然、朝吴、夏啮等将,到乾溪追查灵王下落,半路上遇到郑丹和倚相。二人告诉蔡公:"先王侍卫都已走散,下臣不忍见他孤独死去,所以乘乱离开了。"蔡公问道:"两位大夫现在准备去哪里?"二人答道:"准备返回郢都。"蔡公道:"二位大夫就先住我营中吧,等寻访到楚王下落,再一起回郢都不迟。"二人不敢违拗,便留在了弃疾军中。蔡公带领大军四处搜索,一直追到訾梁,仍然没有找到一点儿线索。这时,有个农夫找到蔡公,献上了楚王的冠服,说是三天前在岸边柳树上找到的。蔡公问道:"他人呢?"农夫据实答道:"不知道。"蔡公把衣冠收下,重重赏赐了农夫。

蔡公还想继续追查下去,朝吴却劝道:"楚王脱掉了衣冠,说明他已势单力孤,多半死在山谷沟渠之中了,不值得再为他兴师动众。反倒是公子比,已经坐上了王位,如果让他长时间发号施令,等时间久了,老百姓都习惯了,事情就不好办了。"蔡公猛然醒悟过来,焦急地问道:"现在如何是好呢?"朝吴谏道:"楚王流落在外,百姓不知道是死是活。不如乘人心未定,派几十个士兵化装成残兵败将,绕着城墙大喊:'楚王大军回来了!'再让斗成然如此这般向公子比汇报。公子比、公子黑肱都是胆小怕事之人,听到这个消息,肯定会惊慌失措,明公也就有机可乘了。等一切已成定局,明公再带着军队慢慢回去,顺理成章地登上宝座,不是水到渠成的事儿吗?"蔡公拍手赞道:"公子果然妙计!"命令观从引着一百多个士兵,化装成逃回郢都的败兵,绕着城墙大声喊道:"蔡公兵败被杀,楚王大军随后就到!"百姓们信以为真,无不惊慌失措。不一会儿,斗成然也到了,和败兵说的一模一样。百姓们愈发觉得可信,纷纷登上城墙观望。

斗成然气喘吁吁地跑到楚王比面前,故作惊慌地奏道:"司马兵败被杀,楚王勃然大怒,要亲自讨伐主公擅立大罪,就像当年处置蔡般、庆封一样。大王还是早作打算,免得兵败受辱。下臣先走一步了!"说完,没命一般向城外奔去。楚王比立即召来公子黑肱,叹道:"都是朝吴坏事啊!"说完抱头痛哭在一起。这时,宫外又传道:"楚王大军已经杀进城内了!"公子黑肱胆战心惊,首先拔剑自刎了,楚王比泪流满面,也在慌乱中横剑自杀了。楚国宫中顿时乱成一团,宦官、宫女自相残杀,号哭声响彻郢都内外。斗成然重新进入王宫,让士兵把宫室打扫干净,然后率领文武百官,迎接蔡公弃疾入宫。百姓起初还以为真是灵王"王者归来",等大军进了城,才发现是蔡公弃疾,心中多少有些不安。

　　蔡公弃疾进城后,立即登基即位,并改名为熊居,是为楚平王。传言中所谓的"当璧"之祥,至此也全部应验。城中百姓不知灵王已死,不少仍心怀观望。平王便派观从汉江中捞起一具尸体,然后穿上灵王的冠服,诈称已经得到楚王尸首,百姓这才逐渐安定。又过了三年,平王再次访求灵王尸首,申亥才把埋葬的地方告诉了平王。平王把尸首迁回郢都安葬,心中的一块石头终于落了地。

　　楚平王即位以后,以公子之礼安葬了楚王比和公子黑肱。然后论功行赏,以斗成然为令尹,阳匄为左尹。念及伯州犁、蒍(wěi)掩死得太冤,加封伯州犁的儿子伯郤(xì)宛为右尹,蒍掩的弟弟蒍射和蒍延为大夫。朝吴、夏啮、蔡洧三人,都被封为下大夫。公子鲂(fáng)英勇善战,被封为司马,取代司马督。当时伍举已经去世,平王嘉奖他生前敢于直谏,把连地封给他的儿子伍奢,号称连公;把棠地封给他的孙子伍尚,号称棠君。其他如蒍启强、郑丹等一班旧臣,仍然官复原职。观从只想像先人一样卜筮,平王便封他为卜尹。

　　群臣纷纷领旨谢恩,朝堂上一派喜庆的气氛。只有朝吴和蔡洧板着脸,不仅不道谢,反而口口声声要辞职。平王问是何故,两人奏道:"臣之所以辅佐大王兴师袭郏,主要是为了恢复陈国和蔡国。现在陛下大局已定,而陈、蔡两国的宗祀还没有尝到血食,下臣还有什么面目站在朝堂之上呢?过去灵王贪功兼并,所以失去了人心。大王应该反其道而行之,让天下人心悦诚服。而要反道而行,莫过于恢复陈国和蔡国的社稷。请大王三思!"平王道:"两位爱卿莫要着急,寡人答应你们就是了。"平王立即派人四处寻访陈侯和蔡侯的后人,先后找到陈世子偃师的儿子公子吴和蔡世子有的儿子公子庐。平王选定一个黄道吉日,封公子吴为陈侯,是为陈惠公,封公子庐为蔡侯,是为蔡平公,各自回国恢复宗祀社稷。夏啮随陈惠公回到陈国,朝吴、蔡洧随蔡平公回到蔡国。此前灵王掳掠的两国的国宝重器,也一并发放带回。就连被灵王赶到荆山里的六个小国,也获准回归故土。

楚国百姓和各国诸侯见了,无不对平王感恩戴德,楚国似乎又恢复了往日的生机。

42 儿媳妇也是媳妇

楚平王即位前几年,注意休养生息,施惠于民,楚国很快又展现出一派欣欣向荣的气象。可惜好景不长,志得意满的楚灵王,很快便失去了斗志,整天沉溺于声色犬马之中,为自己和楚国的未来,蒙上了一层厚厚的阴影。而从他重用宠臣费无极开始,事情便开始往相反的方向发展了,可他却浑然不觉。

那费无极是楚王近侍,又善于阿谀奉承,所以很得平王宠爱,不久被破格擢升为大夫,后来又被封为太子少师。原来太子姓熊名建,是楚平王的长子。平王即位时,公子建已经长大成人,平王便立公子建为世子,并命连尹伍奢为太师,辅导太子处理各种政务。宠臣费无极为未来着想,主动请求服事太子。平王便封他为少师,封奋扬为东宫司马,共同辅佐太子。费无极虽然是太子少师,却几乎不离平王左右,天天跟平王厮混在一起,过着骄奢淫逸的日子。

世子建讨厌费无极的谄媚嘴脸,对他一向敬而远之。后来,令尹斗成然自恃劳苦功高,言语中不免有些盛气凌人,不知不觉得罪了费无极。费无极无中生有,多次在平王面前进谗。平王信以为真,竟把斗成然杀了,改拜阳丐为令尹,鄢将师为右尹。世子建看不下去了,常常替斗成然鸣不平。费无极心存畏惧,渐渐与世子建产生了嫌隙。

有一天，费无极想讨好世子建，便对平王奏道："太子已经长大成人了，大王为何不让他成家立业呢？"平王道："寡人早有此意，只是没有物色到合适的对象。爱卿可有合适人选？"费无极答道："要论合适的话，莫过于秦国。秦国国力强盛，而且与我国世通友好，如能强强联合，大王就可以高枕无忧了。"平王点头同意，就派费无极出使秦国，为世子建求婚。秦哀公欣然同意，决定把妹妹孟嬴许配给世子建为夫人。平王也很高兴，又派费无极带着彩礼，到秦国去迎娶太子妃。秦哀公立即派公子蒲为将，率兵护送孟嬴出嫁，仅嫁妆就装了几十辆大车，陪嫁的侍妾也有好几十人。

路上，费无极偷偷窥看，发现孟嬴竟是个绝色美女。而在陪嫁的侍女中，有一个女子容貌也很端庄。无极私下打听得知，这个女子本是齐国人，打小跟随父亲来到秦国，后来选入公主宫中，一直贴身服侍孟嬴。有一天，在馆舍歇息时，无极单独把齐女叫到一旁，骗她道："本官看你有贵人之相，有心想抬举你做太子妃。如果你一切都听我的，保管让你有享不尽的荣华富贵。"齐女低头不语，算是默许了。

快到郢都时，费无极提前一天回到王宫，向平王奏道："秦女就快到了，离这里还不到九十里了。"平王把无极拉到一边，急切地问道："爱卿肯定见过了吧，长得好看吗？"无极知道平王是个好色之徒，正要夸奖秦女美貌，摇动他的色心，没想到平王主动询问，正好落入自己的圈套，故意夸张地答道："回禀陛下，下臣阅女无数，但从没见过像孟嬴这么美丽的女人。别说大王后宫没有如此绝色，就是妲己、骊姬再生，恐怕也及不上万分之一啊！"平王素来听说秦国出美女，没想到自己的儿子这么有艳福，一下就娶到个绝色美女，顿时憋得脸色通红，半天说不出话来，过了好一会儿，才长出一口气，"天啊，寡人怎么从未见过如此女子！寡人妄称为王，真是虚度此生了!"无极却把嘴巴凑到平王耳边,悄声奏道:"大王既然爱慕秦女颜色,为什么不据为己有呢?"平王又叹道:"寡人何尝不想啊!只是已经聘为儿妇,如果再据为己有,恐怕有违人伦常理,而遭人非议啊!"无极奏道:"大王多虑了。她虽然聘给了太子,但并没有娶进东宫。如果大王悄悄迎入自己宫中,又有谁敢胡说八道呢?"平王沉吟道:"群臣那里还好说,可怎么堵住太子之口呢?"无极答道:"大王勿忧!据下臣观察,在侍女中有个齐女,相貌出众,才艺不凡,可以冒充秦女。大王先把孟嬴迎进王宫,然后再把齐女送到东宫,只要不走漏了风声,有谁知道是怎么回事呢?"平王大喜,嘱咐无极千万机密行事,不要走漏了半点风声。

　　费无极首先找到送亲的公子蒲,骗他道:"楚国的婚俗与别国不同,新娘要先见舅姑,然后才能入洞房成亲。请公子谅解!"公子蒲不知是计,大度地说道:"少师请便!末将入乡随俗就是了。"无极先用带有幕布的大车把孟嬴和侍妾都送进王宫,单单留下孟嬴,然后再用宫中侍女扮成齐女,把齐女扮成孟嬴,最后把"孟嬴"送到东宫,与太子成了亲。满朝文武包括太子在内,谁也不知道太子妃已经被费无极掉了包。

　　楚平王娶了自己的儿媳妇,心中不免有些羞愧,又害怕太子知道了内情,所以禁止太子入宫,不许他们"母子"相见。从此以后,平王日夜与孟嬴在后宫饮宴作乐,经常不理朝政。但天下没有不透风的墙,王宫内外很快便传得沸沸扬扬,不少人开始怀疑秦女的身份。无极害怕太子知道真相后,会对自己不利,又骗平王道:"下臣以为,晋国能够一再称霸,主要是因为地处中原,方便镇抚各路诸侯。过去灵王大肆扩建陈、蔡二城,就是想以之为跳板,直接镇抚中原,确实是着妙棋。可是大王宅心仁厚,恢复了陈、蔡两国,楚军不得不再退回南方,重新拒中原诸侯于千里之外,怎么能昌大楚国霸

儿媳妇也是媳妇

业呢？不如命太子驻守城父，专门对付北方诸侯，大王亲自坐镇郢都，督抚南方蛮国，如此则天下唾手可得。"平王还有些犹豫，无极又凑到他耳边，低声奏道："要得人不知，除非己莫为。大王不要忘了，秦女的事儿，时间长了，肯定会露馅儿的。如果派太子驻守外地，既能替大王镇抚北方，又能让太子远离内宫，不是两全其美的事儿吗？"平王恍然大悟，果断命太子建出镇城父，派东宫司马奋扬领兵协助。伍奢知道是费无极进的谗言，准备冒死劝谏平王收回成命。无极得到消息后，索性釜底抽薪，抢在伍奢之前面见平王，把伍奢也打发到城父去辅佐太子了。太子一走，平王立即宣布立秦女孟嬴为夫人。太子到城父后，才知道夫人被父王偷梁换柱了，可惜为时已晚，只能徒叹奈何。

　　再说秦女孟嬴，虽然受到平王百般宠爱，但看到平王年事已高，心中多少有些不快。又过了一年多，孟嬴为平王生了一个儿子，平王爱如珍宝，于是取名为熊珍。公子珍满周岁后，平王鼓起勇气问孟嬴道："爱妃自从入宫以来，整天愁眉不展，很少看到笑容，到底是为什么呢？"孟嬴起初不肯说，平王追问再三，她才吞吞吐吐地说道："臣妾奉兄长之命前来服侍大王，原以为年纪差不多。等到入宫以后，才发现大王已经春秋鼎盛。臣妾不敢埋怨大王，只是感叹生不逢时罢了。"平王笑道："寡人年纪是大了些，但可以让你早当夫人好多年呢！"平王话一出口，便知自己失言了，想收回也来不及了，只好顾左右而言他。孟嬴觉出平王话中有话，便暗中盘问宫人。宫人不敢隐瞒，把真相都告诉了孟嬴。孟嬴黯然神伤，整日垂泪不止。平王百般抚慰，并答应立公子珍为世子，孟嬴的脸上才又有了笑容。

　　从此以后，平王更加荒废朝政，整天与孟嬴在后宫作乐。楚平王自以为艳福无边，而他哪里知道，楚国的灾难已经悄悄来临了呢！

43 伍家的三长两短

费无极费尽心机，终于把太子建和伍奢都赶出了郢都，但心里还是不够踏实，担心有朝一日太子建即位为王，会对自己不利，不知不觉便萌生了除掉太子的念头。

有一天，楚平王和夫人孟嬴吵了一架，心情十分烦闷。无极乘机进谗道："下臣听说世子和伍奢蓄意谋逆，已经暗中派人沟通齐、晋两国，两国也已答应派兵相助，不定哪天就会率军杀入郢都。大王不能不防啊！"平王不信，"世子性情素来柔顺，怎么可能做出这等事呢？寡人打死也不信！"无极却道："太子本来确无二心，但因为君夫人的缘故，一直对大王心存怨望。如今他远在城父，秣马厉兵多年，谁知道会不会变心呢？据说太子经常对人讲，先君穆王杀父弑君，子孙却仍然连绵不绝，安享社稷，可见报应之说不可信。由此足见他已经打定主意，准备效仿穆王杀父弑君。大王如果还是不信，下臣也没有办法，但请允许下臣逃亡他国，免得日后死无葬身之地！"平王听费无极说到秦女，又提到了穆王，首先信了三分。加上他本来就想废了太子建，改立少子珍，便是不信也信了。平王铁下心肠，传令废掉太子建。费无极连忙奏道："大王且慢！世子建手中握有兵权，如果贸然传令废立，恐怕会激起兵变。太子党中以太师伍奢最有主见，不如首先召来伍奢，除去他的左膀右臂，然后再派兵拘执世子,这样就万无一失了。"平王听了无极的话,吓出了一身冷汗,立即命人传召伍奢。

连尹伍奢和父亲伍举一样,是个刚直不阿的谏臣,接到平王诏令后,没有任何迟疑,快马加鞭赶到郢都,连夜入宫觐见楚王。平王一见面,单刀直入地问道:"听说世子要谋反,爱卿知道吗?"伍奢大吃一惊,稍一定神,知道又是费无极从中捣鬼,从容答道:"大王迎娶儿媳,已是大错特错!现在又听信小人谗言,怀疑自己的亲骨肉谋反,大王于心何忍啊?!"平王一时语塞,命令左右先把伍奢捆绑起来,投入死牢,等候处斩。

费无极趁热打铁,又向平王奏道:"伍奢竟敢斥责大王纳娶儿媳,看来秦女之事已经暴露无遗。如果太子知道伍奢被抓,肯定会有所动作,齐、晋两国大军可不是吃素的!"平王也下定了决心,咬牙问道:"寡人准备派人前去刺杀太子,爱卿认为谁能担当此任?"无极胸有成竹地答道:"如果突然派别人前去,太子肯定会有所察觉。不如秘密传令东宫司马奋扬,让他寻找机会下手。"平王连夜派使者到城父,密诏司马奋扬:"杀掉太子,重重有赏;私放太子,罪及九族!"

司马奋扬接到命令后,立即派心腹向太子告了密。太子建大惊失色,连夜与齐女和儿子公子胜逃往宋国。司马奋扬忖度太子已经走远,才命人把自己五花大绑,押到郢都去见楚王。侍卫将司马奋扬押上朝堂,司马奋扬坦然向平王奏道:"世子已经逃脱。请大王降罪!"楚平王勃然大怒道:"混账!告诉寡人是谁向太子告的密,寡人一定将他千刀万剐!"奋扬镇定地答道:"密令只有下臣一人知道,自然是下臣告的密。大王曾经命令下臣:'要像服事寡人一样服事太子。'臣把这句话铭记在心,一刻也不敢忘记,所以知道太子有危险时,便在第一时间,把密令告诉了太子。后来才想到自己也要受到牵连,可惜后悔已经来不及了。请大王降罪!"平王的颜色稍有缓和,又问道:"既然已经私放太子,竟然还敢前来面见寡人,难道你不怕死吗?"奋扬答道:"不能执行大王命令,已经罪该万死。如果因为害怕而畏罪潜逃,就是罪上加罪。况且传言太子谋反,只是捕风捉影,遽然处以极刑,实在难以服众。只要太子能够逃生,下臣就是死一万次,也在所不辞!"平王心里本来愧疚,又佩服司马奋扬为人,过了好一会儿,才缓缓说道:"寡人念你一片忠心,这次就饶你一死!"命他继续担任城父司马。

费无极听说太子逃走了,顿时慌了手脚,立即向平王奏道:"伍奢有两个儿子,老大叫伍尚,老二叫伍员,都是人中龙凤。如果让他们逃到吴国,必定成为楚国后患。不如命伍奢把两个儿子一齐召来,把他们一网打尽,永远绝除后患!"平王大喜,命左右把伍奢从死牢中提了出来,给他准备好纸和笔,然后哄骗他道:"你教唆太子谋反,本来应该斩首示众。但念你先祖对楚国有功,不忍心加罪于你。现在命你修书一封,把两个儿子都召到郢都,待寡人给他们加封后,就放你告老归田。"伍奢何等聪明,知道楚王动的什么心思,不禁惨然答道:"臣的长子伍尚性情温厚,听见为父传召,肯定会即刻前来。只是少子伍员少年学文,成年习武,文能安邦,武能定国,颇能忍辱负重,是个成大事的人,恐怕不会乖乖前来。"平王不耐烦地说道:"你按寡人说的写就是了,来与不来,与你无关!"伍奢毕竟是个忠臣,不想违抗平王命令,当场按照楚王要求,写好了传召家书。平王命人把信封好,仍旧把伍奢打入死牢。

平王派大夫鄢将师为使者,带着伍奢的亲笔信,乘着四匹马拉的快车,立即前往棠邑传旨。当时伍尚已经回到城父,鄢将师又马不停蹄地赶到城父。见到伍尚后,鄢将师三步并作两步走,假装连声道喜:"恭喜公子!贺喜公子!"伍尚冷冷地答道:"父亲已被打入天牢,至今生死未卜,不知何喜之有?"鄢将师故作兴奋地说道:"公子莫急,听我慢慢道来!大王误听谗言,囚禁了伍公。文武百官都感不平,联名上书说伍家三代忠良,不会干出这等大逆不道的事儿来。大王也后悔不迭,不仅当场赦免了伍公,而且拜他为令尹,同时加封公子您为鸿都侯,二公子伍员为盖侯。伍公刚刚被无罪释放,非常想念二位公子,所以写了亲笔信,派下官前来迎接二位公子到郢都团聚。难道这还不是天大的喜事吗?"伍尚喜出望外,痛哭流涕道:"是喜事,是喜事!父亲重罪下狱,儿子心如刀割,现在无罪释放,已经是老天垂顾,怎么还敢奢望加封呢?"鄢将师劝道:"这是大王的诏命,公子就不要推辞了。"伍尚欣喜若狂,也顾不上什么待客之道,一把从鄢将师手中抢过父亲的亲笔信,一路跑到内室,向弟弟伍员报喜。

伍员正在内室看书,见哥哥面带喜色,立即站起身来,问他是怎么回事。再说那伍员字子胥,身高一丈开外,膀大腰圆,目光如炬,有扛鼎拔山之勇,经天纬地之才,往那里一站,与眉清目秀的伍尚,形成了鲜明对比。伍尚一边把父亲的亲笔信拿给伍员看,一边高兴地叫道:"好消息!好消息!父亲已经无罪开释,还要为我们加封。使者就在门外,二弟快与为兄一同出去,好好款待使者!"子胥起初也很兴奋,略加思索后,面色变得凝重起来,担心地对伍尚说道:"兄长切莫高兴太早!父亲能够免除死罪,已经是不幸中的万幸,我们有什么功劳,还要给我们加封?这肯定是个骗局,我们兄弟一旦入宫,恐怕再也回不来了!"伍尚瞪大了眼睛,打死也不肯相信,"这里有父亲的亲笔信,父亲总不会骗我们吧?"子胥答道:"父亲一片忠心,知道自己冤死之后,孩儿一定会替他报仇,所以召我们一同赴死,为楚国免除后患!"伍尚还是不信,"这都是你猜的,万一父亲的书信是真的,我们怎么能洗掉这个不孝的罪名呢?"伍员灵机一动,"哥哥稍安勿躁,且让弟弟卜上一卦。"伍员作势卜完卦,对伍尚说道:"卦象显示,君欺臣,父欺子,是大凶之兆。别说加封了,恐怕连性命都难保!"伍尚慢慢信了,但还是坚持道:"为兄并不贪恋名位,只想快点儿见到父亲。"伍员又劝道:"兄长请听小弟一言,楚王畏惧你我兄弟流亡在外,必定不敢轻易杀害父亲。如果我们贸然前去,被他们悉数抓住,反而会让父亲死得更快。"伍尚叹道:"如果能见父亲最后一面,就是死也甘心了!"伍员仰天叹道:"父子三人同难赴死,又有什么益处呢?如果兄长坚持要去,小弟也不再阻拦,但小弟绝不会去自投罗网!"伍尚哭道:"弟弟准备到哪里去?"伍员道:"能够报仇的地方。"伍尚哽咽道:"为兄也明白,二弟的才能远胜愚兄。就让为兄赶去郢都,以殉葬尽孝;你逃亡他国,以报仇尽孝吧。咱们这就各奔东西,永不相见了!"兄弟两人抱头痛哭一场,算是永别了。

伍尚擦干眼泪,出来见使者鄢将师,只道:"弟弟伍员不愿为官,为兄也无法勉强。就让伍尚陪大人回去复命吧!"鄢将师无奈,只好带着伍尚回宫。

伍尚一到郢都,立即被平王关了起来,就与父亲伍奢关在一起。伍奢见只回来了伍尚一人,长叹道:"果然不出为父所料,我就知道子胥是不会来的!"

费无极没见到伍员,又对平王奏道:"千万不能走脱了伍员,请大王趁他还在城父,立即派人抓捕,再迟恐怕就来不及了!"平王准奏,立即派大夫武城黑带领精兵两百人,前去捉拿伍子胥。

伍子胥听说楚王派兵捉拿自己,放声大哭道:"吾兄果然中计,这下父兄都难逃虎口了!"子胥不敢再有耽搁,迅速收起眼泪,对妻子贾氏说道:"为夫要逃奔外国,借兵为父兄报仇,不能再照顾你了,夫人可怎么办呢?"贾氏杏眼圆睁,愤然说道:"大丈夫身背父兄大仇,怎么还顾得上儿女私情呢?请夫君马上出发,不要挂念妾身!"说完回到里屋,上吊自尽了。子胥又大哭一场,草草把妻子的尸首掩埋后，立即收拾包裹，一路往东逃走了。

过了不到半天，武城黑带着精兵追到城父，到处搜索不到伍员踪迹，料想子胥是向东边逃走了，命令士兵掉头向东追赶。武城黑疾驰了两百多里，终于发现了子胥的踪迹。伍子胥也不躲避，停在一个空旷无人的地方，突然回过头来，张弓搭箭，一箭把武城黑的御者射下车来，然后又把箭头对准了城黑的脑袋。武城黑见势不妙，立即下车逃跑。子胥大声喊道："来人听好了，我就是你们要捉拿的伍子胥！本想连你一起宰了，念你还有些用途，暂时留你一条狗命。立即回去转告楚王，如果想保住楚国的宗祀社稷，就不要伤害我父兄的性命。否则，我一定亲自带兵杀入郢都，砍下楚王的人头，捣毁楚国的社稷，为我父兄报仇雪恨！"武城黑抱头鼠窜，回去报告楚王："伍员已经逃走了。请大王治罪！"楚平王大怒，命令费无极立即把伍奢父子押到市曹开刀问斩。

临刑前，伍尚破口大骂费无极妖言祸主、残害忠良。伍奢劝道："尽忠死节，本是做臣子的本分。是对是错，人心自有公论。尚儿又何必怨天尤人呢？为父只是担心，子胥没有随你一同前来，恐怕楚国今后要永无宁日了！"说罢，引颈受戮。前来围观的百姓，无不痛哭流涕。行刑完毕后，平王问无极道："伍氏父子临刑前还有什么话吗？"无极道："伍尚言辞激愤，倒也在情理之中。倒是伍奢一脸平静，只是说这次伍员不到，楚国恐怕从此要永无宁日了，着实令人担忧。"平王道："伍员肯定还没走远，立即派人去追！"命左司马沈尹戌率领精兵三千人，四处严加搜捕缉拿。

伍氏是楚国的名门望族，上上下下几百口人，最后只剩下伍员一根独苗。但就是这颗仇恨的种子，不仅改变了楚国的国运，甚至影响了整个春秋的大局。

44 生死昭关

伍子胥只身逃到长江边上,只见一道不可逾越的天堑,陡然横亘在眼前,冲天的巨浪协裹着斗大的浪花,咆哮着向一望无际的天边涌去,江上连只帆船的影子都看不到。伍子胥灵机一动,把身上的白袍脱了下来,挂在岸边的柳树上,又把脚上的官鞋也脱了下来,丢在沙滩上,然后换上一双草鞋,沿着江岸向下游大步走去。

沈尹戌追到江口,只找到一身白袍和一双官鞋,料想伍子胥已经逃远,回去禀告楚王道:"伍员已经不知去向。"楚灵王气得七窍生烟。费无极又奏道:"臣还有一计,可以断绝伍员的后路。"楚平王问道:"有什么计策?快讲!"费无极答道:"立即在全国出榜通缉,不管是谁,只要能捉拿伍员归案,一律赏给粟米五万石,封上大夫;如果包庇或者放走钦犯,全家处斩。同时,命令各个关卡渡口,对往来行人严加盘查。另外,派使者通告各国诸侯,不得收留伍员,否则立即兵戎相见。这样,就会让伍员走投无路了,哪怕一时擒拿不住,也终究孤掌难鸣,还谈什么报仇雪恨呢?"平王准奏,命人画出伍子胥肖像,贴在各个关卡路口,务必要把伍员捉拿归案。

伍子胥沿着长江向东奔去,一心想投奔吴国,可是路途遥远,短时间内难以到达。子胥突然想起,太子建不是逃到宋国去了吗,为什么不去投奔他呢?于是掉头向北,望睢阳方向逃去。伍子胥又累又饿，忽然看见远处冒出一队人马，正不紧不慢向这边走来。子胥以为追兵又到了，立即躲到路旁的小树林里，大气也不敢出。等队伍走近以后，子胥才发现，原来不是追兵，而是好友申包胥，与自己有八拜之交的申包胥，因为奉命出使外国，回来的时候刚好路经这里。子胥纵身轻轻一跃，突然落在申包胥的车前。申包胥大吃一惊，见是好友伍子胥，连忙问道："原来是子胥啊，你怎么一个人跑到这里来了？"伍员把父兄冤死的经过，向申包胥哭诉了一遍。申包胥听后，也不禁泪流满面，然后关切地问道："兄弟现在要去哪里？"伍子胥咬牙切齿地说道："杀父之仇，不共戴天。子胥准备逃到外国，借兵回来讨伐楚国，一定要生吃平王的肉，刀剐无极的心，这样方能解心头之恨。"申包胥劝道："兄弟这又何苦呢？楚王虽然有错，但毕竟是国君，伍家世代享用楚国的俸禄，这君臣的名分是怎么也改变不了的。作为臣子，怎么能记君主的仇呢？"子胥反问道："有君臣名分又如何，古代夏桀、商纣不都死于臣子之手吗？只要是无道昏君，人人得而诛之。楚王迎娶儿媳、抛弃骨肉，还听信谗言、屠戮忠良，兄弟这么做是为楚国扫除污秽，何况还有杀父弑兄的大仇呢？子胥如果不能灭楚复仇，还有何面目立于天地之间！"申包胥道："子胥啊，子胥啊，你是陷我于两难之中啊。我要是让你报仇，是陷自己于不忠；不让你报仇，又陷兄弟于不孝。作为朋友，我一定不会把消息泄露给别人；但作为臣子，你说能灭掉楚国，那我就能保存楚国。你走吧，咱们各行其志罢了！"两人洒泪而别，又各奔东西了。

伍子胥饥餐渴饮、昼夜兼行，十几天后，终于赶到了宋都睢阳。子胥找到太子建，君臣两人久别重逢，又抱头痛哭一场。子胥含泪问道："太子见过宋公了吗？"太子建道："宋国刚刚发生了宫廷政变，还没来得及通报。"不久，楚平王又派兵到宋国平定叛乱，伍子胥觉得宋国也不是久留之地，立即与太子建母子离开宋国，投奔郑国去了。

此时郑国上卿子产刚刚去世，郑定公不胜悲痛，听说三代忠良之后伍子胥前来投奔，十分高兴，立即把太子建一行迎到馆舍，热情招待。此后，太子建和伍子胥只要见到郑定公，定要哭诉自己的冤情。郑定公无奈地说道："不是寡人不想帮你们，只是郑国兵微将寡，自身尚且难保，哪有能力替你们君臣报仇呢？你们要真想报仇，不如去求求晋国。"太子建想想也是，晋国和楚国是世仇，还有谁比晋国更想看到楚国的覆灭呢？于是留伍子胥在郑国，亲自到晋国求见晋顷公。

晋顷公不敢大意，立即召集百官商议。晋国"六卿"（此时已削减为三军六卿）之一荀寅与郑国上卿游吉有仇，乘机蛊惑晋顷公，请求以太子建为内应，里应外合灭掉郑国，然后把郑国封给世子建，让他借以回楚国报仇。晋顷公准奏。太子建不顾伍子胥的劝告，欣然答应做晋国的内应。太子建回到郑国后，暗中与晋国约定日期，准备一举灭掉郑国，自己取而代之，没想到阴谋外泄，被郑定公就地处斩了。伍子胥只好携带太子建的儿子公子胜，一起逃往吴国。

伍子胥和公子胜既怕郑军追杀，又惧楚兵堵截，一路昼伏夜行，风餐露宿，历尽千辛万苦，终于到了陈国境内。陈国是楚国属国，也不是久留之地，子胥和公子胜又连续向东疾走了好几天，终于靠近了昭关。昭关在小岘山西麓，是通往庐州、濠州的必经之路。出了昭关，就是通往吴国的水路。昭关地势险要，本来就有重兵把守，近来又派右司马蓝(wěi)越驻扎在这里，专门盘查伍子胥的下落。伍子胥到达历阳山后，离昭关已经不到六十里路程了，不敢再贸然前进，悄悄藏在深山老林中，伺机溜过昭关。

有一天，伍子胥到河边打水，突然看见一位老人挂着拐杖，径自向林中走来。老人见到伍子胥后，把他仔细打量了一番，然后上前行了个作揖礼。伍子胥满腹狐疑,连忙上前还礼。老人频频点头,突然朗声问道:"公子莫非是伍子胥么?"伍子胥大吃一惊,连忙问道:"老丈怎么认得犯人?"老人又点了点头,捋了捋雪白的长须,自我介绍道:"实不相瞒,老夫乃是名医扁鹊的弟子东皋公,从小周游列国行医,年纪大了才到这里隐居。几天前,昭关蒍将军偶感风寒,请老夫上门坐诊,老夫见墙上贴有伍子胥的画像,与公子极其相似,所以才冒昧相问。公子不必害怕,寒舍就在山后,请到寒舍小坐,再商议如何出关,公子意下如何?"子胥凭直觉判断,这个东皋公不是坏人,而且不是一般人物,眼下也没有更好的去处,便带着公子胜,跟着老人向山后走去。

走了好几里地,伍子胥才看到几间简陋的茅屋。东皋公请子胥进屋,子胥也不推辞。进屋后,子胥一句话也没说,扑通一声跪倒在地上,冲着东皋公拜了两拜。东皋公慌忙答礼,然后把伍子胥扶了起来,"公子不要多礼!这里还不是说话的地方,请公子跟我来!"东皋公把子胥引进后堂,从偏门出去,穿过一扇狭窄的篱笆门,又经过一座郁郁葱葱的竹园,这才看见后面还有三间土屋,房门小得就像狗洞一样。子胥跟着老人钻进土屋,里面只有一张床和一个茶几,几束微弱的阳光顽强地从墙上的小窗透射进来,屋内显得斑驳而又神秘。东皋公请伍子胥上坐,子胥指着公子胜道:"有小主人在,在下只能在旁边陪侍。"东皋公诧异地问道:"不知这位公子是?"伍子胥连忙介绍道:"这是楚国太子建的儿子公子胜。老丈是仁厚长者,在下不敢隐瞒,我就是官兵要捉拿的钦犯伍子胥。犯人还有杀父弑兄的大仇未报,请丈人不要泄露出去!"东皋公让公子胜坐在上席,自己和伍子胥陪坐两旁,然后开口说道:"老夫只有救人的本事,没有杀人的本身。你就是在这里住上一年半载,也不会有人发现的。只是昭关守卫森严,要想过去,必须想出一个万全之策,方能保证万无一失。"伍子胥跪下哀求道:"先生只要帮子胥度过昭关,将来一定感激不尽。"东皋公连忙把伍子胥搀扶起来,安慰他道:"这里荒无人烟,公子就安心休养几天,等老夫想到办法后,就送你们君臣出关。"子胥再次磕头拜谢。

东皋公每天都用好酒好肉款待伍子胥,可一连过了七天,还是绝口不提过关的事儿。伍子胥沉不住气了,再次对东皋公说道:"犯人还有大仇未报,在这里每天都度日如年。先生义薄云天,就可怜可怜我吧!"东皋公道:"公子不要心焦。老夫已经替你策划周详,只等一个人到来即可。"伍子胥将信将疑。

当天晚上,子胥翻来覆去,辗转难眠,告别东皋公走吧,不仅过不了关,还可能自投罗网;再住下去吧,又不知东皋公到底在等什么人,还要等多长时间。子胥心神不安,坐卧不宁,在房间里来来回回踱了一个晚上,不知不觉东方已经发白了。第二天一早,东皋公进屋找伍子胥,见到子胥后,却失声惊呼道:"公子怎么须发全白了?是愁成这样的吗?"子胥不信,找来铜镜一照,真个儿是满头白发,连胡须都已经斑白。伍子胥大吃一惊,手中的铜镜啪哒一声掉在地上,不禁悲从中来,失声痛哭道:"想我伍子胥一事无成,却已经须发皆白。苍天无眼啊!苍天无眼啊!"

东皋公起初也不胜悲痛,突然又转悲为喜,哈哈笑道:"公子不要悲伤,这是好兆头啊!"子胥擦干眼泪,不解地问道:"先生不要安慰我,怎么会是好兆头呢?"东皋公道:"公子相貌奇伟,很容易被人辨认出来。现在须发皆白,一般人很难认得出来了。而且我等的人也要到了,这下老夫的计策万无一失啦!"子胥忍不住问道:"不知先生到底有何妙计?"东皋公答道:"实不相瞒,老夫有一个好友,名叫皇甫讷(nè),住在七十里外的龙洞山。皇甫讷身高九尺,虎背熊腰,与公子的长相有几分相似。老夫打算让他假扮成你,你扮成他的仆人,趁皇甫讷被守兵发现的空当,你就乘乱抢过昭关。"子胥沉吟道:"先生果然好计策,只是要拖累老丈的朋友,子胥于心何忍!"东皋公道:"公子多虑了,老夫自有办法!"说完,请皇甫讷进屋与子胥相见。子胥一看,果然跟自己有几分相似,心中不禁大喜。东皋公又用药汤给子胥洗脸,伍子胥的脸上很快便由白变黄,由黄变灰,一副病怏怏的样子,乍一看,还真是认不出来。捱到傍晚时分,东皋公让伍子胥把身上的孝服脱下来,给皇甫讷穿上。子胥另外穿上一件紧身的褐色衣服,扮成皇甫讷的仆人。公子胜也换了身行头,打扮成一个农村的野小子。伍子胥和公子胜一起拜倒在地,"感谢先生救命大恩!如果将来有出头之日,子胥一定重重报答!"东皋公道:"老夫可怜公子蒙冤受屈,才想法帮你脱身,怎么会指望你报答呢!"伍子胥和公子胜与东皋公洒泪而别,连夜往昭关出发。

第二天,天刚蒙蒙亮,伍子胥一行三人便赶到了昭关,正巧赶上开关放行。楚将蒍越派兵紧守关门,还特别提醒官兵:"凡是过江的北方人,一定要仔细盘查清楚,才能放人过去。"关前到处贴着伍子胥的画像,真是连一只苍蝇也飞不过去。皇甫讷故意神色慌张地向关前走去,还没走到关口,已经有士卒发现他身穿孝服,相貌、身材也和伍子胥差不多,脸上还有惊慌的神色,立即拦住盘问,同时派人飞马禀报蒍越。蒍越驱车赶到关口,远远看见皇甫讷和伍子胥一模一样,当即断定是伍子胥无疑,命令左右一起动手,把皇甫讷死死摁住。皇甫讷假装毫不知情,不停用力挣扎,口中苦苦哀求大人饶命。守关将士和周围百姓听说捉住了伍子胥,纷纷前来观看。子胥乘关门大开,连忙带着公子胜,夹杂在熙熙攘攘的人群中,一起混出了昭关。

楚将蒍越把皇甫讷抓住后,把他绑在柱子上严刑拷打,逼他招认自己就是伍子胥。皇甫讷遍体鳞伤,鲜血淋漓,但打死也不招认,有气无力地辩解道:"我是龙洞山的隐士皇甫讷,准备和好友东皋公出关云游。我犯了什么法,你们要把我抓起来?"薳越听他声音微弱,也慢慢起了疑心,"据说伍子胥目光如电,声似洪钟。这个人却目光呆滞,声音细小。难道是因为疲于奔命,累坏了身子?"薳越正在疑惑,军士报道:"东皋公求见。"薳越把皇甫讷先放到一边,立即请东皋公入帐。

分宾主落座后,东皋公首先开口:"老汉正要出关云游,听闻将军擒获了钦犯伍子胥,特来道贺!"薳越道:"士兵确实抓住了一个貌似伍子胥的人,可惜还没有招认。"东皋公道:"将军和伍员父子同朝为官,还分不清是真是假吗?"薳越道:"伍子胥目光如电,声似洪钟,可这个人却目光迟钝,声音尖细,我怀疑是因为长时间逃亡在外,声音和相貌都发生了改变。"东皋公道:"老汉跟伍子胥也曾有过一面之缘,不如让老汉帮将军参详参详!"薳越命左右把皇甫讷带到东皋公面前。皇甫讷一看到东皋公,立即喊道:"先生不是和我约好了一起出关吗,为什么现在才来,害我受到这种耻辱!"东皋公故作惊讶道:"这不是皇甫兄吗,你怎么会在这里?!"不等皇甫讷回答,又笑着转身对薳越说道:"将军肯定搞错啦!这是老汉的忘年交皇甫讷,约好一起外出云游,定好在关前会面,没想到他先行一步,才闹出了天大的误会。将军如果不信,老汉这里还有过关的文牒为证。"说完从袖中取出文牒,呈给薳越查看。薳越惭愧万分,亲自为皇甫讷松绑,"都是末将眼拙,两位千万不要见怪!"皇甫讷嘴里还在嘟嘟哝哝地说着什么,东皋公却道:"将军也是秉公执法,老夫怎么能怪罪于你呢?"临走时,薳越还命人取来一锭金子,送给两人作为出外云游的盘缠。东皋公和皇甫讷道谢后,大摇大摆地出了关。薳越命令将士坚守如故。

伍子胥顺利过了昭关,一颗悬着的心暂时落了地,心情也舒畅了许多,更加轻快地向吴国走去。才走了几里地,迎面碰见一个熟人,姓左名诚,城父人,以前曾跟随伍家父子出外射猎,现在是昭关的守卒,所以认得伍子胥。伍子胥想躲已经来不及了,只好装作不认识的样子,硬着头皮向前走去。左诚眼尖,一眼认出是伍子胥,不禁大吃一惊,"这不是伍家二公子吗?朝廷盘查得这么严密,公子是怎么过关的呢?"子胥骗他道:"主公听说我有一颗夜明珠,逼着我交给他。后来知道这颗珠子已经落入他人之手,便命我把它追回来。刚才我已经禀告过薳将军,是他亲自放我出关的。"左诚不信,"楚王有令在先,谁敢放走公子,就将谁满门抄斩。请公子和我一起回到关上,禀明了薳将军,再放你走不迟。"子胥变脸道:"如果见到薳将军,我就说把珠子交给你了,恐怕你也脱不了干系。不如做个顺水人情把我放了,将来也好再见面。"左诚知道子胥英勇,不敢强行阻拦,只好把子胥放了。左诚回到关上,害怕薳越追究自己私放钦犯之罪,也没敢向他禀报。

伍子胥虽然侥幸走脱,但也成了惊弓之鸟,不敢再有半分疏忽大意,立即带着公子胜,马不停蹄地赶到鄂渚。伍子胥往前一看,顿时傻了眼,面前就是一望无际的天堑长江,却连只渡船的影子都没看到。前有长江天险,后有朝廷追兵,伍子胥又陷入了绝境。子胥都快绝望了,突然看见一个渔翁撑着一只小船,从下游逆流而上。子胥大喜过望,高声叫道:"渔父救我!渔父快来救我!"渔翁用力把船划了过来,正要靠岸,听到岸上有人喊马嘶的声音,又调转船头,并放声唱道:"日月昭昭乎浸已驰,与子期乎芦之漪!"子胥何等聪明,立即听懂了歌声的意思:大白天我不敢过来接你,你到下游芦苇荡里等我吧。伍子胥带着公子胜沿着江岸向东狂奔,不到两个时辰,就到了芦洲地界,然后在一个芦苇丛里躲了起来。不一会儿,渔翁也把船撑到了,靠岸以后却找不到伍子胥,又放声唱道:"日已夕兮,予心忧悲。月已驰兮,何不渡为?"意思是:天都已经黑了,你们此时不渡,更待何时?伍员和公子胜应声从芦苇丛中钻了出来,渔翁立即招手让他们过去。两人小心地跳上小船,渔翁把竹篙轻轻一点,小船便如同离弦之箭,迅速向对岸驶去。不到一个时辰,小船就停在了长江对岸。

渔翁把船系好,拱手说道:"昨天晚上,老汉梦见一颗将星落到我的船中,知道今天会有高人路过,所以一大早就把船开到了对岸,正好遇到了公子。看公子的容貌,的确不像一般人,请问尊姓大名?"伍子胥如实相告。渔翁感叹不已,"老汉看公子脸色蜡黄,肯定饿坏了。你们在这里稍等片刻,我去去就来。"渔翁转身到村里去取食物,却半天没有回来。伍子胥警惕地对公子胜说道:"人心实在难测,谁知道老汉是不是通风报信去了呢?"为安全起见,两人又藏进了芦花荡里。又过了一阵子,渔翁端着麦饭、盎浆和鲍鱼羹回到树下,却不见了伍员君臣,又大声喊道:"芦中人!芦中人!快出来吧!老汉不会害你们的!"伍子胥这才放心地从芦苇中钻了出来。渔翁惊问道:"老汉知道两位公子饥饿,专门去给你们找吃的,你们为什么还要躲起来呢?"子胥道:"犯人整天过着提心吊胆的日子,不敢轻易相信任何人。请老丈见谅!"老汉也不生气,把手中的食物递给两人。伍子胥和公子胜早已饥肠辘辘,看到这等美食,哪还顾得上客气,立即狼吞虎咽起来,美美地饱餐了一顿。

临走的时候,伍子胥解下腰上的佩剑,恭恭敬敬地递到渔翁手上,"这把剑是先王赐给先祖的,传到我这里已经三代了。剑上镶着七颗宝石,每一颗都价值千金,现在送给丈人,感谢老丈的救命之恩!"渔翁笑道:"我听楚王下令说,不管是谁抓住伍子胥,赏粟米五万石,封上大夫。老汉连大夫都不当,还会稀罕公子的一把宝剑吗?况且老汉听人说过,'君子无剑不游',这把剑是公子的贴身之物,老汉怎么能夺人所爱呢?"坚决推辞不受。子胥又道:"老丈既然不要宝剑,就请告诉在下姓名,容我日后重重报答!"渔翁怒道:"老汉可怜公子含冤受屈,才渡公子过江。公子却非用报答来羞辱老汉,哪像个顶天立地的大丈夫!"子胥坚持道:"老丈可以不求回报,但在下不能忘恩负义。请老丈至少告诉在下姓名!"渔翁道:"老汉以打渔为生,一辈子浪迹江湖,四海为家,就是告诉了公子姓名,难道还有机会再见面吗?"伍子胥不死心,非要渔夫留下姓名。渔夫拗不过,突然灵机一动,"假如老天垂顾,真让我们再度相逢,我就称呼公子为'芦中人',公子就叫我'渔丈人',这样谁都不会忘记了!"伍子胥再次拜谢而去。伍子胥才走了几步,又不放心地回头交代道:"如果有楚兵追来,老丈千万不要走漏了风声。"渔翁仰天叹道:"老汉对公子一片赤诚,公子却不相信老夫!如果有追兵从其他地方追来,老汉怎么能说得清楚呢?看样子老汉只有一死,才能彻底消除公子疑心啊!"说完解开缆绳,把小船撑到长江中央,纵身往水中一跃,立即消失在滔滔江水之中。伍子胥阻拦不及,呆呆地看着江面,后悔地说道:"子胥因老丈而活,老丈却因子胥而死。真是羞煞子胥了!"伍子胥望着江心拜了四拜,又叹息了一阵,才匆匆离开江岸,向吴国都城奔去。

　　伍子胥终于脱离险境,就好比入海的蛟龙,归山的猛虎,随时准备给看似强大的楚国以致命的一击。

45 君子报仇十九年不晚

伍子胥历尽千辛万苦，终于逃到吴国的吴趋。伍子胥在吴趋结识了壮士专诸，两人意气相投，便结为金兰之好。后来，两人又在梅里遇到了吴国公子光。公子光被吴王僚夺走了王位，暗中招兵买马、结交豪杰，准备推翻吴王僚，自己取而代之。伍子胥、专诸又与公子光结成了莫逆之交，约定由伍子胥、专诸帮助公子光夺取王位，公子光即位后替伍子胥报杀父之仇。但吴王僚有内弟掩馀、烛庸掌握兵权，公子庆忌贴身保护，还有德高望重的王叔季札主持公道，公子光一时间没有机会下手。伍子胥虽然心急如焚，却也无可奈何。后来听说吴王僚酷爱吃鱼，便暗中派专诸跟随吴国最好的厨师学习烹鱼，以备不时之用。

却说楚平王的佞臣费无极，听说伍子胥最终还是越过重重关卡，只身逃到了死敌吴国境内，知道自己的好日子到头了，整天提心吊胆、坐卧不安。突然想到故太子建的母亲还在郧国，害怕她与伍子胥里应外合，便建议平王立即派兵诛杀郧夫人。郧夫人得到消息后，赶紧向吴国求救。吴王僚派公子光到郧阳取回郧夫人。公子光带领一支由三千囚徒组成的"军队"，最终在鸡父打败了薳(wěi)越率领的楚军，顺利迎回了郧夫人。薳越羞愤难当，上吊自杀了。楚平王听说吴军如此厉害，心中十分惧怕，"果断"任用囊瓦为令尹，伺机找吴国报仇。

令尹囊瓦认为，楚军连战连败，主要是因为郢都过于偏狭，所以大兴土木，在郢都南面修筑了纪南城，在西边修筑了麦城，三座城池成"品"字形分布，一旦有事，可以相互支援。囊瓦为报鸡父大仇，大肆修筑战船、操练水军。三个月后，自认为大功告成，率领水军大摇大摆地深入吴境，大肆劫掠了一番，又迅速返回楚国。吴国公子光率兵追击，以迅雷不及掩耳之势，灭掉了楚国的巢邑和钟离。楚平王听说吴国轻而易举地灭掉了自己两座城池，不禁大惊失色，从此落下心病，久久不能治愈。前506年，楚平王病重去世，太子珍即位，是为楚昭王。昭王任命囊瓦为令尹，伯郤(xì)宛为左尹，鄢将师为右尹，费无极参与治理朝政。

伍子胥听说楚平王死了，顿时捶胸顿足，痛哭流涕，其伤心的程度，与当年父兄惨死相比，有过之而无不及。公子光奇怪地问道："楚平王是你的杀父仇人，他死了你应该高兴才对，怎么哭得这么伤心呢？"伍子胥咬牙切齿地答道："公子啊，这哪里是伤心啊，这是怨恨啊，刻骨铭心的怨恨啊！我恨这个无道昏君没有横死，居然得到了善终！我恨自己不能亲手割下他的头，为父兄报仇雪恨啊！"公子光对伍子胥的遭遇更加同情了。

伍子胥恨自己不能亲手杀了平王，一连三天三夜不眠不休，想来想去，只剩下一条路，就是亲手灭掉楚国，让平王的子孙死无葬身之地。情急之下，伍子胥突然心生一计。他让公子光先装病，然后撺掇吴王僚趁丧讨伐楚国。吴王僚果然中计，先派掩馀、烛庸率军出征，又派王叔季札出使晋国，最后派公子庆忌领兵增援。伍子胥见吴王僚把身边的重臣全都派了出去，才让专诸把鱼肠剑藏在鱼腹之中，在向吴王献鱼的时候，一剑刺死了吴王僚。公子光随后即位，自称吴王阖闾。掩馀、烛庸听说吴王僚已死，再也无心恋战，两人扮成小卒,连夜逃到徐国和钟吾去了。吴军骤然失去主将,顿时乱成一团,楚将伯郤宛乘乱追击,全胜而归。公子庆忌不知去向。

伯郤宛得胜回朝后,很受昭王赏识。费无极又心生嫉妒,生怕伯郤宛抢走了自己的风头,暗中勾结右尹鄢将师,利用令尹囊瓦的无知,设计害死了伯郤宛,还放了一把火,把他的宅院烧了个精光。伯郤宛含冤死后,民怨鼎沸,童谣四起,纷纷要求惩治幕后黑手。令尹囊瓦也后悔不已,又与沈尹戌一道,设计处死了费无极和鄢将师,百姓们自发跑到两人的宅院,也点了一把火,把两人的府宅也烧了。伯郤宛的儿子伯嚭(pǐ)逃到吴国,受到吴王阖闾的重用。

伍子胥听说费无极也死了,又大哭了一场,因为他能亲手报仇的人又少了一个。

有一天,吴王阖闾又来找伍子胥请教国政,"请问先生,寡人怎么才能称霸诸侯吗?"伍子胥悲从中来,痛哭流涕道:"外臣是楚国逃犯,父兄大仇至今未报,怎么敢妄议吴国朝政呢?"阖闾顾左右而言他,"要不是得到先生相助,寡人至今还屈居人下。寡人正要把国政全部委托给先生,先生怎么能突然萌生退志呢?难道寡人不值得公子辅助吗?"伍子胥继续哭道:"臣一向认为大王是有道明君,只是下臣大仇未报,心中惶惑不安,连自己都管不好,又怎么能管好一个国家呢?请大王还是另请高明吧!"阖闾知道搪塞不过去,只好说道:"先生不要悲伤!等国事稍微安定以后,寡人立即发兵为先生报仇!"子胥这才稍微安下心来,擦干眼泪说道:"谢大王成全!大王刚才想问什么呢?"阖闾答道:"寡人想知道,吴国僻居东南一隅,怎么才能称霸中原呢?"伍子胥答道:"下臣听说,要想富国强兵,必先固本强基。大王要想称霸诸侯,必须从内到外,从近到远,有条不紊,循序渐进。而目前的当务之急,是要修筑城郭、建立武备,这样才能做到内有守备,外能御敌。"阖闾大喜道:"先生言之有理。寡人就把这个重任委托给先生,请先生为寡人办理!"伍子胥欣然应允。

伍子胥请来相士,察看好地形后,在姑苏山东北三十里,修筑了一座高大雄伟的城池。城墙周长四十七里,四周设八座陆门,八座水门,显得十分壮观。子胥带领文武百官,把都城从梅里迁到姑苏城中,前面是朝堂,后面是集市,左边是祖庙,右边是社坛,其他如仓廪府库等,一应俱全。同时,还在凤凰山南面修筑了一座城池,名叫南武城,专门防备越人偷袭。吴国在伍子胥的治理下,国力迅速强盛起来。

不久,伍子胥又设计杀死了逃亡在外的吴公子庆忌,吴王阖闾更是喜出望外。伍子胥乘机奏道:"大王的祸患一个一个都除掉了,下臣的仇什么时候才能报呢?"楚国另一位"叛将"伯嚭,也多次向吴王请兵伐楚。阖闾推托不过去,只好对满朝文武问道:"寡人想为两位爱卿出兵伐楚,哪位爱卿愿意领军出战?"伍子胥和伯嚭异口同声地答道:"下臣愿往!"阖闾见两人都是楚国人,不是吴国人,出兵都是为了报私仇,不一定会为了吴国而拼尽全力,所以轻轻叹了一口气,没有马上答应。子胥看到吴王的表情,已经猜到了七八分,故意问道:"大王是担心楚国兵多将广吗?"吴王阖闾心照不宣,顺口答道:"正是。"子胥又道:"大王无需担心!下臣向大王保举一个人,一定能带领吴军大获全胜。"阖闾一听来了精神,兴奋地问道:"爱卿要保举何人?"子胥答道:"吴国人,姓孙名武。"阖闾一听是吴国人,不禁喜上眉梢。子胥继续奏道:"孙武精通文韬武略,还自己编写了《兵法》十三篇,擅长运筹帷幄之中,决胜千里之外。他目前隐居在罗浮山上,所以世人不知道他的才能。如果大王能聘请孙武担任军师,吴国就天下无敌了!"阖闾喜形于色,立即道:"那就请爱卿为寡人传召孙武进宫,寡人要对他委以重任!"孙武与伍子胥本是至交,见伍子胥一片赤诚,还带着吴王赏赐的黄金、白璧等贵重礼物,立即跟着伍子胥来到姑苏。阖闾立即赐封孙武为上将军,对外号称军师,命他与伍子胥、伯嚭一起,即刻商讨伐楚事宜。

孙武首先设计杀死了逃奔徐国和钟吾的掩馀和烛庸,彻底扫除了吴国的后患。伍子胥虽然报仇心切,但也知道楚国是泱泱大国,稍有不慎,不仅仇报不成,恐怕连性命也难保,所以格外谨慎,一面把吴军分成三个小队,轮番骚扰楚国,让楚国主力疲于奔命,逐渐拖垮他们的斗志;一面等待楚国内部发生变故,然后乘机一击致命。不久,探马报告:"唐、蔡两国派使臣前来求见吴王,现已到达郊外。"伍子胥喜出望外,"唐、蔡两国都是楚国属国,突然派使者前来,一定是与楚国交恶,前来投靠吴国。真是天助我也!"

原来楚昭王梦中得到"湛卢"宝剑,各国诸侯纷纷前来道贺,唐成公和蔡昭侯也在其中。唐侯有宝马"骕(sù)骦(shuāng)"两匹,把其中一匹送给昭王作为贺礼。蔡侯有羊脂白玉佩一双,银貂鼠裘两件,也忍痛拿出其中一块玉佩和一件鼠裘,送给楚昭王作为礼物。昭王此时年纪尚小,对这些东西不感兴趣,但令尹囊瓦看见后,却爱不释手。囊瓦暗示唐侯、蔡侯,自己想要另外一半。唐成公、蔡昭侯本来就舍不得,见囊瓦又只是个令尹,便没有答应。囊瓦怀恨在心,诬陷唐侯、蔡侯谋反,把两人软禁起来,一扣就是三年。唐成公、蔡昭侯没有办法,只好把另一半宝物拿出来,全都送给了囊瓦。唐侯、蔡侯回国后,始终咽不下这口气,便请晋国出兵讨伐楚国,替自己报仇雪恨。晋国倒是纠集了十七路诸侯,准备一同进攻楚国,没想到副将荀寅和囊瓦是一路货色,也向蔡侯索取巨额贿赂,遭到拒绝后,立即解散了联军。楚国令尹囊瓦知道后,勃然大怒,亲自带领大军,包围了蔡城。蔡侯、唐侯没有办法,只好又向吴王求救。

伍子胥把蔡国使者引见给阖闾,并乘机谏道:"唐、蔡两国与楚国有不共戴天之仇,愿意作为我国伐楚的前锋。我们以救蔡的名义,实现讨楚的目的,可谓是一举两得,一箭双雕。大王不是一直想开疆拓土吗,现在机会来了,大王还犹豫什么呢?!"两人正在商议,孙武也劝道:"楚国之所以易守难攻,主要是因为属国众多,很难直接打到本土。现在晋侯振臂一呼,十七国诸侯应声云集,其中不乏陈、许、顿、胡等属国,说明楚国已经到了众叛亲离、独木难支的地步了,现在正是攻打楚国的最佳时机啊!"阖闾听两位柱国都这么说,不再有任何犹豫,立即命太子波守国,拜孙武为大将,伍子胥、伯嚭为副将,王弟公子夫概为先锋,亲自督率大军向蔡国开拔。

　　亲自率领大军杀入郢都,亲手砍下楚平王的头,无疑是伍子胥梦寐以求的场景。为了这一天,他已经等待了整整十九年。然而君子报仇,十九年也不晚。一场即将在君臣之间展开的复仇大戏,已经悄悄拉开了帷幕。

46 偷袭不成反蚀一把米

楚国令尹囊瓦见吴军来势汹汹，不敢与吴兵正面交锋，立即撤了蔡国之围，把军队驻扎在汉水南岸，等待吴军前来挑战。同时，赶紧命人向郢都告急。

唐国、蔡国之围不战而解，唐侯、蔡侯感激不尽，果然率领本国人马为先锋，协助吴国共同讨伐楚国。为了加快行程，孙武命令把战船停泊在淮汭，所有士兵都弃船登岸，从陆路直逼汉阳。几天工夫，吴军已经抵达汉江北岸，两军隔岸相对，大战一触即发。

楚昭王连夜召集群臣商议对策。公子申道："囊瓦不是大将之才，可派左司马沈尹戌领兵前去助战。只要把吴军阻隔在汉江对岸，让他们渡不了江，吴军孤军深入，就坚持不了多久。"昭王准奏，命沈尹戌帅兵一万五千人，前去协助囊瓦守御。

沈尹戌迅速赶到汉阳，不解地问令尹囊瓦道："吴兵就像神兵天降一样，他们这次怎么如此迅速呢？"囊瓦道："吴军把战船全都停泊在淮汭(ruì)，然后从陆路赶到了这里。"沈尹戌哈哈大笑，"都说孙武用兵如神，我看也不过如此！"囊瓦不解地问道："司马这是何意？"沈尹戌道："吴兵擅长水战，不擅长陆战。现在为了快捷，弃船登陆，万一失败，不是一点儿退路都没有了吗？"囊瓦似懂非懂，"这么说，司马已经有破敌之策了？"沈尹戌道："已经有了。末将准备分兵五千给令尹,请令尹沿着汉江南岸扎营,并把附近所有船只都收集起来,每天都派小船在江上往来巡逻,让吴军没有机会偷渡。末将率领大军从新息抄小路赶到淮汭,把他们停在那里的船只全部烧毁,再派人把汉江以东的隘道全部堵死,彻底断绝他们的归路。最后,请令尹引兵渡过汉江,从正面攻打吴军大寨,末将率兵从后面偷袭,让他们首尾不能相顾。如果不出意外,吴军定将有来无回!"囊瓦大喜道:"司马高见,囊瓦佩服!"沈尹戌便命大将武城黑带领五千精兵留下,协助令尹囊瓦守营,亲自率领一万人马向新息进发。

左司马沈尹戌走后,吴、楚两军在汉江两岸对峙了好几天,谁也不敢贸然出兵。这时,楚将武城黑想讨好令尹,便对囊瓦谏道:"吴军弃船登岸,又不熟悉地形,司马已经料定他们必败无疑。现在两军相持了好几天,吴军还是不敢渡江,军心肯定已经涣散,不如乘机立即进攻,一举击溃阖闾大军!"囊瓦的爱将史皇也劝道:"令尹要当心啊,现在国内爱司马的人多,服令尹的人少,如果让司马引兵焚烧吴国战船,堵死东方隘道,那么战胜吴军的首功,又要被司马抢走了。令尹虽然位高权重,但已经失利好几次了,如果今天再把大功让给司马,怎么能让百官信服呢,说不定不久就要被司马取而代之了。不如听从武将军的计策,趁司马还没回来,现在就渡江决战,一举夺取首功。"囊瓦心动了,传令三军一齐渡过汉江。

囊瓦在小别山摆好阵势,派史皇出阵挑战。孙武让夫概迎敌。夫概亲自挑选了三百个勇士,个个手持粗大的木棒,遇到楚兵后,不由分说,劈头盖脸一阵乱打。楚兵从没见过这种战法,被吴军打了个措手不及,顿时溃不成军,史皇也落荒而逃。史皇回营后,囊瓦怒道:"你劝我渡江作战,结果第一仗就大败亏输,还有什么面目来见我?"史皇道:"打仗不擒王斩将,算得了什么英雄?吴王把大寨扎在大别山下,今天侥幸胜了一阵,肯定会放松戒备。请令尹今晚亲自率领大军,乘机去劫他们的营寨,必能立下大功一件!"囊瓦转怒为喜,把史皇给放了。囊瓦亲自挑选了一万精兵,只等天一黑,就去吴营劫寨。

夫概旗开得胜,众将纷纷祝贺。孙武却道:"囊瓦是个酒囊饭袋,今天史皇虽然折了一阵,损失并不太大,晚上必会前来偷营劫寨,我们不能不防。"命令夫概、专毅各引本部兵马,埋伏在大别山左右,听到哨角一响,立即领兵杀出;命唐侯、蔡侯各领本国兵马,分两路接应。同时,命伍子胥领五千兵马,从小路抄到小别山背后,反去抢劫楚军大寨,伯嚭(pǐ)引兵接应。最后,让公子山把吴王转移到汉阴山下,免得阖闾受到战火冲击。大寨里只留下几百个老弱残兵看守,其他大幕、旌旗等摆设,一律保持不变。

当夜三更时分,囊瓦果然引着精兵,悄悄从大别山后绕出来,悄悄向吴营进发。已经走近吴军大寨,发现吴寨里还是一点儿动静也没有,以为是吴军睡得太死,没有发现自己的行踪,于是发一声喊,率领大军杀入寨内。囊瓦到处找不到吴王,这才知道中了埋伏,慌忙率军杀出。可惜为时已晚,只听见四面八方号角齐鸣,专毅、夫概率先杀出,一左一右夹攻楚军。囊瓦边战边退,勉强脱身出来,一万大军已经折损了三分之一。囊瓦刚松了一口气,又听见一声炮响,右有蔡侯,左有唐侯,分别率领本国兵马,拦住了囊瓦的去路。唐侯大叫:"还我宝马骕(sù)骦(shuāng),饶你一死!"蔡侯也叫道:"还我鼠裘玉佩,饶你一命!"囊瓦又羞又恼,又慌又怕,正在危急关头,武城黑引兵杀到,救出了囊瓦。才走出了几里路,守寨兵士报告:"我军营寨已经被伍子胥劫走,史将军下落不明。"囊瓦肝胆俱裂,引着残兵败将,一直逃到柏举,才命令就地休息。又过了半天,史皇才领败兵赶到,重新安营扎寨。

囊瓦落得如此下场,不禁叹道:"孙武用兵果然神出鬼没,不如弃寨逃跑,寻找机会再战!"史皇劝道:"令尹奉楚王之命,率领大军抵抗吴国,如果弃寨逃跑,吴兵渡过汉江,长驱直入郢都,令尹能逃得了干系吗?不如拼死一战,哪怕战死疆场,好歹也留个名声。"囊瓦还在犹豫不决,忽然接到军士报告:"楚王又派出一支军队前来接应。"囊瓦亲自出寨迎接,原来是大将蒍射。蒍射道:"大王听说吴兵人多势众,担心令尹不能取胜,特派小将带领一万精兵前来接应,全听令尹调遣。"囊瓦把战况简单说了一遍,脸上有些挂不住。蒍射把脚一跺,长叹道:"令尹糊涂啊!如果听司马的话,怎么会落到这步田地!为今之计,只有深沟高垒,高挂免战牌,等司马回兵,再前后夹击不迟。"囊瓦却辩解道:"前日本帅过于轻敌,才被吴军占了便宜。如果正面交锋,吴军不是我军对手。将军率援兵刚到,士气正旺,不如借此机会,决一死战!"蒍射坚决不同意,为了防止囊瓦掣肘,干脆与囊瓦分开扎营,名义上互为犄角,实际上相隔十几里,谁也顾不上谁。囊瓦仗着位高权重,不把蒍射放在眼里,蒍射欺负囊瓦无能,不愿听从令尹调遣,两人各打各的算盘,遇事也不通报商量。

吴国先锋夫概探知楚国将帅不和,向吴王建议道:"囊瓦虽是主帅,却不得人心;蒍射说是支援,却不听号令。我军如果乘胜追击,定能大获全胜!"阖闾准奏。夫概回到本营,却对将士说道:"大王已经下令追击,大家就遵照执行吧。这次我们要单独行动,如果能够侥幸取胜,就可以长驱直入郢都了。"第二天早晨,夫概不等吴王号令,径自带领本部五千兵马,直奔囊瓦大营。元帅孙武听后,赶紧派伍子胥引兵接应。夫概高声叫喊着,率兵杀入了囊瓦大营。囊瓦毫无防备,营中一片混乱。幸好武城黑领兵抵挡一阵,囊瓦才逃出营寨。囊瓦刚刚走出营寨,还没来得及登车,左肩上就中了一箭,幸好史皇率兵赶到,把囊瓦救上了车。史皇把囊瓦送到安全地带,自己却跳下车来，对囊瓦大声说道："小将决心战死沙场，令尹大人请保重！"说完，徒步往回走去。囊瓦也不搭话，立即换上士兵的衣服，乘着史皇的战车，独自逃走了。囊瓦不敢再回郢都，只身投奔郑国去了。这时，伍子胥率兵赶到。史皇担心伍员率兵追杀令尹，手持方天画戟，主动杀入吴军，前遮后挡，左冲右突，杀死吴兵两百多人，最后身负重伤，战死在沙场上。武城黑敌不过夫概，被夫概一刀斩于车下。

蒍射的儿子蒍延听说囊瓦战败，立即禀告父亲，希望蒍射率兵救援。蒍射不仅不答应，还亲自站在营前弹压，高声号令三军道："乱动者斩！"囊瓦的败军自觉逃到蒍射营中，估计还有一万多人，两军合成一军，士气又振作起来。蒍射道："吴军乘胜追击，其势不可阻挡，不如主动撤回郢都，然后再从长计议！"命令三军拔寨退兵，蒍延在前带路，蒍射亲自殿后。夫概探到蒍射拔营退军，立即率兵追击，一直追到了清发。楚兵正在收集船只，准备渡江。吴兵急欲上前厮杀，夫概连忙制止道："兔子逼急了还咬人，何况是人呢？等他们渡到一半的时候，再出兵打击，已经渡江的想逃命，没有渡过的着急渡江，谁还肯顾得上拼杀呢？我们必定大获全胜！"于是退军二十里安营扎寨。

孙武率领大军随后赶到。众将听了夫概的计策，纷纷点头称赞。阖闾也对伍子胥说道："寡人有如此英雄的弟弟，还愁郢都不破吗？"伍员瞅个机会，秘密奏道："下臣听大夫被离说，他曾给夫概看过相，说他全身汗毛倒竖，将来必定背主叛国。王叔虽然英勇，却不可委以重任啊！"吴王阖闾不以为然。

蒍射听说吴兵追来，正要率兵抵抗，又听说已经退军，不禁大喜道："本将军早就知道吴人胆小，不敢穷追猛打。"下令第二天饱餐一顿，一起乘船渡江。第二天清晨，楚兵开始渡江，还没渡到三分之一,夫概引大军杀到,楚军顿时乱成一团。蘧射阻挡不住,只好沿着江岸逃走。还没过江的军士,也跟着主帅一起逃跑。吴军从后面大肆追杀,楚兵死伤不计其数。孙武命唐侯和蔡侯带领本部兵马,大肆抢夺渡河船只,沿江一路接应。蘧射一路逃到雍澨(shì),士兵人困马乏,不得已停下来埋灶做饭。饭刚做熟,还没来得及吃,吴兵又杀到了,楚兵又被迫弃饭逃走。吴兵饱餐一顿后,继续奋力追赶。楚兵自相践踏,又折损了许多人马。蘧射只顾仓皇逃跑,不小心战车被石头绊倒,还没爬起身来,被后面赶上的夫概一戟刺死。蘧射的儿子蘧延也陷入了重围,正不知所措,忽然听到东北方向喊声四起,心想又有吴兵杀来,可怜我父子都将命丧于此。再仔细一看,却发现是司马沈尹戌,终于松了一口气。

原来左司马沈尹戌率兵赶到新息,听说囊瓦已经兵败逃走,只好从原路返回,正好在雍澨遇见吴兵围困蘧延,立即把所率兵马分成三队,奋勇杀入敌阵。夫概连胜几阵,心中有些大意,忽然看见楚兵分三路杀来,也不知道有多少兵马,连忙鸣金撤兵。沈尹戌大杀一阵,杀死吴兵一千多人。沈尹戌正要乘胜追击,吴王阖闾的大军也已赶到,双方就地安营扎寨。沈尹戌对家臣吴句卑说道:"令尹贪功冒进,令我们的计策落空,使一场大胜变成了一场惨败,也许这就是天意吧!现在情况万分危急,明天本帅将决一死战,如果侥幸战胜,保住郢都不失,那是楚国的福气。如果不幸战败,你要把我的人头收好,不要被吴人抢走了。切记,切记!"又对蘧延交代道:"将军的父亲已经战死沙场,本帅不能再让你再出意外。请将军立即赶回郢都,通知公子申,让他做好保护郢都的准备。"蘧延含泪告别,回郢都报信去了。

第二天,两军正式列阵交锋。沈尹戌平时治军有方,加上爱惜士卒,楚兵个个奋不顾身,拼死杀敌。夫概虽然英勇,一时也无法取胜。孙武眼看夫概要落败，率领大军一齐掩杀过来，右有伍子胥、蔡昭侯，左有伯嚭、唐成公，呐喊着冲入楚军，杀得楚军七零八落。沈尹戌拼死杀出重围，却已经身中数箭，僵卧在车中，无法站起身来。沈尹戌把吴句卑叫到眼前，断断续续地说道："本帅……本帅已经不行了，你立即砍掉我的首级，前去面见……面见楚王。"吴句卑不忍心动手。沈尹戌大喊一声，闭上了双眼。吴句卑不得已，挥剑斩下沈尹戌的人头，用衣服包好了，贴身藏在怀里，然后把尸体掩埋了，径自奔回郢都报信去了。

郢都失去了汉江天险的保护，直接暴露在吴军的兵锋之下，随时都面临着城破国亡的危险。

47 郢都的陷落

薳(wěi)延首先奔回郢都,见到昭王以后,不禁放声恸哭,断断续续地向楚王禀报说,令尹囊瓦兵败逃跑,父亲薳射被吴兵杀害。楚昭王大惊失色,立即召公子申(字子西)、公子结(字子期)商议。不久,吴句卑也赶到了,呈上沈尹戌的人头,沉痛地说道:"都是令尹囊瓦不用司马的计策,才造成现在的局面。"昭王恸哭道:"寡人不能早用沈尹戌,都是寡人的罪过啊!"又大骂囊瓦道:"这个祸国殃民的奸臣,寡人定要将你碎尸万段!"吴句卑又道:"吴国大军旦夕就要兵临城下,大王还是尽早商定守城大计吧!"昭王召来沈尹戌的儿子沈诸梁,封他为叶公,让他好好埋葬父亲的尸首。同时,命令放弃郢都,准备带领文武百官一起向西撤退。

公子申听说楚王要放弃郢都,号啕大哭道:"楚国的宗庙社稷都在郢都,大王要是这么走了,恐怕再也回不来了,请大王三思啊!"楚昭王沉痛地说道:"寡人也不想抛弃郢都的子民,可楚国仰仗的汉江天险已经失守,吴兵马上就要兵临城下,难道要寡人束手就擒吗?"公子结奏道:"城中还有几万壮丁,如果拿出所有粮食财帛,激励将士登城死守,然后派遣使者到汉东诸国,搬取救兵支援,说不定还有一线希望。况且吴兵孤军深入,无法补给军械粮草,肯定不能持久。"楚昭王却道:"吴军占领了我们的土地,就地取材就行了,怎么会缺乏军械粮草呢？而晋国人振臂一呼，顿国、胡国应声响应；吴兵西征伐楚，唐国、蔡国自愿为向导，楚国已经众叛亲离，救兵恐怕也指望不上了。"公子申又道："不作抵抗即行撤退，会让全城百姓伤心的。不如一起奋勇杀敌，等确实抵挡不住，再撤退也不迟啊。"昭王长叹一声，无奈地说道："寡人就把楚国的生死存亡，全部托付给二位兄长。你们见机行事就行了，不必事事都问寡人。"说完，含着眼泪走进后宫去了。

公子申和公子结经过商议，派大将斗巢引兵五千，增兵防守麦城，防止敌人从北路进军；大将宋木引兵五千，增兵扼守纪南城，防止敌人从东南入侵；公子申自己率领精兵一万，驻扎在鲁洑江，扼守吴军东渡水路。西面、南面有川江、湘江天险，没有派兵防备。公子结亲自带领王孙由于、王孙圉(yǔ)、钟建、申包胥等，日夜在郢都城内巡逻。

吴王阖闾聚集诸将，商议如何攻打郢都。伍子胥道："楚国虽然一再吃到败仗，但郢都毕竟是京都大邑，又有三座城池互相呼应，要想遽然攻破，也不是一件易事。从这里去鲁洑(fú)江，肯定会有重兵把守。我们必须从北路迂回，然后以迅雷不及掩耳之势，兵分三路发动进攻，一军进攻麦城，一军攻打纪南城，一军直逼郢都，让三座城池之间顾此失彼，只要攻破其中一座，其他两座也就不在话下了。"孙武道："子胥言之有理。"命伍子胥和公子山率领精兵一万，前去攻打麦城，蔡侯带领本国兵马协助；孙武和夫概率领精兵一万，前去攻打纪南城，唐侯率领本国兵马协助；吴王阖闾和伯嚭(pǐ)带领中军，向郢都发起猛烈进攻。

伍子胥率兵疾走了好几天，探子回来禀告道："从这里去麦城，只有三十里远了。麦城守将是楚国大将斗巢。"子胥命令大军就地扎营，然后换了身便服，只带了两个贴身侍卫，到营外去察看地形。

三人信步走到一个小村庄,看见有人牵着毛驴磨麦。村夫用木槌敲打着驴背,毛驴围着石磨不停地转圈,面粉顺着磨沿纷纷落到下面的木盆里。伍子胥恍然大悟,自言自语道:"我已经找到破麦城的办法了。"回营以后,立即传令:"全军将士无论老少,每人装一袋土,割一捆草,明天五鼓前交割。违令者斩!"第二天五鼓后,又传下号令:"每人携带三块石头。违令者斩!"等到天亮以后,伍子胥把军队一分为二,蔡侯带领一队,前往麦城东郊;公子乾带领一队,前往麦城西郊。到达指定地点后,吩咐所有士兵放下随身携带的土袋、草束和石块,就地筑成一座小城,当做吴军的营垒。伍子胥亲自督促巡察,不一会儿工夫,两座小城拔地而起。东边的小城狭长,形状酷似毛驴,就取名叫"驴城";西边的小城浑圆,形状酷似磨盘,就起名叫"磨城"。唐侯、蔡侯不解其意,伍子胥笑道:"东边是驴,西边是磨,麦城夹在其中,还不被我们磨碎了!"唐侯、蔡侯明白过来,一齐哈哈大笑。

麦城守将斗巢听说吴兵正在筑城,连忙率兵来争,可惜等他赶到的时候,小城已经建成。斗巢来到东城,只见城上旌旗密布,鼓声不绝于耳,不禁勃然大怒。正要率军攻城,突然辕门大开,一位小将领兵杀了出来。斗巢问道:"来者何人?"少年答道:"蔡侯少子姬乾。"斗巢叫道:"乳臭未干的小娃娃,还不赶快退下!告诉本将军,伍子胥在哪里?"公子乾笑道:"去取麦城了!"斗巢怒不可遏,挺着一杆长戟,直取姬乾的脑袋。两人你来我往,斗了二十几个回合,忽然听哨兵喊道:"伍子胥正率兵攻打麦城,请将军立即回城。"斗巢怕麦城有失,立即鸣金收兵。姬乾率兵掩杀一阵,并不穷追猛赶,也鸣金收兵回去了。

斗巢引兵赶回麦城,迎面遇见伍子胥指挥兵马围城。斗巢拱手道:"子胥别来无恙!将军父兄的确死得冤屈,但都是宠臣费无极一手造成的,现在他已经认罪伏诛,将军也就无仇可报了。伍家三代蒙受王恩,将军难道都忘了吗?"子胥答道:"平王不念先祖大功,杀死末将父兄,还想赶尽杀绝,取在下的性命。子胥已经等了十九年,才等到今天。将军如果体谅子胥,就请让到一边,不要逼在下大开杀戒,子胥可以留你一条性命!"斗巢破口大骂道:"你这个乱臣贼子,不杀你不算好汉!"挺着长戟就向伍子胥冲了过去。伍子胥举画戟迎住。只战了几个回合,子胥突然说道:"将军已经身疲力乏了,末将暂且放你入城,明天再决一死战!"斗巢料想不能取胜,只好说道:"好!明天决一死战!"说完,立即收兵回城。城上的士兵见是自家人马,立即打开城门,放斗巢和楚兵入城。

半夜时分,城中突然有人大叫:"吴兵杀入城里了!吴兵杀到城里了!"原来伍子胥的队伍中,有很多楚国的降兵,白天故意放斗巢入城,暗中让降兵穿上楚军的衣服,悄悄跟在斗巢的队伍后面,趁乱混进了麦城。这些降兵白天找个僻静的地方藏起来,等天黑了,楚兵都睡了,才悄悄爬了出来,从城上放下绳索,把城下的吴兵拽上了城墙。等守城士兵发现的时候,已经有几百个吴兵进到城内。吴兵在城楼上发一声喊,城外吴国大军齐声呼应,单凭那股气势,就如同天崩地裂、山呼海啸一般,守城的楚国士兵早已心惊胆战,纷纷向城外逃窜。斗巢控制不住局势,只好也混在士卒中,乘乱逃出了麦城。子胥也不追赶,命令军队立即入驻麦城,并派人飞马向吴王阖闾告捷。

却说孙武引兵翻过虎牙山,转入当阳阪,看到漳江从北面奔腾而下,又从纪南城边奔流而过,突然计上心来。孙武命军士驻扎在山上,每人自备铁锹、锄头等工具,连夜挖出了一条壕沟。又命士兵筑起一道长堤,堵住咆哮的江水。不到一天工夫,堤内水位已经升到三四丈高。孙武命令士兵突然掘开堤坝,大水就像猛兽一样灌入纪南城。楚国守将还以为是山洪发作，立即迁移百姓到城外躲避。孙武又命军士就地砍伐竹木，扎成简易的竹排，让士兵乘着竹筏，顺水漂入城内。城中守军这才知道，大水是吴军放进来的，一时间人心惶惶，纷纷四散逃走，纪南城也落到了吴军手里。孙武命人掘开赤湖，把城中的大水通过赤湖，又引回到江里。

楚王知道郢都已经镇守不住，匆忙中带着妹妹季芈，一起乘船逃跑了。公子结在城上看见楚王逃走，只好带着文武百官出城保驾。文武大臣们走得太急，连家眷和细软都没来得及带走。

孙武保着吴王阖闾，大摇大摆地开进了郢都。

48 今夜无人入眠

吴王阖闾昂首进入楚王的王宫,堂而皇之地坐在楚王的宝座,召见了吴国的文武百官。唐侯、蔡侯也前来道贺。阖闾心情极佳,命人设宴摆酒,务必要君臣同乐,一醉方休。

当天晚上,阖闾就睡在楚王的后宫里。左右把昭王的夫人找来,逼她给吴王侍寝。阖闾起初还有点儿不好意思,大夫伍子胥劝道:"楚王的国家都被大王强占了,何况是他的夫人呢?"吴王不再顾虑,索性把昭王的夫人、侍妾和宫女统统找来,挨个睡了个遍。有个侍卫灵机一动,又向吴王奏道:"楚王的母亲伯嬴,本是太子建的夫人,据说有天香国色,才被平王据为己有。现在年纪还不太大,估计风韵犹存,不如一并召来服侍大王。大王觉得如何?"阖闾有些心动,命人传召伯嬴。伯嬴坚决不从。阖闾大怒,命令左右道:"亡国之妇,竟敢违抗寡人命令,绑也要给寡人绑来!"伯嬴命人把宫门死死关上,然后用利剑在窗户上刺了一个洞,向外面大声喊道:"贱妾听说,所谓一国之君,必为一国之楷模。周王礼法早有规定,男女睡不同席,食不同器。现在大王不顾廉耻,抢占他人国家,奸淫他人妻女,妄称一国之君!哀家既已成亡国之妇,绝不会与你做这苟且之事。如果再苦苦相逼,哀家立即横剑自杀!"说完,还用利剑重重地磕了一下窗棂。阖闾大为惭愧,连忙赔罪道:"寡人无意冒犯夫人,不过想一睹芳容罢了。既然夫人已经安歇,寡人就不打扰夫人了!"命人不要再骚扰伯嬴。伯嬴还不放心,命侍女牢牢守住门户,没有得到允许,谁也不准放进屋。

伍子胥对女人没什么兴趣,正四处搜索昭王踪迹。但他把王宫里外翻了三遍,也没发现昭王下落。伍子胥有气没处使,便唆使孙武、伯嚭等将领,霸占楚国大夫的家室,侮辱他们的妻女。吴国将士们就等着这一天,听伍子胥这么一说,顿时爆发出一阵欢呼,转眼便不见了踪影,各"忙"各的去了。唐侯和蔡侯直奔令尹囊瓦的家,发现玉佩和鼠裘还藏在府库中,宝马骕骦也拴在马厩里,两人欢天喜地地取了自家的宝物,一齐献给吴王阖闾。公子山想霸占囊瓦的夫人,没想到被夫概抢了先,两人便在囊瓦家中大打出手。当晚的郢都城中,吴王阖闾带着文武大臣烧杀抢掠、聚众淫乱,场面不堪入目,简直和没有开化的禽兽没有两样。

大家都"累"得筋疲力尽了,伍子胥又鼓动吴王阖闾,把楚国的宗庙社稷尽行拆毁。孙武连忙劝道:"大王不可!下臣听说,只有兴仁义之师,方可称师出有名。平王纳儿媳,废太子,又任用奸臣费无极,对内残害忠良,对外侵扰诸侯,我们出兵讨逆、替天行道,可以说师出有名。现在郢都已经攻破,理应拥立太子建的儿子公子胜为君,让他主持楚国社稷。公子胜即位后,肯定会对大王感恩戴德,对吴国俯首称臣。大王名义上赦免了楚国,实际上却占有着楚国,既有了名声,又得了实惠,何乐而不为呢?"吴王阖闾正踌躇满志,一心想灭掉楚国,哪里听得进孙武的劝告,命人把楚国的宗庙社稷全都捣毁了。唐成公、蔡昭侯大仇已报,各自告辞回国。

阖闾重新在章华台大摆酒席,宴请文武百官。群臣皆大欢喜,只有伍子胥痛哭不止。阖闾问道:"爱卿大仇已报,为什么还这么伤心呢?"伍子胥含泪答道:"平王已经死了,熊珍又下落不明,下臣的大仇还没报到万分之一呢！"阖闾道："爱卿想怎么样呢？"子胥道："请大王允许下臣掘开平王的坟墓，砍下他的首级，这样方能消解臣的心头之恨！"阖闾笑道："寡人以为爱卿有什么要求呢！爱卿对吴国功高盖世，难道寡人会吝惜几根枯骨吗？"欣然答应了子胥的请求。

伍子胥派人四处打探，寻访楚平王的坟墓的下落。后来听说平王埋在寥台湖附近，立即率领本部兵马前去发掘。当他赶到寥台湖时，只见好大一面湖泊，一眼望不到边，湖边也是一望无际的平原，哪里能看得到墓的影子？子胥派人到处搜寻，仍然毫无踪迹。伍子胥搥胸顿足，仰天大哭道："老天啊！老天啊！你真的有眼无珠，不让我报这血海深仇了吗？"子胥话音刚落，突然看到一个老头，一瘸一拐地从远处走来。老头径自来到伍子胥面前，试探地问道："将军是在寻找平王的坟墓吗？"子胥答道："正是！平王霸占儿媳、抛弃骨肉，任用奸臣、杀害忠良，活着的时候我不能砍他的头，死了也一定要毁他的尸！"老头睁大了眼睛，"将军莫不是伍子胥大人？"伍子胥道："正是！"老头连忙道："将军不要着急，老夫知道坟墓在哪里！"伍子胥一把抓住老人的手臂，连忙问道："快说！在哪里？"老头吃痛，"哎呀"叫出声来，伍子胥意识到自己失态了，马上放开了老人。老头这才说道："平王知道自己生前结怨太多，就怕死后有人挖他的坟墓，所以处心积虑地把自己埋在湖底下。将军请看！"老头说着登上寥台，把坟墓的方位指给子胥看。伍子胥找来几个会水的士兵，顺着老头指引的方位，潜到湖底去搜寻，果然在东面湖底下找到一座石椁(guǒ)。子胥立即传令所有军士，每人装一个沙袋，依次抛到石椁四周，很快堵住了汹涌的湖水。子胥派人凿开石椁，里面果然有一方石棺，但石棺里只有平王的衣冠和一块重达几百斤的铁块。老头又道："这只是疑棺，真棺还在下面。"子胥命人继续往下挖，果然还有一座石棺。士兵们捣毁石棺,拽出一具尸体,子胥定睛一看,正是楚平王,由于用水银殓过,至今没有腐烂,面容栩栩如生,和生前一模一样。伍子胥一见到楚平王那张脸,压抑了十九年的怒火蹭地一下全都涌了上来,立即拿出早已准备好的九节钢鞭,用尽平生的力气,狠狠向尸体抽去。伍子胥足足抽了三百鞭,打得尸体皮开肉绽、面目全非,还是觉得不解恨,又用左脚踩住尸体的腹部,用右手剜入平王的眼眶,破口大骂道:"你这个有眼无珠的昏君,不分善恶忠奸,枉杀我的父亲兄弟,本将定要让你死无葬身之地!"说着一剑把人头割了下来,和支离破碎的断骨烂肉一起,随手丢弃在荒郊野地里。

　　伍子胥出完了这口恶气,心情逐渐平复下来,这才想起身边还有一个老头,好奇地问老人道:"老丈怎么知道平王尸体的掩埋地点呢,而且连疑棺、真棺等内情,也知道得一清二楚?"老头号啕大哭,"将军有所不知,老夫就是当年埋葬平王的石匠之一。平王生前让我们五十几个石匠一起修砌疑冢,疑棺修好后,怕我们走漏了消息,便把所有的石匠都杀了,只有老汉一个人侥幸逃了出来。今天被将军的孝心所感动,所以把真相都告诉了将军。将军为父亲和兄弟报了仇,也为老汉和五十几个冤死的石匠报了仇。老汉代他们谢过将军!"伍子胥唏嘘不已,送了老汉不少金银珠宝,然后返回了郢都。

　　吴军破郢之日,堪称吴人的狂欢和楚人的噩梦,隐藏在人心深处的兽性,在那一刻全都迸发了出来。而一度横行江汉、称霸中原的泱泱楚国,在不期而至的致命打击之下,又将何去何从呢?

伍子胥

伍子胥掘墓鞭尸

49 "王"命天涯

却说楚昭王连夜渡过沮水,又折而向南渡过长江,辗转逃入云梦泽中。

一天晚上,几百个草寇突然把昭王的大船包围了。一个满脸横肉的彪形大汉,挥舞着手中的长戈,便向楚王猛刺过来。王孙由于情急之下,用身体挡住楚王,同时大声喝道:"大胆狂徒,这是楚王。你们还不住手!"由于话还没说完,已经被长戈击中了肩膀,一股鲜血涌了出来,顺着后背淌到脚下,立马疼昏了过去。强盗们听说是楚王,爆发出一阵大笑,"我们只认识金银财宝,不知道什么楚王。再说了,楚王的大臣们,哪一个不贪赃枉法、徇私舞弊,和强盗又有什么区别呢?"说完,抢走了船上所有值钱的东西。箴尹固连忙扶楚王到岸上躲避,回头再看那群草寇,已经放火把船烧了,熊熊的火光映红了半边天。昭王如同一只漏网之鱼,也辨不清东西南北,像只无头苍蝇一样,连夜向前逃去。

第二天早上,公子结和宋木、斗辛、斗巢等人,沿着楚王留下的踪迹,陆陆续续赶了上来。大夫斗辛奏道:"下臣老家就在郧邑,离这里不到四十里路。大王不如暂且到下臣家里躲避一阵,然后再从长计议。"不一会儿,王孙由于也赶到了。昭王不敢相信自己的眼睛,吃惊地问道:"爱卿身负重伤,却是怎么脱身的?"由于答道:"臣受伤后,只觉得疼痛难忍,头脑昏昏沉沉。就在大火快要烧到下臣的身体时,突然被人一把抛到了岸上,似乎还听到有人对臣说道:'我是楚国先令尹孙叔敖。你回去告诉楚王,吴国不久就会撤军,楚国的社稷还长着呢。'又隐约感觉有人用药敷在下臣的伤口上。等臣醒来的时候,血已经止住了,伤口也不痛了,然后就到这里了。"昭王叹道:"孙叔是在云梦泽中长大的,他的魂灵一直在庇佑着楚国啊。"众将无不感叹唏嘘。斗巢拿出干粮,箴尹固汲来河水,大家将就着填饱了肚子,然后让斗辛到成臼渡口寻找船只。

斗辛等了好久,终于看见一艘小船从东边缓缓驶来,定睛一看,原来是大夫蓝尹亹(wěi)。斗辛喜出望外,大声喊道:"蓝大夫,蓝大夫!大王在这里,赶紧靠岸过来,载大王离开这儿!"蓝尹亹道:"一个亡国之君,我载他干什么?"竟然加快速度,把小船开走了。斗辛没有办法,只好继续等下一艘船。又过了许久,才又看到一艘渔船。斗辛答应渔夫,以自己的官服抵作船费,渔夫才勉强答应靠岸。昭王和季芈登上船后,顺利地到达了郧邑。

到家以后,斗辛亲自下厨做饭,命二弟斗怀伺候昭王进食。席间,斗怀多次用余光瞟视昭王。斗辛心中不安,晚上亲自和三弟斗巢一起,护卫昭王就寝。睡到半夜,斗辛突然听到外面有磨刀的霍霍声。斗辛开门一看,磨刀的不是别人,正是二弟斗怀。斗辛压低声音问道:"二弟半夜三更在这里磨刀,到底想干什么?"斗怀恨恨地道:"杀了楚王!"斗辛大怒:"你敢犯上弑君?"斗怀大怒道:"过去父亲(斗成然)忠心耿耿,平王竟然听信谗言,把他给杀了。平王杀我的父亲,我杀他的儿子,有什么不对吗?"斗辛骂道:"君就像天一样,天要降祸于人,人还能抱怨天吗?"斗怀答道:"在位时是国君,亡国后就是仇人。仇人近在咫尺,却不敢报仇,还配叫做人吗?"斗辛道:"古人说过,仇不隔代。况且楚王已经后悔改过,重新录用我们兄弟,现在我们乘人之危,落井下石,只怕会天理不容。如果你非要这么做,哥哥就先杀了你!"斗怀无可奈何,带着利刀恨恨地出去了。昭王本来就睡不踏实,听到门外争吵的声音,立即披衣起床,躲在窗口后面偷听,明白是怎么回事后,怎么也不愿再留在郧邑。斗辛、斗巢和公子结经过商议,决定先到北边的随国避难。

公子申一直据守在鲁洑江,听说郢都被攻破,昭王带领大臣出奔,害怕国人四散逃走,立即在脾泄立国,自称楚王。百姓听说后,纷纷逃到脾泄。不久,公子结听说昭王逃到了随国,立即告知百姓楚王的下落,自己则带着所有将士,赶到随国与昭王会师。

伍子胥没能手刃楚王,心中始终不踏实。有一天,子胥又奏道:"只要一日没找到楚王,楚国就一日不会灭亡。臣请率领一支精锐,向西寻找楚王踪迹,亲手抓他回来,任由大王处置!"阖闾准奏。伍子胥一路查探,得知楚王流亡到了随国,立即前往随国,向随君修书一封,要求他马上把楚王交出来。

随侯立即召集群臣商议。楚国大夫子期的长相与昭王有几分相似,于是请求随侯道:"如今情况危急!请君侯把下官扮成楚王的模样交出去,这样大家就都安全了。"随侯没有答应,命太史先卜问吉凶。太史献上爻辞:"故勿弃,新勿欲。西邻为虎,东邻为肉。"意思是:不要喜新厌旧,弃故纳新;西边的邻居是猛虎,东边的邻居是肥肉。随侯心中有了底,派使者回复子胥道:"敝国世代依附楚国,楚王逃到敝国,孤家不敢不接纳。不过现在已经逃往他国,孤家也不知道去向。请将军明察!"伍子胥也没办法,想起囊瓦还在郑国,怀疑昭王也投奔郑国去了,又想起自己当年逃到郑国,郑伯曾杀掉太子建,大仇至今未报,便带领大队人马,转道去讨伐郑国。

郑国上卿游吉刚刚去世,郑定公十分恐惧,便把责任全都推到囊瓦身上。囊瓦走投无路,畏罪自杀了。郑伯把囊瓦的尸体献给吴军,并且一再解释,楚王确实不在郑国。伍子胥还是不肯撤军,一定要灭掉郑国,为死去的太子建报仇。郑国大夫见伍子胥欺人太甚,个个义愤填膺,纷纷请求背水一战,与吴军拼个你死我活。郑伯摇了摇头,反问道:"郑国与楚国相比如何?楚国都不是吴军对手,何况是我们郑国呢?"郑伯突然想起一句话,"重赏之下必有勇夫"。于是命人在全国各地贴出招贤榜,榜上写道:"只要有人能打退吴军,寡人愿意与他分享国政!"三天后,有个渔夫求见郑伯,说自己有办法击退吴兵。郑定公狐疑地问道:"爱卿需要多少战车?"渔夫答道:"小民不要一兵一卒,只要一支船桨就够了。"郑伯满腹狐疑,但也没有更好的办法,命人给渔夫找来一支旧船桨,权把死马当做活马医。郑兵用绳索把渔夫放下城来,渔夫扛着船桨,径自向吴军大营走去,一边走一边用手叩着船桨,放声唱道:"芦中人,芦中人,腰悬宝剑七星文。不知记否渡江时,麦饭盎浆鲍鱼羹?"吴兵还以为是郑国细作,立即把渔夫抓了起来,把他押到伍子胥帐前。渔夫面不改色,反复唱着那四句诗。伍子胥听到"芦中人"三个字,吃惊地问道:"你是什么人?"渔夫举起手中的渔桨,"将军没有看见小民手中的船桨吗?小民就是鄂渚渔丈人的儿子,在战乱中逃到了郑国。"子胥立即站起身来,一边解下渔夫身上的绳索,一边悲伤地说道:"原来是渔丈人的儿子!想当年渔丈人为了救我,牺牲了自己的性命,子胥一直想报答他的恩情,却不知道从何报起,幸好今天遇见了你。你想要什么,就直说吧!本将军能办到的,一定会办到!"渔夫答道:"小民别无所求,郑伯惧怕将军神威,已经传令全国:'只要有人能退了吴军,寡人愿意与他分享国政!'将军如果还顾念先人的恩情,就请赦免郑国的罪过。"伍子胥仰天叹道:"罢了!罢了!子胥能有今天,都是渔丈人所赐。苍天在上,我伍子胥怎么敢忘本呢?"立即下令撤军。渔夫转身回去禀告郑伯。郑伯喜出望外,立即赏给渔夫百里封地,百姓都称他为"渔大夫"。

伍子胥领兵回到楚国,派人继续寻访昭王下落。

50 天意不绝楚

再说伍子胥的好友申包胥,在郢都被攻破以后,只身逃到了夷陵石鼻山中。

后来听说伍子胥掘墓鞭尸,并四处搜寻楚王下落,立即派人给伍子胥送去了一封信。信上写道:"伍兄也曾是平王的臣子,现在却做出了掘墓鞭尸这样的丑事,虽说是为了报仇,难道不觉得已经过分了吗?请你立即撤军回到吴国,否则我一定会履行恢复楚国的诺言!"伍子胥沉吟半晌,派使者给申包胥带回去一句话:"开弓没有回头箭!"申包胥看了信后,自言自语道:"看来子胥灭亡楚国的决心已定,我再也不能坐视不管了!"想到楚平王的夫人孟嬴是秦哀公的女儿,楚昭王是秦哀公的外甥,要想拯救楚国,只能求助于秦国了。申包胥立即出发,日夜兼程赶往秦国。

楚国和秦国相隔几千里之遥,申包胥连续走了几十天,还没走到秦国。他的脚后跟都走裂了,鲜血从伤口里渗漏出来,把鞋底都打湿了,每走一步,地上都会留下一个血印子。申包胥把上衣撕成布条,草草包扎一下,继续向前赶路。到达秦国都城雍州后,申包胥顾不上旅途劳累,立即求见秦王,哀求秦侯念及舅甥情深,尽快发兵拯救楚国。秦哀公为难地说道:"秦国僻居西陲,兵微将寡,自顾尚且不暇,哪有余力救人呢?"申包胥道:"秦、楚两国疆土相连,吴国灭亡楚国后,必然会向西扩张,早晚会殃及秦国。君侯此时救援楚国,就是为将来保存秦国啊!"秦哀公仍然不想发兵,又不好当面拒绝,只好使出缓兵之计,"大夫言之有理。请大夫暂且在驿馆住下,容我与大臣们商议后,再做决定不迟。"申包胥大哭道:"救人如救火。寡君尚无立足之地,外臣怎敢就馆安歇呢?请君侯就看在甥舅之情上,救楚国万民于水火之中吧!"无论申包胥怎么哀求,秦哀公就是不肯发兵。申包胥没有办法,就站在秦国的朝堂上,不吃不喝,日夜号哭,声音凄惨至极。就这样过了七天七夜,秦国大夫们都被感动了,纷纷替楚国求情,秦哀公也被申包胥感动了,长叹一声道:"罢了罢了,楚国有如此贤臣,吴国还想灭之而后快;寡人没有如此良臣,一旦楚国灭亡,又怎么会放过寡人呢?"决定为楚国出兵。申包胥跪拜称谢后,才开始进食。秦哀公命大将子蒲、子虎率领战车五百乘,随申包胥挥师南下救援楚国。

申包胥心急如焚,对子蒲和子虎说道:"寡君还在随国苦苦等候下臣消息,估计早已望眼欲穿了。包胥请求先走一步,立即回去禀告主公,让他提前做好准备。请两位将军从商邑、谷邑一直向东开拔,预计五天后就能到达襄阳。包胥带领楚国大军,从石梁山前来会师,估计不到一个月,我们就可以在襄阳会师了。"子蒲道:"我军不熟悉地形,必须要有楚兵做向导才行,大夫千万不要忘了约会日期。"申包胥诺诺而去。

申包胥离开秦军后,星夜赶回随国,立即向昭王禀报道:"恭喜大王,贺喜大王!下臣已经从秦国搬来救兵,不日即将抵达襄阳。"昭王大喜过望,心中的郁闷一扫而空,三军将士听了,士气也为之一振。当时,蔿(wěi)射、宋木等将已经收拾残兵,跟随昭王来到了随国。公子申、公子结立即带领所有兵众,一齐向郢都进发。

不久,秦军首先抵达襄阳,原地等待楚军到来。申包胥引着公子申、公子结等,与秦将子蒲、子虎在襄阳会师,然后一起向郢都开拔。半路上,正好遇到吴国先锋公子夫概。申包胥率先与夫概交锋。夫概自恃英勇,完全没把申包胥放在眼里,不料两人斗了十来个回合,竟然不分胜负。秦将子蒲、子虎乘机麾兵进攻。夫概看见旗上写着斗大的"秦"字,心中吃了一惊,慌忙鸣金收兵。公子申、公子结乘胜追击,打得夫概溃不成军。

夫概连滚带爬逃回郢都,见到吴王阖闾后,连称秦兵勇不可挡。吴王阖闾面有惧色,孙武也奏道:"兵者,凶器也。吴军在楚国迁延日久,难免不会发生变故。况且楚国地大物博,人心不肯服吴。臣之前请求立芈胜为君,就是为了防备今日之变故。眼下不如答应与秦军讲和,恢复楚国宗庙社稷,只要楚国同意割让领土,年年向吴国纳贡,大王也不虚此行了。如果再这样僵持下去,万一激起楚国民愤,再加上秦国虎狼之师相助,下臣也不敢保证吴国万全啊!"伍子胥也清楚地知道,楚王是不可能再抓到了,完全同意孙武的主张。阖闾正要同意讲和,伯嚭(pǐ)突然站出来奏道:"我军自从离开吴国,一路上势如破竹,只经历了五战,便攻破了郢都,吓走了楚王。现在一遇到秦兵,立刻班师回朝,不是虎头蛇尾吗?请大王给臣一万精兵,看下臣杀得秦军片甲不留。如果失败,甘当军令!"阖闾本来就好大喜功,又被胜利冲昏了头脑,看到伯嚭信心满满的样子,又改变了主意,答应了伯嚭的请求。孙武和伍员苦苦相劝,还是无济于事。

伯嚭领兵出了郢都,在西北摆开阵势。伯嚭见楚军队列不整,立即挥师驰入楚营,迎面撞见公子申,伯嚭破口骂道:"你这条漏网之鱼,还想翻起什么大浪吗?"公子申也骂道:"你这个乱臣贼子,还有脸回来见家乡父老吗?"伯嚭恼羞成怒,挺戟冲向公子申。公子申挥戈相迎。两人只战了几个回合,公子申便诈败逃走。伯嚭不知是计,在后面紧追不舍,追了不到两里地,沈诸梁从左边杀出,蘧射从右边杀出,子蒲和子虎率领秦国生力军,奋勇从正中冲入吴军。四路兵马把吴军截成了七八段,伯嚭左冲右突,怎么也无法脱身。幸好伍子胥率兵杀到,拼死救出了伯嚭。伯嚭带出来的一万人马,剩下还不到两千人。伯嚭把自己五花大绑,请求吴王依律处罚。孙武悄悄对伍子胥说道:"伯嚭孤高自傲,刚愎自用,将来必是吴国心腹大患,不如趁机除掉他。"伍子胥却道:"伯嚭虽然有过,但劳苦功高,况且大敌当前,岂能自断臂膀!"奏请吴王赦免了他的罪过。

秦兵首战告捷,乘势向南进发,一路上势如破竹,兵锋直指郢都城外。吴王阖闾命夫概和公子山守城,亲自率领大军驻扎到纪南城,又命伍子胥和伯嚭分别驻守在磨城和驴城,同时派使者到陈国、蔡国调集援兵。公子申听说有吴兵向唐国、蔡国方向突围,知道吴军是想去搬救兵,立即召集诸将商议。公子申道:"吴军据守郢都,本来就易守难攻,如果再有唐、蔡相助,恐怕就很难迅速攻克了。不如采取围点打援策略,主动出兵讨伐唐国,一旦唐国失败,蔡国也会惧怕三分,不敢轻易出兵,这样就能全力对付吴国了。"秦将子蒲自告奋勇,愿与公子申一起伐唐。两人带领一支精兵,突然杀到唐国城下。唐成公措手不及,被楚军一刀砍死,唐国就此灭亡。蔡昭公十分恐惧,果然不敢再出兵救援吴国。

再说公子夫概自恃有破楚首功,没想到这次却被吴王留下守城,心中郁郁不乐。后来听说吴王与秦兵相持不下,突然眼前一亮,"吴国的继嗣制度是兄终弟及,阖闾死后,就该轮到我了。但他已经立公子波为太子,看来我是没有希望了。不如趁国内空虚,悄悄领兵回国,直接夺取吴王宝座,省得以后再与公子波争夺。"夫概说干就干,连夜率领本部兵马,悄悄从东门溜出了郢都,渡过汉江天堑后,秘密返回了吴国。大军一进入吴境,夫概便四处宣扬:"吴王阖间已经被秦兵打败,现在不知去向,按照兄终弟及的规矩,公子夫概该当即位。"于是自立为王,并命儿子扶臧率众据守淮河,彻底阻断阖闾归路。

吴王阖闾听说秦兵灭了唐国,已经吓得心惊肉跳。又听说公子夫概已经回吴称王,再也坐不住了,立即带领伯嚭火速赶回吴国,留下孙武和伍子胥据守郢都。阖闾回国后,好不容易打败夫概,不想又遭到越国偷袭,姑苏已经岌岌可危,只好诏令孙武和伍子胥火速回国救驾。

孙武接到吴王班师诏书后,正与伍子胥商议对策,突然有军士禀报:"楚军又有人送来书信。"伍子胥打开书信一看,还是故人申包胥所写:"吴军占据郢都多时,却始终无法灭楚,可见天意不欲亡楚。小弟早就说过,子胥能灭楚,包胥就能复楚。如今大战一触即发,请子胥三思而后行!"伍子胥把信交给孙武,慨然说道:"末将带领几万大军,长驱直入郢都,焚烧楚国宗庙,捣毁芈姓社稷,霸占活人房屋,鞭打死人尸体,自古以来,哪个臣子报仇,有子胥这么畅快淋漓?!秦军虽然小胜一仗,并未伤及我军元气。兵法有云:见可而进,知难而退。不如趁楚人不知内情,就此顺坡下驴。"孙武沉吟道:"撤军是必然的了,只是就这样撤兵,定会遭人耻笑。不如替公子胜做个顺水人情!"子胥鼓掌称妙,立即写了回信:"平王娶儿媳、逐太子、杀忠臣,子胥实在气愤不过,才有了今天的举动。过去齐桓公保邢立卫,秦穆公三扶危晋,楚庄王存陈和宋,至今传为美谈。子胥虽然不才,也听说过伯主的高义。如今故太子建的儿子公子胜还寄居吴国,没有立锥之地。楚国如果能迎回公子胜,子胥敢不答应立即撤兵?!"申包胥收到书信后,立即禀告公子申。公子申道:"敕封故太子建的后人,跟我的想法不谋而合!"立即派人到吴国迎接公子胜。大夫沈诸梁谏道:"故太子已经被废除,公子胜心中必然怨恨大王,此时迎回公子胜,将军不怕留下后患吗?"公子申道:"公子胜一介匹夫,不足为虑!"立即代楚王下令召回公子胜,并许诺赐封丰都大邑。孙武和伍子胥如愿以偿,也下令班师回朝。再次经过昭关时,伍子胥派人四处寻访东皋公和皇甫讷的踪迹,却早已杳无音讯,不禁又唏嘘感慨了一番。

公子申和公子结重新返回郢都,两人一面收拾平王骸骨,重建宗庙社稷,一面派申包胥到随国,正式迎回楚昭王。楚昭王先与随君歃血为盟,发誓世代不相侵伐,然后坐上随侯的大船,扬帆向郢都驶去。此时,汉江上风平浪静,波光粼粼,两岸枝繁叶茂,百花盛开,可楚昭王归心似箭,只恨大船行得太慢,哪有心情欣赏沿途的旖旎风光。而等回到郢都以后,发现街市荒芜,宫室残破,遍地都是白骨,不禁悲从中来,潸然泪下。楚昭王首先到宫中拜见母亲孟嬴,母子久别重逢,又抱头痛哭一场。

第二天,楚昭王率领文武大臣祭告了宗庙,然后开始升殿议事。楚昭王率先认错:"寡人任用奸臣、听信谗言,几乎害得楚国亡国灭种,若不是列位爱卿忠心护国,寡人怎么能重见天日?所以,亡国是寡人之责任,复国是列位之功劳。寡人衷心谢过列位爱卿!"众大臣连说不敢。昭王又感谢秦侯在危难时刻出手相助,隆重宴请了秦将公子蒲、公子虎,派重兵护送他们返回秦国。然后就到了论功行赏的时候了,昭王先拜公子申为令尹,公子结为左尹。申包胥只身到秦国搬取救兵,居功至伟,昭王准备封他为右尹。申包胥道:"下臣借兵完全是为了大王,不是为了自己。大王能够安全返国,下臣已经心满意足了,怎么还敢接受赏赐呢?"坚决推辞不受。昭王不答应,一定要申包胥接受官职。申包胥没有办法,只好带着妻儿逃跑了。路上,妻子不解地问道:"夫君费尽千辛万苦,才请回秦国大军,恢复了楚国社稷,领功受赏本是理所应当,为什么还要弃家逃跑

呢?"申包胥道:"夫人有所不知,为夫因为朋友义气,没有泄露子胥行踪,导致楚国城破国亡,这是万死之罪啊。到秦国搬取救兵,不过是为弥补过失,怎么敢再领功受赏呢?"一家人逃入深山隐居起来,终身没再出仕为官。昭王没有办法,改封王孙由于为右尹。其他像沈诸梁、钟建、宋木、斗辛、斗巢、薳延等有功之臣,个个都被加封。楚王还要赏赐斗怀,令尹公子申谏道:"斗怀曾试图刺杀大王,治他死罪都不为过,怎么还能给他赏赐呢?"昭王道:"都爱卿敢替父亲报仇,说明是个孝子。既然能当孝子,还怕不能当忠臣吗?"于是封斗怀为大夫。甚至连当年不肯搭载昭王过江的蓝尹亹(wěi),也恢复了大夫官职。文武百官见昭王如此宽宏大量,似乎又看到了复兴的希望,无不欢呼雀跃,高兴万分。

散朝后,令尹公子申看到残破的郢都,又唏嘘感叹了一番。想到还被吴人霸占了许久,心中更加不是滋味。公子申奏明楚王后,命人又在鄀(ruò)地建了一座新城,不久便把国都从郢都迁到了鄀城,史称"鄀郢"。

至此,郢都(楚皇城)作为楚国都城的使命彻底结束了。从文王始都郢,到昭王迁都于鄀,前后经历了185多年之久,先后有十几位楚王活动于此。而这180多年,也是楚国历史上最鼎盛、最辉煌的时期,除了一代霸主楚庄王外,楚文王、楚武王、楚成王都堪称一代雄主,楚灵王前期也曾打遍天下无敌手,楚穆王、楚共王、楚康王等也是合格的守成之君。只是到了楚平王后期和楚昭王前期,楚国才遭受了前所未有的灾难。幸运的是,楚昭王迁都鄀郢之后,痛定思痛,励精图治,楚国又恢复了往日的生机,在春秋末期又实现了"昭惠中兴",芈姓熊氏的社稷又延续了将近三百年,直到公元前223年,才被秦始皇纳入到华夏的统一版图。

后 记

宜城,这个汉江边上的旖旎小城,对我这个"外地人"来说,既熟悉而又陌生。

小时候,听大妈大婶们唠些家长里短,不是张家的丫头就是李家的姑娘,又嫁到宜城去了。虽然那时候还不懂结婚是怎么回事,但从她们的口气中,还是能听出一丝羡慕、一分嫉妒。宜城到底是个什么样的地方呢?在我这个山里娃子的心里,引起了无限的遐想:它一定在很远很远的地方吧,一定是个很好很好的地方吧。不过,具体有多远,到底有多好,我没有概念,也不想深究——反正我也没有机会"嫁"到那里去。

我没有想到,有一天我竟真"嫁"到了这里——我到这里工作了。记得第一次到宜城的时候,我从襄阳客运中心站出发,坐的是到宜城的长途汽车。令我惊奇的是,客车出了中心站,竟然一路向西,直到襄城汽车站后,才折行向南。这一段路我再熟悉不过了,正是我回保康老家的路。我第一次意识到,印象中"很远很远的地方",其实并没有想象中那么遥远。事实上,宜城和保康只隔了一个南漳,不过几十里远罢了。

我更没有想到,宜城远比我想象中还要"美"得多。她临江拥湖,要山有山,要水有水,还有一望无际的农田。但更美的是她的文化,这个名不见经传的县级市,竟是春秋战国时期楚国的都城,辞赋鼻祖宋玉的故乡,抗日名将张自忠将军的殉国地。同时,东汉《楚辞章句》作者王逸、唐朝《酉阳杂俎》作者段成式、清朝《襄阳府志》作者王万芳等,也都是宜城人。白起拔郢、伍子胥掘墓鞭尸、诸葛亮挥泪斩马谡等耳熟能详的故事,也都与宜城有着千丝万缕的联系。宜城可谓是一个有故事的城市,她的故事古老而美丽。

当然,这里流传最广的还是"皇城"故事。记得第一次到宜城时,我从长途汽车上下来后,没有着急入住宾馆,而是打了辆的士,绕着小城转了一圈。宜城市区不大,也说不上繁华,倒是那位健谈的的哥,给我留下了深刻的印象。的哥听说我是外地人,随口给我讲起了楚皇城,说起了宋玉。我大学修的是中文,对楚国和宋玉也算知道皮毛,很容易听出的哥的故事里有"硬伤",却又被他举手投足间的那种从容和自信所深深吸引。后来我才发现,其实整个城市都散发着这种气质,一种"阅尽人世沧桑,笑看人间繁华"的大气和淡定。也许这就是所谓的皇城气度吧,尽管已经不做"老大"很多年,但深入骨髓的那种雍容和大度,仍然会自然不自然地流露出来。

但前年夏天的'皇城'之游,却多少有些令人失望。我冒着三十五六度的高温,搭上了开往郑集镇的巴士,我想亲眼目睹一下楚国故都的辉煌。郑集镇只有一条主街道,从头走到尾,没有发现皇城的影子,连个标志都没有看见。我找到一位年逾古稀的老爷爷,向他打听楚皇城的去处。老爷爷笑呵呵地说:"这就是楚皇城!"看到我惊讶的表情,他习惯性地补充道:"你说的是那两块碑吧?!"不等我回答,老爷爷把手往西南方向一指,"往前走小半里地,左拐就到了。"根据老爷爷的指示,我很快找到了那两块碑,兀立在两座低矮的土丘上,一块上刻着"全国重点文物保护单位"几个沧桑的大字,另一块上则是"湖北省重点文物保护单位"几个大字。旁边杂草丛生,几只蜻蜓迎风"站"在草尖上,警惕地注视着我这个"不速之客",时刻准备"乘风归去"。我用手摸了摸冷冷的石碑,不禁从心底里发出一声叹息。也许幸运的宜城人祖祖辈辈生在皇城、长在皇城,早已养成了"曾经沧海难为水,除却巫山不是云"的超然心境,对一切都宠辱不惊、淡然处之了吧。

后来,又和同事们聊起宜城的故旧,大家总是以"有说头、没看头"一语以蔽之。但仔细追究起来,其实能说清楚的也不太多。对"楚皇城""宋玉"等历史典故,不少人都还停留在似是而非的概念上,一旦触及细节,就语焉不详了;至于其他更为生僻久远的故事,就更加罕有人知了。我突发奇想,既然宜城人已对自己的历史习以为常,我这个"外地人"为什么不搜集点资料,整理整理宜城的故事呢?尽管我没有如簧巧舌,生花妙笔,至少有一颗拳拳之心,一腔腾腾热血,就让我权且充当一块引玉的土砖,一颗铺路的碎石吧。

令人鼓舞的是,宜城的历史文化也引起了主要领导的空前关注。近两年来,郑集镇的入口处便树起了楚文化味道十足的指示牌楼,楚皇城遗址边上修建了漂亮的展示厅,宋玉故居所在地腊树园村也变成了漂亮的宋玉公园。就像在电影《博物馆奇妙夜》里一样,这些古代的景观突然都"活过来"了,用自己的"血肉之躯"讲述着这里曾经发生过的故事。而这一切,也让我的信心更加坚定了,我充分相信,哪怕自己能力有限,只能做一点基础性工作,我的努力总不会白费。而在宜城的故事中,"皇城"故事是发生最久远、跨度最漫长,也是内容最神秘、色彩最瑰奇的部分,我便首先截取了她作为鄢郢的185年间发生的楚国故事作为开篇,集中展示宜城的悠久历史和绚烂文化。

这本书能够付梓印刷,要感谢很多人的真诚帮助和无私奉献。我要感谢市委李诗书记,他在百忙之中挤出宝贵时间为本书作序,不仅为这本书增光添彩,也使本人深受鼓舞。我要感谢市委刘清喜常委,没有他运筹帷幄、精心策划,就没有这本书的问世。我要感谢楚文化专家李福新先生和龙彩葆局长,李先生对本书提出了很多宝贵的意见和建议,龙局长为我提供了所需的第一手资料,都让我获益匪浅。我要感谢市委办尚正坤主任、时涛主任、汪涛主任,没有他们的一再鼓励和鼎力相助,我就不可能完成这么艰巨的任务。我要感谢汤国政、邹治坤、李春熹、张海生、曲胜、屈广华、吴满、叶世剑、柴光华、王向锋、谢厚国、陈鹏飞、连前勇、王建锋、王建伟、李青伟、曾斗等同事和朋友的鼓励和帮助,感谢黄锋、庄梦奇、王海明、龚建桥、殷灵、许程程、王君一、马金龙等"同年"的关心和支持,让我有了更大的决心和信心来完成这项工作。最后,我还要感谢家人的支持和理解,他们是鼓励我不断前进的最大动力。其他还有很多很多关心支持我的人,由于篇幅有限,不能一一点明,这里一并表示衷心的感谢!

由于本人能力有限,书中错误和疏漏之处在所难免,真诚地欢迎方家和有心人批评指正!

编　者

2016年2月